日本語誕生の時代

上野三碑からのアプローチ

日本語誕生の時に出会いたい
日本語を書き始めた人々
国家は国語とともに
韓半島金石文と国語表現
なぜ日本と新羅は統一国家になりえたのか

熊倉浩靖 著
Kumakura Hiroyasu

雄山閣

上野三碑。

その刻まれた文体に“日本語誕生”の時が…。

1 山ノ上碑

2 多胡碑

3 金井沢碑

武寧王陵出土品と上毛野国古墳出土品

近似性のある文化に、日本語誕生の背景が垣間見える。

4

高崎市綿貫観音山古墳獣帯鏡

5

武寧王陵獣帯鏡

高崎市八幡観音塚古墳銅承台付蓋鋺

6

武寧王陵銅托銀杯托盞

7

8

高崎市八幡観音塚古墳銅鋺

9

武寧王陵銅鋺

11

武寧王陵飾履

10

高崎市下芝谷ツ古墳飾履（復元品）

<武寧王陵と上毛野国古墳の出土品>

	武寧王陵	韓半島での他の例	上毛野国出土古墳	日本列島での他の例
鏡 （宜子孫銘環状七乳獣帯鏡）	1面（王棺）		綿貫観音山古墳 （高崎市・6世紀後半）	
托盞	銅托銀杯托盞1点 （王妃棺？）		金銅製托盞・ 八幡観音塚古墳 （高崎市・6世紀後半）2点	・上総金鈴塚古墳（千葉県木更津市・6世紀後半） ・托の付かない例は、さきたま将軍山古墳（埼玉県・6世紀後半）等4例（東国3例） ・東京国立博物館法隆寺宝物館に奈良時代の品として7点ほど
銅鋺	5点（王妃棺？）		八幡観音塚古墳 （高崎市・6世紀後半）2点	東国中心に100点以上。
金銅製飾履	王・王妃各1足	・飾履塚（慶尚北道慶州市） ・東京国立博物館 伝慶尚南道昌寧郡出土（6世紀）	下芝谷ツ古墳 （高崎市・6世紀初頭）	江田船山古墳（熊本県和水町・500年前後） 藤の木古墳（奈良県斑鳩町・6世紀後半）等 10例ほど

【写真提供】
1、2、3、6、8、10、高崎市教育委員会
4、群馬県立歴史博物館　国（文化庁）保管／5、7、9、11、韓国国立公州博物館

日本語誕生の時代 ―上野三碑からのアプローチ― 目次

序章　日本語誕生の時に出会いたい

真の「国語元年」はいつなのか

昭和の末のことだったと思う。井上ひさしさんの「國語元年」というテレビドラマがあった。明治御一新の一環として「全国統一はなしことば」を定めるという政府事業（？）を想定しての顚末記である。列島各地に飛び交っていたことばを「全国統一はなしことば」にまとめることの難しさ、さらに言えば無意味さ、不条理性を皮肉っぽく、哀れなまでに面白おかしく描いた作品だった。

実に衝撃的な作品だった。

「全国統一はなしことば」はできなかった。

だが、その後の日本の歩みを考えた時、それで大きな困難が持ち上がったとは感じられない。はなしことばは、今もって、否、ますます、地域によっても、世代によっても、多様性を広げている。にもかかわらず、人々は、意思疎通に不自由さ、不便さを感じることなく、日本人、日本国民としての一体性を保持している。日々の暮らしや経済活動が営まれている。

なぜ、それが可能なのか。

書き言葉としての日本語が共有されていることが全ての根底にあるからではないか。

はなしことばが多少違っていても、場合によれば、話されたままではほとんど通じないとしても、書かれれば通じるということが、社会の根底にあったからこそ、徳川幕藩体制から大日本帝国へと大きな転換があったにもかかわらず、比較的小さい混乱で済んだのではないか。そもそも徳川幕藩体制が分解せずに二六〇年も続いたのは、書き言葉としての日本語の共有があったからではないか。

とすれば、真の「国語元年」は、明治維新時ではなく、はるか以前に遡るのではないか。列島社会に暮らす人々が、書き言葉としての日本語を共有することで一体感を得た時が真の「国語元年」ではないのか。国家・国土を共有していると考える人びとの間で、発音の多少の違いなどがあったとしても、飛び交うことばを一意的に誤解なく伝え合う形式に治める、「読み・書き・話し・聞く」が揃った言語宇宙が成立した時こそが「国語元年」の名に値するのではないか。

考えてみれば、私たちは、列島社会に飛び交うことばを書き表す固有の文字を持っていなかった。構文規則の全く異なる文字の超大国・中国から漢字・漢文を導入し、それを公用文体としながら、漢字・漢文を、いわば換骨奪胎して日本語として書き表す文体を作らざるを得なかった。しかし、明治の「全国統一はなしことば」とは違って、私たちの祖先は、それに成功したのである。その担い手はどのような人たちだったのか。

その過程は、国家や国民の成立とどう関係してくるのか。他国、とくに、同様な状況に置かれていた韓半島諸国と比較して、類似性や特色があるだろうか。その問いかけは、なぜ、列島社会と半島社会が日本と（統一）新羅という形でまとまっていったかへの一つの回答をも用意する可能性が高い。

日本語誕生の時と姿に出会いたい。

特別史跡・上野三碑からのアプローチ

様々なアプローチがあろうが、私の場合、私が生まれ育ち、終の住処と心している群馬の足元から考えていきたい。

実は群馬は、古代東国（あづまのくに）の中心地として、巨大な古墳や優れた埴輪、多様な金製品や豪族居館をあまた残しているにもかかわらず、国宝が一つもないという特色がある。国宝のない県は群馬・徳島・宮崎だけである。平成二十一年

（二〇〇九）、群馬県立歴史博物館は、開館三十周年事業として国宝「伝太田出土武人埴輪」を陳列したが、残念ながら群馬の国宝とは言えない。

第一の理由は、国宝指定は所有者の所在地によるからである。太田出土と伝わっていても、東京国立博物館所蔵での指定である。

第二に、「世界文化の見地から価値の高いもので、たぐいない国民の宝たるもの」（文化財保護法第二七条二）を国宝と呼ぶが、国宝とされるのは、多種多様な国指定文化財の中でも「有形文化財」だけである。しかも文化財保護法は「建造物、絵画、彫刻、工芸品、書跡、典籍、古文書その他の有形の文化的所産で我が国にとつて歴史上又は芸術上価値の高いもの（これらのものと一体をなしてその価値を形成している土地その他の物件を含む。）並びに考古資料及びその他の学術上価値の高い歴史資料」（第二条）を有形文化財とし国宝指定の対象としているが、国宝は、芸術的価値が高いと見られる建造物や美術工芸品に偏っているきらいがあり、括弧書きの案件や考古資料の扱いは微妙である。現に高松塚古墳の壁画や一一五文字が記された金錯銘鉄剣を含む埼玉（さきたま）稲荷山古墳出土品は国宝だが、高松塚古墳も稲荷山古墳も、それ自体は国宝ではない。また、考古資料は四四件が国宝指定されているが、東京国立博物館蔵が一一件と、四分の一以上を占めている。

有形文化財以外の文化財としては、演劇・音楽・工芸技術などを対象とした無形文化財、風俗習慣・民俗芸能等を対象とした民俗文化財、史跡・名勝・天然記念物、文化的景観、伝統的建造物群などがあるが、これらがどれほど「たぐいない国民の宝たるもの」であっても「国宝」には指定されない【表1】。

それでは、ということかもしれないが、史跡・名勝・天然記念物のうち「たぐいない国民の宝」に「特別」の文字を冠することが許されている（第一〇九条）。「史跡」とは「貝づか、古墳、都城跡、城跡、旧宅その他の遺跡で我が国にとつて歴史上又は学術上価値の高いもの」を言い、「名勝」とは「庭園、橋梁、峡谷、海浜、山岳その他の名勝

表1　文化財指定等の件数（2013年8月1日現在）

	件　数	特に優れたものの呼び方	件　数	備考
重要文化財	建造物　2,398件（4,526棟） 美術工芸品　10,524件	国宝	建造物　217件（265棟） 美術工芸品　871件	国宝のない県は、群馬・徳島・宮崎のみ
重要無形文化財	各個認定　77件110人 団体認定　26件	なし		認定保持者を人間国宝と呼ぶのは通称
重要民俗文化財	有形　213件 無形　281件	なし		
史跡	1,710件	特別史跡	61件	群馬は特別史跡が3件もある
名勝	374件	特別名勝	36件	
天然記念物	1005件	特別天然記念物	75件	
選定	重要文化的景観35件 重要伝統的建造物群保存地区　102地区 選定保存技術保持者47件53人 保存団体29件31団体	なし		
登録文化財	登録有形文化財（建造物）9,250件 登録有形文化財（美術工芸品）14件 登録有形民俗文化財29件 登録有形記念物79件	なし		

地で我が国にとって芸術上又は観賞上価値の高いもの」を指す。「天然記念物」とは「動物（生息地、繁殖地及び渡来地を含む。）、植物（自生地を含む。）及び地質鉱物（特異な自然の現象の生じている土地を含む。）で我が国にとって学術上価値の高いもの」を示す。（第二条）

平成二十五年八月一日の集計で、特別史跡としては先の高松塚古墳やキトラ古墳、世界遺産の鹿苑寺（金閣寺。中核的施設である舎利殿＝金閣は焼失・再建のため指定外）・慈照寺（銀閣寺。中核的施設である観音殿＝銀閣は国宝）の両庭園、中尊寺・毛越寺境内など六一件が、特別名勝としては松島・天橋立・厳島の日本三景、富士山など三六件が、特別天然記念物としては尾瀬、トキ、屋久島スギ原始林など七五件が指定されている。特別史跡・名勝・天然記念物の総数は一六二件である。蛇足だが、その地に生息するカモシカ、メグロはそれぞれに特別天然記念物だが、世界遺産の白神山地も小笠原諸島も特別天然記念物でないばかりか天然記念物でもない。もちろん国立公園や自然環境保全地域、鳥獣保護地域に指定されていて自然遺産としての保全の法的整備は整っているが、文化財としての扱いではない。文化財保護と自然環境保護とが別の法体系、事務事業として進められてきたためである。

表1を見直せば、建造物二一七件（二六五棟）、美術工芸品八七一件と、国宝が千件を超えているのに対し、特別史跡はわずか六一件しかないことに気付かされる。国宝がこんなに多いことも驚きだが、国宝と同格の特別史跡はわずか六一件、率にして五・六パーセントにすぎない。特別史跡・名勝・天然記念物総体でも一六二件、率にして一四・九パーセントである。

そうした希少性の中での群馬三件の集中度は高い。

上野（こうづけ）三碑と総称される山ノ上（やまのうえ）碑（推定六八一年建立。国の文化財台帳には「山上」と記され隣接する古墳とともに指定されているが、地域の人々が所在地の小字名から「山ノ上」と呼んでいることを重視して、以下「山ノ上」と記す。）・多胡（たご）碑（七一一年）・金井沢（かないざわ）碑（七二六年）の三件である。

これら三碑は、江戸時代から知られていたが、明治九年（一八七六）第二次群馬県成立とともに初代県令となった楫取素彦（かとりもとひこ）によって本格的な保護の手が入れられた。

楫取素彦は、県政の基本を教育、歴史・文化の再認識においた人物で、彼の施策なくしては、上野三碑が今日まで伝わったかは覚束ないところだが、楫取の政治姿勢、行政施策は継承され、大正八年（一九一九）史蹟名勝天然記念物保存法が成立するや、大正十年三月三日には国史蹟に指定され、昭和二十六年（一九五一）、前年の文化財保護法施行を受けて文化財保護委員会告示第二号（国宝及び重要文化財指定基準並びに特別史跡名勝天然記念物及び史跡名勝天然記念物指定基準）が出されるに及んで、昭和二十九年特別史跡となった。

三碑のうち一番古い山ノ上碑は、本論で詳述するように完全な形で現存する日本最古の碑であり、三碑の中では一番新しい金井沢碑まで半世紀ほどの時間差しかない。

建立位置も、直線距離で測れば、山ノ上碑（高崎市山名町山神谷）―多胡碑（高崎市吉井町池）間、多胡碑―金井沢碑（高崎市山名町金井沢）間が、それぞれほぼ三キロメートル、金井沢碑―山ノ上碑間がほぼ一・五キロメートルと、本当に

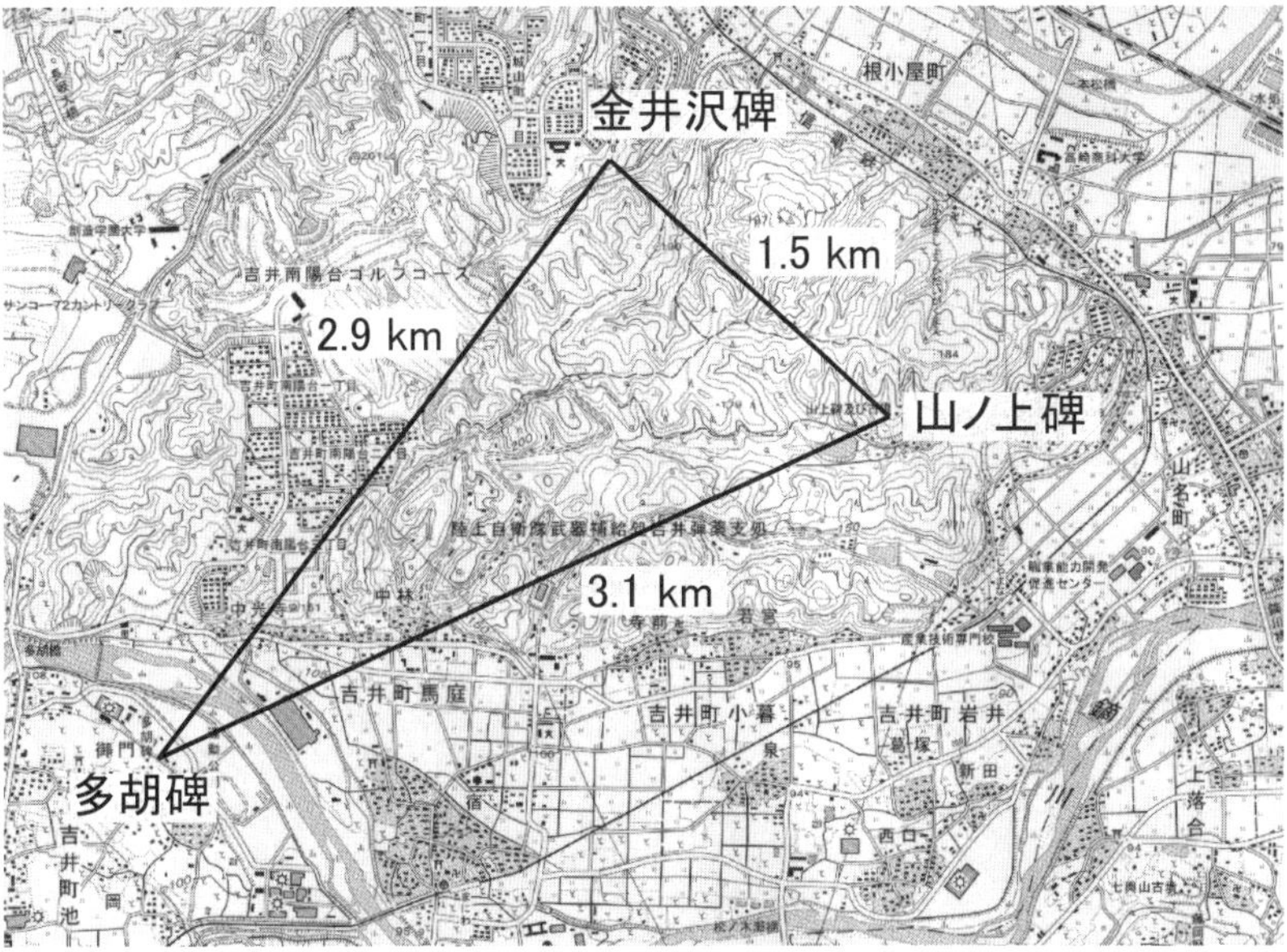

図１　上野三碑関係位置図

近い距離にある。旧郡単位で言えば、多胡碑にその建郡が記される多胡郡内である【図１】。

上野三碑という言い方は地域の愛称だが、セットで呼んでよいほどに、三碑の建立年代、所在地は近接していると言ってよい。

ところで、「上野」と書いて「こうづけ」と読むのは、吉良上野介（きらこうづけのすけ）や小栗上野介（おぐりこうづけのすけ）の読みで慣れている人も多いだろうが、どうして「上野」と書いて「こうづけ」と読むのかと改めて問われれば、首をかしげる人も多いはずだ。

原因は、今日の群馬県とほぼ重なりあう古代の地域「かみつけの」の表記と読み方の不整合に根ざす。もともと、この地域は「かみつけの」と呼ばれ「上毛野」と書かれていた。そのことは、『古事記』『日本書紀』のみならず藤原宮出土木簡でも確認できる。なお、『万葉集』に「可美都気努」などと記されることから「かみつけぬ」と読む人もいるが、『万葉集』の「努」の音は「の」であって「かみつけの」が正しい。

「上毛野＝かみつけの」であれば何の違和感もない。ところが、大宝令施行に伴い国郡名を二字で書くことが進められた際、表記法においては「毛」の字を落として「上野」と書くことを選択しながら、音としては「の」を脱落させ「け」を残すことが選ばれた。なぜ、そうだったのかも追求すべき課題だが、その結果、「上野」と書いて「かみつけ」と読むこととなってしまった。やがて「かみつけ」が「こうづけ」と音が変化していったため、「上野」と書いて「こうづけ」と読むという摩訶不思議なこととなったのである（現代仮名遣いでは「こうずけ」と記されるのが一般的だが、「かみつけの」からの転訛であることを考えれば、「こうづけ」とするのが正しい表音法と思われるので、以下、この表現を用いることをご理解いただきたい。「あづま」も同様である）。

いささか話が脱線してしまったが、国宝のない古代の大国・上毛野国に残された上野三碑と呼ばれる石碑群から日本語誕生の時を探っていくこととしたい。

第一章　日本語を書き始めた人々

―金石文にみる日本語表現の歴史―

飛び交うことばを治めんとして

わずか十碑の中で―上野三碑の集中性―

山ノ上碑は辛巳年（推定六八一年）、多胡碑は和銅四年（七一一）、金井沢碑は神亀三年（七二六）の建立である。

和銅三年（七一〇）の奈良遷都を挟む前後五〇年の幅の中に収まるわけだが、延暦十三年（七九四）の平安遷都以前の石碑としては表2が挙げられるものの、伊予道後温泉碑・藤原鎌足碑・元明天皇陵碑・南天竺婆羅門僧正碑・大安寺碑は書物に記されるだけで実在は確認できない。采女氏塋域碑も、拓本は残されているが、現物は存在していない。宇治橋断碑（京都府宇治市、重文）は、その名の通り断碑で全体の三分の一も現存せず、全体が後刻である可能性も指摘されている。超明寺碑（滋賀県大津市）も部分的な残存である。

つまり、一部に磨滅があるとはいえ、ほぼ完全な形で残っていて年代も確実な碑は一〇ほどしかない。

上野三碑は、そのうちの三つを占めることになる。

他の七つは、庚子年（七〇〇）の那須国造碑（栃木県大田原市、国宝）、養老七年（七二三）の阿波国造碑（徳島県名西郡石井町）、天平勝宝三年（七五一）の竹野王多重塔（奈良県高市郡明日香村）、天平勝宝五年（七五三）の仏足石と仏足跡歌碑（奈良県奈良市、国宝）、天平宝字六年（七六二）の多賀城碑（宮城県多賀城市、重文）、宝亀九年（七七八。「九」と読まれている箇所は磨滅が激しく「七」の説もある）の宇智川磨崖碑（奈良県五條市、史跡）、延暦九年（七九〇）の浄水寺南大門碑（熊本県宇城市）である。

さらに厳密に言うと、阿波国造碑は石碑ではなく土製（陶質）である。竹野王多重塔はその名の通り多重の塔で、その一層目の四面に銘文が彫られているが、磨滅が激しく、現在、文として解読可能は北面の「天平勝宝三年歳次辛

年次	碑　名	現存	完形	所　在	備　　考
596	伊予道後温泉碑	×		愛媛県松山市	『釈日本紀』に引く『伊予国風土記』逸文にのみ見える
646	宇治橋断碑	△	×	京都府宇治市	原碑と言われる部分についても後刻の疑いがもたれている
669	藤原鎌足碑	×		大阪府太子町	『藤氏家伝』上記載
681	山ノ上碑	○	○	群馬県高崎市	
689	采女氏塋域碑	×		大阪府太子町	拓本のみ残る
700	那須国造碑	○	○	栃木県大田原市	
711	多胡碑	○	○	群馬県高崎市	
717	超明寺碑	○	×	滋賀県大津市	部分残存
721	元明天皇陵碑	?		奈良県奈良市	近代に入って実見した者はいない。拓本もない。
723	阿波国造碑	○	○	徳島県石井町	
726	金井沢碑	○	○	群馬県高崎市	
751	竹野王多重塔	○	△	奈良県明日香村	
753	仏足石・仏足石歌碑	○	○	奈良県奈良市	
762	多賀城碑	○	○	宮城県多賀城市	
770	南天竺婆羅門僧正碑	×		奈良県奈良市	現存せず
775	大安寺碑	×		奈良県奈良市	現存せず
778	宇智川磨崖碑	○	△	奈良県五條市	経文以外は解読可能な文字は非常に少ない
790	浄水寺南大門碑	○	○	熊本県宇城市	

表２　平安遷都以前の石碑一覧

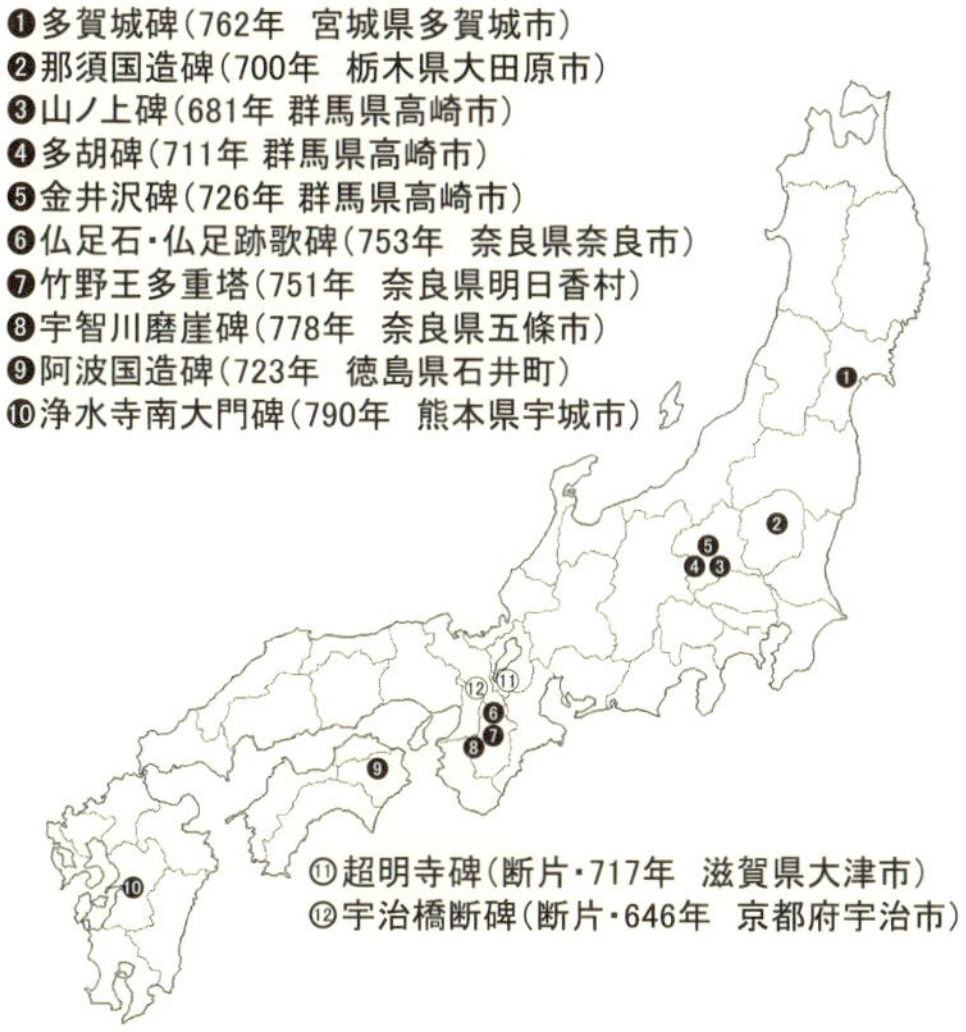

図２　平安遷都以前の石碑分布図覧

卯四月廿四日丙子　従二位竹野王」に止まる。また、宇智川磨崖碑の碑文の大半は『大般若経』高貴徳王菩薩品の一部と観音菩薩像と推定されており、竹野王多重塔と酷似した性格を持つ。こちらも、経文以外は磨滅が激しく、解読可能な文字は非常に少ない。

他方、熊本県宇城市の浄水寺は、南大門碑に続いて延暦二十年（八〇一）の灯籠竿石、天長三年（八二六）の寺領碑を重ねる。群馬の地でも延暦二十年の山上（やまがみ）多重塔（桐生市、重文）が続いている。東国（あづまのくに）・上野（かみつけ）と九州・肥後には石碑を刻む伝統が継続したことがうかがわれる【図2】。

三碑の集中性は非常に高いと言ってよい。楫取素彦以来の保存の賜物とも言えるが、江戸期の文献に遡っても、表2を超えることはないから、当初から高い集中性を持っていたと見られる。

日本語として記された最初の碑群

三碑には、古墳祭祀から仏教への思想的な流れ、庶民レベルでの生活と信仰、中央政府と地域との関係、渡来人とその文化の定着の様子など、実に豊かな内容が記されている。わけても、三碑ともに日本語で書かれていて、今なお誰もが読めることに大いなる価値がある。那須国造碑の前半部もこの性格を共有するが、他の碑は、仏足跡歌碑が全文万葉仮名であることを除けば、碑文が非常に短い漢文だからである。

日本語で書かれているのは当り前と思われがちだが、振り返ってみれば、私たち倭人は、固有の文字を持っていなかった。漢字・漢文と称される文字・文体が文明そのものと言えるほどの文字の超大国・中国から文字も文も借りてこざるを得なかった。ところが、中国の文は日本語とは全く語順が違っている。「漢文」の授業で苦労した通りである。白髪三千丈で有名な李白の秋浦の歌を例に、その違いを確認してみよう。原文はこうである。

白髪三千丈　縁愁似箇長

不知明鏡裏　何処得秋霜

このままでは、日本語としては読めない。そこで返り点などを付して語順を入れ替え、時に漢字が示す事物に対応する倭人ことばの音で漢字を読んで、「白髪三千丈　愁いに縁（よ）りて箇（か）くの似（ごと）く長し　知らず明鏡の裏（うち）　何（いず）れの処にか秋霜を得たる」と読み下した。＊読みやすさを優先し現代仮名遣いとした。以下同。

漢字の訓読みと漢字音の固定、語順の入れ替え……こうした読み方を訓読と言う。この訓読が、列島社会に飛び交っていたことばを、いま私たちが用いている日本語の表記として定着させていく上で大きな役割を果したであろうことは想像に難くない。

一方に漢字・漢文がある。他方に列島社会に飛び交っていることば、音がある。それを繋ぐのが訓読という方法である。そこから、漢字の形と意味を使いながら、音としては列島社会に飛び交っていたことば、倭語で読む、あるいはつき合わせる。そして、倭語の語順、ことばとことばの関係を基本としながら、訓読で学んだ方法を逆利用して、倭語を文として定着させる方法を確立していく。

それは大変な努力だったにちがいない。この努力、達成がなければ、いまに至る日本の文化・文明はなかっただろう。結論めくが、上野三碑は、そのことを刻みこんだ結晶の一つである。そして、その過程は、日本という古代国家が誕生していく過程と完璧に重なり合う。そのことを検証していきたい。

日本語が書き出される瞬間

漢字・漢文が導入されてから数百年は、外交においてだけでなく、列島社会内でも、漢文が公用文であったと見られる。

と言っても、確実に列島社会で書かれたと確認できるものは、五世紀後半の埼玉（さきたま）稲荷山古墳出土の鉄剣銘文（埼玉県行田市、国宝、推定四七一年）や江田船山古墳（熊本県玉名郡和水（なごみ）町、史跡）出土の鉄刀銘文（東京国立博物館蔵、国宝）、六世紀初頭の隅田八幡（すだはちまん）神社所蔵の人物画像鏡銘文（和歌山県橋本市、国宝、東京国立博物館寄託、推定五〇三年）くらいである（一緒に出土した短甲や鏃の型式から五世紀中葉と見られている千葉県市原市稲荷台1号墳出土の鉄剣には「王賜□□敬安」（表）「此廷□□□」（裏）とあるが、文としての把握は難しいので、検討から除外した）。

三つの資料は次のように読むことができる。＊文意に差支えがない限り、異体字は常用体に統一した。以下同

【埼玉稲荷山古墳出土鉄剣銘文】

（表）辛亥年七月中記乎獲居臣上祖名意富比垝其児多加利足尼其児名弖已加利獲居其児名多加披次獲居其児名多沙鬼獲居其児名半弖比

（裏）其児名加差披余其児名乎獲居臣世々為杖刀人首奉事来至今獲加多支鹵大王寺在斯鬼宮時吾左治天下令作此百練利刀記吾奉事根原也

語順は明らかに漢文の並びで、人名・地名は漢字借音、いわゆる万葉仮名方式で表記されている。字句の読みや解釈にはなお多くの説があるが、表・裏を一連の文として、おおむね次のように読み下せる。

［釈文］

辛亥年七月中に記す。乎獲居（をわけ）臣。上祖、名は意富比垝（おほひこ）。其の児は多加利足尼（たかりすくね）。其の児、名は弖已加利（てよかり）獲居。其の児、名は多加披次（たかはし）獲居。其の児、名は多沙鬼（たさき）獲居。其の児、名は半弖比（はてひ）。其の児、名は加差披余（かさはよ）。其の児、名は乎獲

居臣。世々杖刀人の首と為て奉事来り今に至る。獲加多支鹵大王の寺、斯鬼宮に在る時、吾、治天下を左け、此の百練の利刀を作らせ、吾が奉事の根原を記す也（「寺」は寺院ではなく、中国語の原義である役所を指す）。

一五〇〇年以上前の文だが、説明を受ければ、現代日本人の目から見ても読みやすい、理解しやすい文である。実際、人名・地名等の借音部分（万葉仮名部分）をカタカナ書きし、文意の分かれる所で分かち書きにしてみると、原文のままでもおおまかな文意が取れるほどである（分かち書きを句読点とすればなおさらである）。示せば、次のようになる。

［人名・地名等の表記の借音表記をカタカナ書き、文意で分かち書きでの原文］

辛亥年七月中記　ヲワケ臣　上祖名オホヒコ　其児タカリスクネ　其児名テヨカリワケ　其児名タカハシワケ　其児名タサキワケ　其児名ハテヒ　其児名カサハヨ　其児名ヲワケ臣　世々為杖刀人首　奉事来至今　ワカタケル大王寺在シキ宮時　吾左治天下　令作此百練利刀　記吾奉事根原也

現代日本人の目から見た読みやすさ、理解しやすさの感覚は、同時代、銘文に記されている獲加多支鹵大王に当たると見られる倭王武が中国・宋王朝に呈した上表文と比較すると明らかである。

＊原文に句読点はないが、多少なりとも原文でも読めるよう句読点を挿入。

【『宋書』記載の倭王武の上表文】

順帝昇明二年、遣使上表曰、封国偏遠、作藩于外。自昔祖禰、躬擐甲冑、山川跋渉、不遑寧処。東征毛人五十五国、西服衆夷六十六国、渡平海北九十五国。王道融泰、廓土遐畿。累葉朝宗、不愆于歳。臣雖下愚、忝胤先緒、駆率所統、帰崇天極、道遥百済装治船舫。而句麗無道、図欲見呑、掠抄辺隷、虔劉不已。毎致稽滞、以失良風。雖曰進路、或通或不。臣亡考済、実忿寇讐壅塞天路、控弦百万、義声感激、方欲大挙、奄喪父兄、使垂成之功、不獲一簣。居在諒闇、不動兵甲。是以偃息未捷。至今欲練甲治兵、申父兄之志。義士虎賁、文武效功、白刃交前、亦所不顧。若以帝徳覆載、摧此彊敵、克靖方難、無替前功。窃自仮開府儀同三司、其余咸各仮授、以勧忠節。詔除武使持節都督倭新羅任那加羅秦韓慕韓六国諸軍事安東大将軍倭王。

おおむね次のように読み下されている。

［釈文］

順帝の昇明二年、遣使上表して曰く

「封国は偏遠にして藩を外に作す。昔自り祖禰躬ら甲冑を擐き山川を跋渉して寧処に遑あらず。東は毛人を征すること五十五国、西は衆夷を服すること六十六国、渡りて海北を平らぐこと九十五国。王道融泰にして土を廓き畿を遐にす。累葉朝宗、歳ごとに愆ず。臣は下愚なりと雖も忝けなくも先緒を胤ぎ統ぶる所を駆率して天極に帰崇し、道は百済を遥て船舫を装治す。而るに句麗（＝高句麗）は無道にして、見呑を図り欲し、辺隷を掠抄して虔劉を已まず。毎に稽滞を致し以て良風を失わしむ。路を進まんと曰うと雖も或いは通じ或いはしからず。臣が亡考済、実に寇讐の天路を壅塞するを忿り、控弦百万、義声をあげて感激して方に大挙せんと欲せしも、奄に父兄を喪い垂成の功をして一簣を獲ざらしむ。居りて諒闇に在れば兵甲を動かさず。是を以て偃息して未だ捷たず。今に至りて甲を練り兵を治めて父兄の志を申べんと欲す。義士虎賁、文武の功を効し、白刃前に交るとも亦た顧みざる所なり。若し帝徳を以て覆載せば、此の彊敵を摧き、克く方難を靖んじ、前功に替ることなからん。窃かに自ら開府儀同三司を仮し、其の余も咸各仮授し以て忠節を勧む」と。

詔して武を使持節都督倭新羅任那加羅秦韓慕韓六国諸軍事安東大将軍倭王に除す。

格調高い正格漢文と称され、多くの古典が参照・引用されていると指摘されている。しかし、読み下してもなお難しい。そこから、この文は、倭王の宮で作られた原文そのものではなく、『宋書』編者の沈約らによる書き換えではないかという見方まであるが、冊封体制は、表を上呈し詔が制される文書外交によって成り立つことを考えれば、倭王の宮から出された文と見てよいだろう。

むしろ、こうした正格漢文こそが倭王権・列島社会においても公用語であったと見るべきであろう。韓半島の諸王権・諸地域も同様であったと考えられ、倭と韓半島諸国の外交も正格漢文で行われていたと見られる。

稲荷山鉄剣はなぜ読みやすいのか

それに比べて、埼玉稲荷山古墳出土鉄剣銘文は、現代日本人の目からも見て読みやすく、理解しやすい。次に示す江田船山古墳出土鉄刀銘文にも共通する性格である。両銘文及び年代の近い隅田八幡神社人物画像鏡銘文とを総合的に考えてみよう。

【江田船山古墳出土鉄刀銘文】

治天下獲□□□鹵大王世奉事典曹人名无利弖八月中用大鐵釜并四尺廷刀八十練九十振三寸上好刊刀服此刀者長寿子孫洋々得□恩也不失其所統作刀者名伊太和書者張安也

□で囲んだ文字は磨滅が激しく文字の確定ができていない。文字は確定できたが意味がよく分からない箇所もあるが、おおむね次のように読み下せる。

〔釈文〕

治天下獲(わ)□□□鹵(る)（＝「わかたける」と推定）大王の世に奉事し典曹人、名は无利弖(むりて)。八月中(に)大鐵釜を用い四尺の廷刀を并(あわ)す。八十練九十振の三寸上好の刊刀なり。此の刀を服す者は長寿にして子孫洋々、□恩を得る也(なり)。其の統ぶる所を失わず。作刀者の名は伊太和、書者は張安なり。

人名表記において「无利弖」のような借音表記と「張安」のような漢字そのままと見られる表記が併用されているが、埼玉稲荷山鉄剣銘文同様、借音表記をカタカナで表し文意で分かち書きすると、原文でも意味はとりやすく、類似した内容であることが分かる。「張安」という表記も閉音節（子音で終わる音節）を表記する工夫かもしれず、これも借音表記である可能性が残る。「三寸上好」は、素材や鍛造の優秀さを称えた表現と考えられている。

〔人名表記の借音表記をカタカナ書き、文意で分かち書きでの原文〕

治天下ワカタケル大王世　奉事典曹人　名ムリテ　八月中　用大鐵釜　并四尺廷刀　八十練九十振　三寸上好刊

刀　服此刀者　長寿　子孫洋々　得□恩也　不失其所統　作刀者名イタ[ワ]　書者張安也

【隅田八幡神社人物画像鏡銘文】

癸未年八月日十大王年男弟王在意柴沙加宮時斯麻念長寿遣開中費直穢人今州利二人等取白上同二百旱作此竟

「日十」を「八月」に繋げるか「大王」に繋げるか、「大王」に繋げた場合何と読むかの大問題を孕んでいるが、「大王」に繋いで次のように読んでおきたい。「同」は「銅」の、「竟」は「鏡」の略表記と見られ異論はない。「癸未年」も諸説あるが、五〇三年と見て「斯麻」を百済武寧王（四六二～五二三、在位五〇一～五二三）に当てる説に従いたい（とすれば百済製作の可能性もあるが、「遣」とあるので、列島製作と見ておきたい）。

［釈文］

癸未年八月、日十（読み不確定）大王の年、男弟王、意柴沙加宮に在る時、斯麻、長寿を念じ、開中費直（読み不確定）と穢人の今州利（こんつり？）の二人等を遣わし、白上同（＝銅）二百旱を取りて此の竟（＝鏡）を作らしむ。

「読み不確定」と記したように、「日十大王」「開中費直」など、人名ないし官職と見られる表記をどう読むかの課題の多い文だが、文意は取りやすい。「同」を「銅」、「意」を「鏡」に復し、明らかな借音表記をカタカナ、読み不確定な人名・官職等に傍線を付して、文意で分かち書きすれば、原文のままでも文意は取りやすい。

［人名表記の借音表記をカタカナ書き、文意で分かち書き等を施した原文］

癸未年八月　日十大王年　男弟王　在オシサカ宮時　シマ念長寿　遣開中費直ワイ人コンツリ二人等　取白上銅
二百旱　作此鏡

三つの銘文が、現代日本人の目から見ても読みやすい、理解しやすいのは、文が比較的短く、伝えたいことが簡明なこともあるが、格調よりも、周囲の人々が読めること、周囲の人々に読ませることが強く意識されたためと見られる。その例として、漢文体の一般的でない用法の採用、固定化が挙げられる。

埼玉稲荷山鉄剣銘文冒頭の「辛亥年七月中記」や江田船山鉄刀銘文中の「八月中」の「中」は一例である。この「中」は「半ば」とか「月の間」という意味で使われているのではなく、時格を表す表現「○○に」である。倭語を書き表す努力の一歩と見られるが、四五一年と推定されている大韓民国・慶州瑞鳳塚（キョンジュソボンチョン）出土銀合杅（ごうう＝蓋つきの器）の「延寿元年太歳在卯三月中太王敬（教？）造合杅用三斤六両」（蓋の内部。蓋の外底にも類例。「延寿」は高句麗長寿王の年号と考えられており、異論は少ない）や六世紀半ばの新羅赤城（チョクソン）碑（大韓民国忠清北道丹陽郡（チュンチョンブクドタニャングン））冒頭の「□□□□月中」をはじめ、倭語と同じような語順・構文規則を持っていたと見られる高句麗・新羅の五～六世紀の金石文に類似用例が頻出している。

こうした表現は「倭臭」、変体漢文などと貶められがちだったが、列島社会に暮らす人々が、漢字・漢文を自分たちのことばを表現する文字・文体へと血肉化していく大いなる一歩であったと評価すべきである。

なお、埼玉稲荷山鉄剣の「辛亥」「臣」「上祖」「首」「宮」、隅田八幡神社鏡の「癸未」は、それぞれ「かのとゐ」「おみ」「かむつおや」「おびと」「みや」「みずのとみ」と読んでいた可能性もあるが、この段階では漢字音のまま読んでおいてよいと思われる。

過冷却の水が突然凍るように

横たわる一世紀半の空白

隅田八幡神社鏡は五〇三年、六世紀初頭と推定されるが、以後六世紀代に列島社会で造られたと見られる金石文は、今のところ、五七〇年と推定される庚寅年を刻む元岡古墳群G6号古墳出土鉄製大刀（福岡市西区。二〇一一年八月末発見。銘文には「大歳庚寅正月六日庚寅日時作刀凡十二果□」とある）と、「各田部臣」銘岡田山1号墳出土鉄刀（推定六世紀後半、島根県松江市）だけである。いずれも刀銘で文字数が少なく、文体を考える資料としては評価しにくい。七世紀初頭の六〇八年と推定される「戊辰年五月㊥」銘の箕谷2号墳出土鉄刀（兵庫県養父市）を加えても、事態に大きな変化は見られない。

また、法隆寺献納宝物甲寅年銘釈迦像光背銘（重文、東京国立博物館蔵）を五九四年の作と見る向きもあるが、六五八年製の観心寺旧蔵戊午年銘阿弥陀像光背銘（根津美術館蔵）と形式・内容・使われている文言がよく似ており、六五四年と見るのが妥当であろう。両者を比べてみよう。

【法隆寺献納宝物甲寅年銘釈迦像光背銘】

甲寅年三月廿六日弟子
王延孫奉為現在父母
敬造金銅釋迦像一軀

願父母乗此功徳現
身安穏生生世不経
三塗遠離八難速生
浄土見仏聞法

［釈文］

甲寅年三月廿六日、弟子（＝仏弟子）王延孫、現在の父母の奉為に金銅釋迦像一軀を敬い造る。願わくは、父母、此の功徳に乗じて現身安穏、生生世世（＝未来永劫）、三塗（＝地獄・餓鬼・畜生の三悪道）を経ず、遠く八難（＝見仏聞法ができないとされる八つの境界、地獄・餓鬼・畜生・長寿天・辺地・無感覚・世智弁聡・仏前仏後）を離れ、速やかに浄土に生まれ、仏に見えて法を聞かんことを。

【観心寺旧蔵戊午年銘阿弥陀像光背銘】

戊午年十二月為命過名
伊之沙古而其妻名汙麻
尾古敬造弥陀佛像以
此功徳願過往其夫
及以七世父母生々世々恒生

浄土乃至法界衆生
悉同此願耳

［釈文］
戊午年十二月、命過ぎし、名、伊之沙古（いしさこ）の為に、而して其の妻、名、汙麻尾古（うまびこ）、弥陀佛像を敬い造る。此の功徳を以て、願わくは、過往（すぎにし）其の夫、及び以て、七世父母、生々世々、恒に浄土乃至法界に生まれ、衆生、悉く（ことごと）此の願を同じうする耳（のみ）を。

共に七行書きで、中央第四行を大きく書いて中心的な願意を示していることにまず気づかされる。甲寅年銘像は父母の追善供養、戊午年銘像は夫の追善供養である。前三行は、何時誰が誰のために、どのような像を造ったかを記し、後四行は、功徳の内容つまり浄土転生の願いを書いている。製作年月から書き始めていることも同様である。

こうした形式・内容の類似に加えて「敬造」「功徳」「父母」「生生世世」「浄土」を共通の文言として採用している。造像銘だから当然だろうが、共に漢訳仏典や仏教の思想言語に通じた書き方である。

詳細に比べると、戊午年銘像の方が、埼玉稲荷山鉄剣にも見られた「名、某」を使っており、正格漢文からの外れ具合も強く、いっそう日本語化していると見られる。

なぜ六世紀代の金石文がほとんどないのかも大きな問題だが、五〇三年と推定される隅田八幡神社人物画像鏡に次いで現れる、検討に価する金石文は、六二八年と見られる法隆寺蔵の釈迦三尊像光背（重文）である。

【法隆寺蔵戊子年銘釈迦三尊像光背銘】

戊子年十二月十五日朝風文
将其零濟師慧燈為嗽加大臣
誓願敬造釋迦佛像以此願力
七世四恩六道四生倶成正覚

［釈文］
戊子年十二月十五日、朝風文将其零濟師慧燈、嗽加（そが）（＝蘇我）大臣の為に誓願し、釋迦佛像を敬い造る。此の願力を以て七世の四恩、六道の四生、倶に正覚を成ぜんことを。

「朝風文将其零濟師」の意味はよく分からないが、全体の文意は理解しやすい。全ての存在の成道を願う気持ちが、父母・衆生・国王・三宝を指す四恩、地獄・餓鬼・畜生・修羅・人間・天を指す六道、胎生・卵生・湿生・化生を指す四生の仏教概念を駆使して示されている。形式・内容・文言ともに戊午年銘、甲寅年銘の二つの光背銘に酷似し、その先行例と位置づけられる。

漢文体だが、潄加（＝蘇我）大臣は、二年前の六二六年に亡くなった馬子を指すと見られ、「大臣」は「おおおみ」と読んでよいだろう。

しかし、七世紀前半の確実な金石文はこれだけで、明らかな和文脈である丁卯年（六〇七）銘法隆寺薬師如来像光背銘（国宝）は、形式・内容・文言などから六九〇年前後以降の追記・後刻である。また、癸未年（六二三）銘法隆寺釈迦三尊像光背銘（国宝）も、中国造像銘の形式にかなった漢文体で書体も古風と言われるが、文言から同じ頃の追記・後刻の可能性が横たわるからである。その根拠と追記・後刻の意味は後述するとして、六世紀から七世紀半ばにかけての一世紀余りは金石文が希薄な時代と言えよう。

七世紀半ば―突如、爆発的に増える金石文

六五〇年あたりから、先の甲寅年（六五四）銘釈迦像光背銘、戊午年（六五八）銘阿弥陀像光背銘を初めとして、造像銘を中心に、突如、爆発的に金石文が増えてくる【表3】。

この爆発には、三つの特色が挙げられる。

第一は、それ以前の対象が鏡・刀剣に集中していたのに対し、造像銘を中心とした仏具・石碑・墓誌・木簡へと、対象が急速に広がっていったこと。文とまでは言い難いが、土器や瓦にも次々と文字が記されるようになる。やがて文書表現は『古事記』『日本書紀』『懐風藻』などの書物や籍帳・正税帳などの行政文書、写経という形で紙や布へと拡大していく。これらは金石文とは言えないので、表3では『古事記』『日本書紀』『懐風藻』のみを示したが、急速に対象を広げていったこと自体に注目すべきだろう。

第二は、列島社会に飛び交っていたことばを漢文脈の中で何とか表現しようとする工夫（人名・地名等の借音表記や特定の漢文体用法の固定化など）から、訓読を逆利用して飛び交うことばをそのまま治める工夫が進化し、「日本語」として書き表す到達がなされたこと。ただし、それを「日本語」表記法の一定の到達と呼んでよいかは、後述する。

第三に、この到達過程は、六二八年の戊子年銘釈迦三尊像光背銘を先駆例として六五〇〜六〇年代を第一期、六八〇年前後を第二期、六九〇年前後以降を第三期とする三段階を経たこと。この検証から進めていこう。

表3　平安遷都以前の金石文一覧

5世紀中葉		漢文脈？	稲荷台1号墳出土鉄剣銘	千葉県市原市	
471	辛亥年	漢文脈	埼玉稲荷山古墳出土鉄剣銘	埼玉県行田市	国宝
5世紀後半		漢文脈	江田船山古墳出土鉄刀銘	東京国立博物館	国宝
503	癸未年	漢文脈	隅田八幡神社人物画像鏡	和歌山県橋本市	国宝
628	戊子年	漢文脈	法隆寺金堂釈迦三尊光背銘	奈良県斑鳩町	重文
570	庚寅年	漢文脈？	元岡古墳群G6号墳出土鉄製大刀銘	福岡市西区	
650推定		和文脈	法隆寺金堂木造広目天・多聞天造像銘	奈良県斑鳩町	国宝
651	辛亥年	和文脈	法隆寺献納宝物金銅観音菩薩像台座銘	東京国立博物館	重文
654	甲寅年	漢文脈	法隆寺献納宝物釈迦像台座銘	東京国立博物館	重文
658	戊午年	漢文脈	旧観心寺蔵阿弥陀如来像光背銘	東京・根津美術館	
666	丙寅年	和文脈	法隆寺献納宝物菩薩半跏像台座銘	東京国立博物館	重文
680前後		和文脈	宣命体木簡・万葉仮名表記の歌木簡出始める。 柿本人麻呂歌集の略体歌・非略体歌の推定年代。		
680前後以降			法隆寺命過幡	奈良県斑鳩町等	
681	辛巳年	和文脈	山ノ上碑	群馬県高崎市	特別史跡
690前後以降		 和文脈 漢文脈 和文脈 漢文脈？ 漢文脈？	追記・後刻の造像記・墓誌の登場 丁卯年(607)銘法隆寺金堂薬師如来像光背銘 ？癸未年(623)銘法隆寺金堂釈迦如来像光背銘 丙寅年(666)銘河内野中寺弥勒菩薩像台座銘 戊辰年(668)銘船王後墓誌 丁丑年(677)銘小野毛人墓誌	 奈良県斑鳩町 奈良県斑鳩町 大阪府藤井寺市 東京・三井記念美術館 京都市左京区	 国宝 国宝 重文 国宝 国宝
692	壬辰年	和文脈	出雲国鰐淵寺観音菩薩台座銘	島根県出雲市	重文
694	甲午年	和文脈	法隆寺銅板造像記	奈良県斑鳩町	重文
698?	降婁	漢文脈	長谷寺法華説相図	奈良県桜井市	国宝
700	庚子年	混交	那須国造碑	栃木県大田原市	国宝
702	壬歳次攝提格	和文脈	豊前国長谷寺観音菩薩像台座銘	大分県中津市	県有形
707	慶雲四年	漢文脈	文祢麻呂墓誌	東京国立博物館	国宝
707	慶雲四年	漢文脈	四天王寺蔵威奈大村骨蔵器	大阪市天王寺区	国宝
708	和銅元年	混交	伊福吉部徳足比賣骨蔵器	東京国立博物館	重文
708	和銅元年		圀勝寺下道圀勝弟国依母夫人骨蔵器	岡山県矢掛町	重文
711	和銅四年	和文脈	多胡碑	群馬県高崎市	特別史跡
712	和銅五年	漢文脈	『古事記』		
714	和銅七年		佐井寺僧道薬墓誌	奈良国立博物館	重文
717	養老元年		超明寺碑	滋賀県大津市	部分残存
720	養老四年	漢文脈	『日本書紀』		
722	壬戌年	和文脈	山代真作墓誌	奈良国立博物館	重文
723	養老七年	漢文脈	太安萬侶墓誌	奈良県立橿原考古学研究所	重文
723	養老七年	漢文脈	阿波国造碑	徳島県石井町	県有形
726	神亀三年	和文脈	金井沢碑	群馬県高崎市	特別史跡
729	神亀三年	漢文脈	小治田安萬侶墓誌	東京国立博物館	重文
730	天平二年	漢文脈	美努岡萬墓誌	東京国立博物館	重文
751	天平勝宝三年	漢詩集	『懐風藻』		
751	天平勝宝三年	漢文脈	竹野王多重塔	奈良県明日香村	
753	天平勝宝五年	漢文脈	薬師寺仏足石	奈良県奈良市	国宝
753?		万葉仮名	薬師寺仏足跡歌碑	奈良県奈良市	国宝
762	天平宝字六年	漢文脈	多賀城碑	宮城県多賀城市	重文
762	天平宝字六年	漢文脈	石川年足墓誌		国宝
776	宝亀七年	漢文脈	叡福寺蔵・高屋枚人墓誌	大阪府太子町	重文
778	宝亀九年	漢文脈・仏典抄	宇智川磨崖碑	奈良県五條市	史跡
784	延暦三年	漢文脈	妙見寺蔵・紀吉継墓誌	大阪府太子町	重文
790	延暦九年	漢文脈	浄水寺南大門碑	熊本県宇城市	県史跡

第一期　全て造像銘だが明らかな和文脈登場

戊子年銘法隆寺金堂釈迦三尊像光背銘を嚆矢とする第一期には、甲寅年銘法隆寺献納宝物釈迦像台座銘・戊午年銘観心寺旧蔵阿弥陀如来像光背銘の他、六五〇年と推定されている法隆寺金堂木造広目天・多聞天造像銘、辛亥年（六五一）銘法隆寺献納宝物金銅観音菩薩像台座銘、丙寅年（六六六）銘法隆寺献納宝物菩薩半跏像台座銘が含まれる。

一見して明らかなように全て造像銘である。残存の偏りという問題もあるが、法隆寺に伝わったものがほとんどを占める。法隆寺の伝燈・寺宝保存の努力がなかったら、これらの資料は失われていたかと思うと、法隆寺の僧侶・信徒の方々の尽力には頭が下がるばかりである。わが国最初の世界文化遺産が法隆寺であったのも、なるほどと頷ける。

【法隆寺金堂木造広目天・多聞天造像銘】

広目天・多聞天の造像銘の年代が六五〇年と推定されるのは、造像銘自体には「**山口大口費上而次木閈二人作也**」（広目天像）「**薬師徳保上而鉄師手古二人作也**」（多聞天像）とあるだけだが、『日本書紀』巻廿五・白雉元年（六五〇）是歳条の「漢山口直大口奉詔刻千仏像」と符合すると見られているからである。

注目されるのは、とくに広目天像の場合、全ての漢字が訓読みされた後に組み合わされて文が作られていることである。語順だけでは正格漢文からの逸脱程度と判断されるだろうが、漢字の使われ方からすれば明らかに和文である。「而」「也」も「にして」「なり」という日本語の助詞・助動詞の表現と見られる。「木閈」「徳保」「手古」の読みは異説もあろうが、あえて全てにルビを振って読めば次のように読める（現代仮名遣い）。

［広目天像造像銘釈文］
山口の大口の費を上而次木閛（きまた？）と二人して作る也。
［多聞天像造像銘釈文］
薬師徳保（とくやす？）を上而次鉄師𢍰古（まろこ？）二人して作る也。

こうした表現は、漢字・漢文を用いて列島社会に飛び交っていることばを表す一つの飛躍と言える。辛亥年（六五一）銘観音菩薩像台座銘・丙寅年（六六六）銘菩薩半跏像台座銘は、その飛躍を踏み台として、語順の面でも和文化を強めたものである。

【辛亥年銘観音菩薩像台座銘】

辛亥年七月十日記笠評君名左古臣辛丑日崩去辰時故児在布奈太利古臣又伯在□古臣二人乞願

山ノ上碑に良く似た文の構成で、冒頭から文字の並びの通りに読むことができる。明らかに和文脈である。とくに「在」の字を、漢字原義から拡大して、自分たちのことば「なる」（格助詞「に」＋ラ変動詞「あり」の音変化の連体形）を表現する文字として使用している。そのことが、書いた本人たちだけでなく周りにも共有されていたことに注目したい。「笠評」については、丹後国加佐郡の前身とする説と氏族名として備前の笠臣の前身とする説とがあり、私自身は前説に与するものだが、いずれも「畿外」の地である。山ノ上碑同様、こうした営みが、倭王権の中枢地域である大和・河内・摂津周辺の外でも同時並行的に営まれていたことが知られる。

［釈文］

辛亥年七月十日記す。笠評君(かさのこおりのきみ)、名(な)、左古(さこ)臣、辛丑日崩去。辰時、故児在布奈太利古(なるふなたりこ)臣、又伯在(またおじなる)□古臣二人(ふたり)して乞願(こいねがう)。

「崩」は、律令体制下では天皇以外には使えない文字だが、ここでは逝去を意味する文字として使われたと見られ、「崩去」で「みまかる」と読んでよいだろう。「辰」には「時」を表す意味、とくに干支一巡を示す使われ方がある。「辰時」で死去の日から干支一巡六十日を経た同じ辛丑日に、この像を造った、その日は七月十日であるということを示したかったものと見られる。事実、七月十日の干支は辛丑である。

それほどまでに漢文世界に通じていながら和文脈で書いたことに、この台座銘の価値がある。「辛亥」は「かのとゐ」、「辛丑」も「かのとうし」と読まれる段階に達していたと考えられる。「臣」も「おみ」と読んでいたと見られるが、姓（かばね）ではなく敬称であろう。

【丙寅年銘菩薩半跏像台座銘】

歳次丙寅年正月生十八日記高屋大夫為分韓婦夫人名阿麻古願南无頂礼作奏也

「大夫」「分韓婦」「夫人」の読みや意味には説があるが、和文脈を基本に漢文の用法を挿入しての構文と見られ、おおむね次のように読める。

［釈文］

歳次（ほしはやどる）丙寅年正月生（つきたちて）十八日記す。高屋（たかや）大夫、分韓婦の夫人、名、阿麻古（あまこ）の為（ため）に、南无頂礼を願（ねが）い作り奏（たてまつ）る也（なり）。

多くの金石文では「奉」と記される所が「奏」となっているが、「奏上」の語があるように、同じく「たてまつる」の意と解したい。

このように、第一期は、造像銘ばかりだが、全ての漢字が訓読みされた後に組み合わされて文が作られている例や、冒頭からほぼ和文脈として構成されている例に見られるように、列島社会に飛び交っていたことばそのままに文を記す大きな飛躍がなされた時期と位置づけることができる。空白の一世紀余りの間に蓄積されていたものが一挙に形として噴出を始めたと言ってよいであろう。

第二期　対象・表現ともに多様化する和文脈

第二期の基本的特色は、和文脈と見られる表現が多様化し、記される対象も造像銘から石碑・木簡・幡（はた）等に広がっていった点にある。木簡や幡を金石文と呼ぶのは正確ではないが、文を書く対象が広がっていったことを強調しておきたい。また『万葉集』の素材となった「柿本人麻呂歌集」に、万葉仮名表記とは異なる略体（古体）・非略体（新体）と呼ばれる歌表現の工夫が見られるのも、この時期に当たる。他方、墓誌にもこの前後の年次を記すものがあるが、後述するように、造像銘同様、六九〇年前後以降の追記・後刻と見られる。

石碑例は山ノ上碑なので後節に譲るとして、木簡例から見ていこう。

個々の文言ではなく、文、和文脈と見られる例を挙げれば、滋賀県野洲（やす）市西河原遺跡群の西河原森ノ内2号木簡、

665	乙丑年	三野国ム下評大山五十戸	石神遺跡
677	丁丑年	三野国加尓評久々利五十戸	飛鳥池遺跡
677	丁丑年	三野国刀支評恵奈五十戸	飛鳥池遺跡
681	辛巳年	柴江五十戸	伊場遺跡
681	辛巳年	鴨評加毛五十戸	石神遺跡
683	癸未年	三野国大野評阿漏里	藤原宮跡
684	甲申年	三野国大野評堤野里	石神遺跡
687	丁亥年	若狭小丹評木津部五十戸	飛鳥池遺跡
691	辛卯年	尾治国知多評入見里	藤原宮跡
691	辛卯年	新井里	伊場遺跡
694	甲午年	知田評阿具比里	藤原宮跡

表4　五十戸＝里資料一覧

奈良県明日香村の飛鳥池遺跡出土木簡群に見られる宣命書きの木簡が挙げられる。万葉仮名を記した木簡も、六五〇年ごろと推定される難波宮跡（大阪市中央区）から「皮留久佐乃皮斯米之刀斯」と読めるものが出土している。

【西河原森ノ内第2号木簡】

（表）**椋直□之我持往稲者馬不得故我者反来之故是汝卜部**
（裏）**自舟人率而可行也　其稲在処者衣知評平留五十戸旦波博士家**

野洲市となった旧・中主町西河原周辺では一九八四年以来次々と七世紀後半から八世紀にかけての木簡が出土し、その重要性から計九五点が二〇一〇年重要文化財に指定された。本木簡は、そのうちの一つである。本木簡自体に年次を示す記載はないが、「里」を「五十戸」と記していることから、飛鳥池遺跡・藤原宮遺跡・石神遺跡（いずれも奈良県高市郡明日香村）、伊場遺跡（静岡県浜松市中区）の「五十戸」記載木簡の年次例から、おおむね六七〇年代半ばから六八〇年代半ばにかけての木簡と見られている【表4】。

「椋」は「くら（内蔵）」を表すと見られ、「椋直」は渡来系氏族倭漢一族の内蔵直を指す。「卜部」は「うらべ」で亀卜・太占などに携わっていた品部（しなべ・ともべ）、「旦波博士」は「たんばのふみひと」と読んで志賀漢人一族の大友丹波史を指すと見られている。このように、人名や姓表記が、「旦波」のような借音表記と並んで、漢字を訓読みして用いる「椋＝くら」「直＝あたい」「卜＝うら」「博士＝ふみひと」などに大きく広がっていることが注目される。人々は借音と訓読とを自由自在に駆使していたわけで、今日の日本語表現と同じ形、同じ水準にある。

そのことは地名表記にも表れ、「衣知」「平留」は借音表記で「えち」「へる」を表し後世の「愛知郡平留郷」へと繋がっていくが、里を「五十戸」と表現している。と言うよりは、表4に見られるように、「五十戸」が「里」に先行した。「五十戸」という単位での人民把握が古代国家の基本だったということである。そのことは、日本古代国家がどのような国家として誕生したのかということと密接に関わる課題なので後章で再説するとして、本木簡は次のように読まれたと見られる。

[釈文]

椋直□之（□は申である可能性が高く、申す）。我が持ち往く稲者馬を得ず故我者反り来之。故に是れ汝卜部、自ら舟人を率い而行くべき也。其の稲在る処者衣知評平留五十戸旦波博士の家。

「者」「而」は、すでに助詞を表す表現として使われている。「得ず」を「不得」、「行くべき」を「可行」と、訓読を逆利用した表現方法が取られていることにも気づかされるが、「之」「也」も、文の終わりを示す、句読点に近い役割を果たしていると見られる。

「自舟人率而可行」を「舟より人が率いて行くべき」と読む向きもあるが、当方（＝椋直）としては稲を運ぶ馬を得られなかった（＝準備できなかった）から、汝（＝卜部）は自ら船を用意して稲を運ぶようにという内容と考えれば、「自ら舟人を率いて行くべき」と読む方が良いと思われる。和文脈としてかなり進んだ形ということができる。

【飛鳥池遺跡出土の宣命書き木簡】

（表）世牟止言而□
（裏）□本止飛鳥

表面の「止」は大書き、裏面の「止」は小書きで、二つの書法が並存していることも興味深いが、七世紀後半から八世紀初頭と考えられる飛鳥池遺跡において、宣命体あるいは今日の漢字仮名交じり文に繋がる表現方法がすでに現れていたことがうかがえる。

［釈文］
（表）せむと言いて□
（裏）□本と飛鳥

【柿本人麻呂歌集】

『万葉集』には「柿本人麻呂歌集出」と注の記された歌が長歌・旋頭歌（せどうか）・短歌、合わせて三七〇首ほど見える。このうち短歌三三〇首ほどは、活用語尾・助詞・助動詞が記されない略体（古体・詩体）と名づけられた表現方法をとる二〇〇首ほどと、活用語尾・助詞・助動詞の表現を持つ非略体（新体・常体）と名づけられた一三〇首ほどに分かれる。はたして古体とも呼ばれる略体が古いのかどうかの議論があるが、非略体の中には庚辰年（六八〇）と記された歌もあり、これらの歌が六八〇年前後に作られていたことが分かる。『万葉集』と言うと、万葉仮名で書かれていると思われがちだが、万葉仮名・略体・非略体……多様な和文脈の試みが行われていた。

【略体例】『万葉集』巻十一　二四五三

春楊　葛山　発雲　立居　妹念

［釈文］

春楊（はるやなぎ）葛山（かつらぎやま）に発（た）つ雲（くも）の立（た）ちても居（い）ても妹（いも）をしぞ念（おも）う

【非略体例で作成年の明らかなもの】庚辰年（六八〇）『万葉集』巻十　二〇三三

天漢　安川原　定而　神競者　磨待無

此謌一首庚辰年作之

実はこの歌の「神競者磨待無」の読み方の断案はなく「天漢安（あまのかわやす）の川原（かわら）に定而（さだまりて）」までしか確定していない。しかし「而（て）」「者（は）」の助詞表現がなされている。

もっとも略体（古体・詩体）・非略体（新体・常体）は研究者の分類で、どちらとも分類しがたいと思われるものが少なくない。一例を挙げよう（『万葉集』巻十一　二四一七）。

石上　振神杉　神成　戀我　更為鴨

［釈文］

石上振（＝布留）の神杉神成戀をも我は更に為る鴨

最後の「鴨（かも）」がなければ、だれもが略体と見るだろう。「鴨」を「かも」の借訓として詠嘆の終助詞を表している。非略体となろうが、『万葉集』では借訓字「鴨」は多用されている。歌の表現として必要だったのであろう。こうした工夫・模索が集中的に行われた時代こそ第二期ではなかっただろうか。

【法隆寺幡】

法隆寺および東京国立博物館の法隆寺献納宝物・染色室保管上代裂には「幡」が何点か残されている。年次・目的を書いて最後に幡を作って奉ったと記す例が多い。製作年代を推定できる在銘幡のうち七世紀代のものを列記すると、壬午年（六八二）、戊子年（六八八）、壬辰年（六九二）の三つで、少なくとも壬午年銘幡と壬辰年銘幡は明らかに和文脈である。続いて和銅七年（七一四）、己未年（七一九）、辛酉年（七二一）、癸未年（七二三）銘のものが知られている。

①壬午年二月飽波書刀自入奉者田也（東京国立博物館染色室保管上代裂・平絹幡残欠）

［釈文］

写真１　山ノ上碑拓影

壬午年二月　飽波書刀自入れ奉る者田也

②戊子年七月十五日記丁亥［(欠字)］名命作幡也（法隆寺蔵）

［釈文］

戊子年七月十五日記す　丁亥（＝前年）［(欠字)］名命（先に欠字があり読み不明）作る幡也

③八尺／壬辰年二月廿日満得尼為誓願作奉幡（東京国立博物館法隆寺献納宝物）

［釈文］

八尺／壬辰年二月廿日　満得尼の為に誓願し作り奉る幡

波哆迦（pataka）の漢意訳「幡（バン・マン）」は日本語で再び「はた」と読まれることになるが（「幡」を「バン・マン」と「はた」に読み分ける端的な例としては、八幡を音読の「はちまん」と訓読の「やはた」の二通りに読む例が挙げられる）、六八二年の時点で、借訓字「者（は）」と「田（た）」を組み合わせて「はた」と記していることは注目され、借訓字の固定化を示している。『万葉集』に見られる「鴨（かも）」などもその例である。

この時代に借音仮名・借訓仮名ともに固定化が進み、列島社会に飛び交っていた音を記す共通の文字（記号）となっていったと見られる。

改めて山ノ上碑の意義を問う

改めて山ノ上碑を読んでみよう。【写真1／口絵・i参照】

六八一年と推定される山ノ上碑は、第二期を代表する石碑である。採字は次の通りで、異説は少ない。

辛己歳集月三日記
佐野三家定賜健守命孫黒賣刀自此
新川臣児斯多々弥足尼孫大児臣娶生児
長利僧母為記定文也　放光寺僧

冒頭の「辛」は干支の「かのと」。「己」は「巳」の誤字ないし異体字で「辛巳（かのとみ）」。干支の次は「年」が来ることが多いが、山ノ上碑では「歳」。「集月」は「十月」の音通とする説と「月が集まる」から「十二月」とする説があり決しがたいが、「辛巳歳集月三日記す（かのとみのとししゅうげつみっかしるす）」と読むことができる。

ここまでは漢文でも順序は同じ。問題は二行目からで、「佐野」は借音の「佐（さ）」と訓読の「野（の）」の組み合わせで「さの」。実は「佐野」と書いて全て借音で「さや」と読む例があるが（遠江国佐野郡＝現・掛川市）、『万葉集』東歌では「可美都気野（かみつけの）」のように「野」は全て「の」の音を表しており、上野の佐野は歌枕の地となり、鎌倉五代執権北条時頼と佐野源左衛門常世を主人公とする謡曲鉢木の舞台となっていくことなどから、「さの」と読むことが妥当と見られる。

佐野の地は、山ノ上碑が立つ丘陵と烏川を挟んだ東側、高崎市上佐野町・下佐野町に名を遺すが、かつて尾崎喜左雄先生が提唱されたように、高崎市佐野・倉賀野・根小屋・山名から藤岡市中・森新田にかけての広大な地域であった可能性が高い。確かにそのように考えないと、山ノ上碑や「三家」「下賛郷」の記載を含む金井沢碑が丘陵上に立地していることの説明が難しい。また、そのように考えれば、『万葉集』編者が、国名がないことから慎重に「国土山川の名を勘へ知ることを得ず」とした東歌「佐野山に打つや斧音の遠かども寝もとか子ろが面に見えつる（三四七三、原文は万葉仮名表記）」の「佐野山」を山ノ上碑・金井沢碑が立つ丘陵と見なすことが可能となる。

「三家」は、借訓の「三（み）」と訓読の「家（やけ）」の組み合わせで「みやけ」。『日本書紀』では屯倉と記されるが、王権と地方とを結ぶ重要な拠点ないし管理者のことを指す。ここでは文の流れから管理者あるいは官職と見てよいと思う。「三」を「み」と読むのは、家が三軒あったわけでなく、王権に連なる「み」という音を「三」の訓音で表している。借訓字としての固定化の例である。

次に「定」「賜」「健」「守」「命」それぞれの訓「さだめ」「たまう」「たけ」「もり」「みこと」を組み合わせて、「定賜」で「さだめたまう」、「健守命」で「たけもりのみこと」と読める。

「定賜」は、一〇世紀前半に物部連系の人々により編纂されたと考えられている『先代旧事本紀』巻十・国造本紀に「定賜国造」という定型化された形で頻出している。『先代旧事本紀』は厳密に言えば偽書であるが、その国造本紀の用例からすれば、「定賜」は王権ないし中央政府が官職を与えることを指しており、「佐野三家」という官職

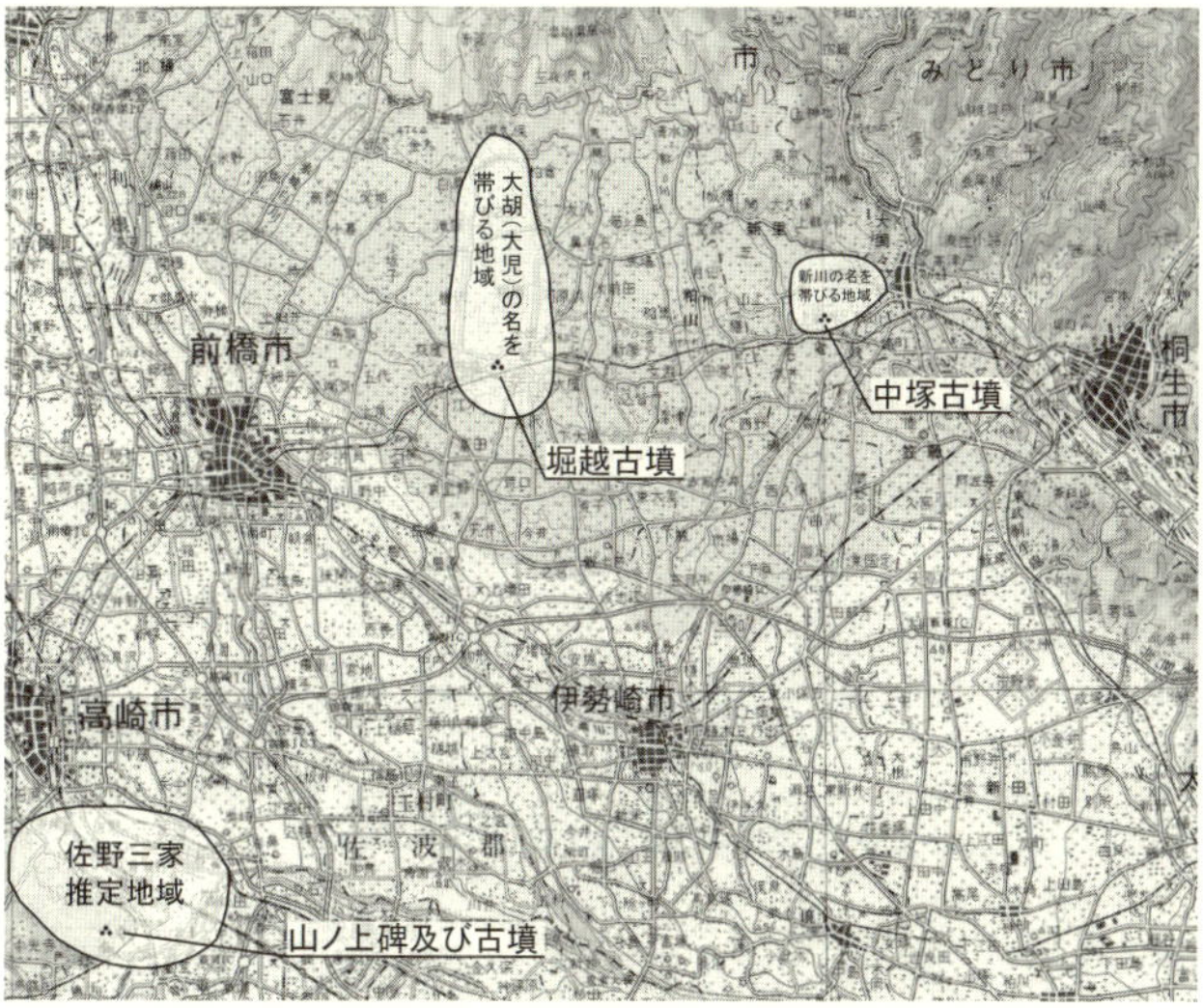

図３　山ノ上古墳・中塚古墳・堀越古墳関係位置

ないし「佐野三家」の管理者の地位を「健守命」は与えられたとみなすことができる。

「命」を「みこと」と読む用例は『古事記』『日本書紀』以来常態化しているが、金石文では最古かつ平安遷都以前では唯一の例である。

「孫」は音ではなく、訓読の「まご」と読まれていたと見られる。「黒賣」は訓読の「黒（くろ）」と借音の「賣（め）」の組み合わせで「くろめ」。「刀自」は借音「刀（と）」と「自（じ）」の組み合わせで「とじ」だが、すでに「刀自」で、名の一部か女性敬称を表す一つの文言（熟語）になっていると見られる。

次の「此」は黒賣刀自と同格の代名詞と見られ、ここまでを文字の並びのままに「佐野三家と定め賜う健守命の孫、黒賣刀自、此を」と読むことができる。完全な和文脈である。

「此を」どうしたかが三行目の内容となる。

三行目には「新川」「斯多々彌」「大児」の三つの固有名詞が現れる。

このうち「新川」「大児」は、「新」「川」「大」「児」の訓読「にい」「かわ」「おお」「こ」を組み合わせて「新川（にいかわ）」「大児（おおご）」と読む説が有力である。その名を伝える桐生市新里町新川と前橋市堀越町（旧大胡町堀越）に、山ノ上碑隣接で山ノ上碑と共に特別史跡とされている山ノ上古墳と酷似の石室・規模・墳形・築造年次を有する古墳がそれぞれ築かれている（新川―中塚古墳、大胡堀越―堀越古墳）ことが理由として上げられている。表記の点で補強すれば、『日本書紀』においては「新」の字は一貫して「にい」と読まれ「あら」と読まれる例はない。「あら」には「荒」が与えられている。「斯多々彌」は借音表記で「したたみ」と読まれ「シジミ貝」のこととする尾崎喜左雄先生以来の説が有力である【図3】。

「新川」「大児」に付く「臣」は「おみ」と読んでよいと見られるが、君（きみ）姓・部（べ）姓の多い上毛野国内の姓（かばね）のあり方から姓と見なすことは差し控え、敬称と見るに留めておきたい。

「足尼」は推定四七一年の埼玉稲荷山鉄剣銘以来の借音用例で「宿禰（すくね）」に通じる用字と見られるが、「宿禰」が『古事記』『日本書紀』以降一般化していくのに対し、「足尼」は稲荷山鉄剣銘と山ノ上碑以外では『上宮聖徳法王帝説』引用の天寿国繍帳と『先代旧事本紀』に限定される。郡郷名の表記例同様、好字とはみなされなかったのであろうか。加えて述べれば、なぜ「宿禰（足尼）」は借音表記のままだったのだろうか。君＝キミ、臣＝オミ、別＝ワケのようには、意味の上でも中国語原義と対応する関係が見いだせなかったとしても、連＝ムラジ、造＝ミヤツコのような特殊な訓読ないし造語でスクネを表す方法もありえたはずである。謎として残しておきたい。また、山ノ上碑の「足尼」も稲荷山鉄剣銘文同様、姓とは言い切れない。

「娶生児」は、「娶」「生」「児」をそれぞれ「めとる」「うむ」「こ」と訓読しての組み合わせで、「娶」の原義通り、大児臣が「此」と記される黒賣刀自を「娶」したと読むべきであろう。そのように理解しないと、「此」を二行目の最後尾に態々書きこんだ形が生きてこない。逆に言えば、それほどに文脈あるいは構文の工夫がなされている石文だということになる。

以上から、三行目は、二行目同様、文字の並びのままに「（此を）新川臣（にいかわのおみ）の児、斯多々彌足尼（したたみのすくね）の孫、大児臣（おおごのおみ）、娶り（めと）生む児」と読むことができる。

その児は誰かと言えば、四行目冒頭の「長利僧」がそれに当たる。「長利」は「ながとし」と訓で読んで僧の名と見てよいだろう。「長利」が寺の総括者「長吏」と音通であることから「長吏僧」と見る見方もあるが、「長吏」用例は奈良時代以前には確認できず、『日本書紀』などでは、某僧ないし僧某の「某」には人名（法号）あるいは寺名が来ている。「長利」は直截に僧の名を示していると見られる。

また「僧」は、『日本書紀』が一貫して「ほうし」と読んでいることから「ほうし」と読まれると見られるが、「ほうし」は「法師」とも書かれ、梵語 samgha の漢音訳が僧（迦）、漢意訳が法師だから、この場合の読みは「そう」でも「ほうし」でもどちらでも良いと見られる。

続く「母為記定文也」は和文脈の本領発揮である。造像銘で多用された漢文体の「為某（某の為に）」の書法さえ排して、語順のままに「母の為（ため）に記し定む文也（なり）」と刻んでいる。長利僧自身あるいは撰文者が「放光寺僧」ということになる。

改めて全体を通読すれば、次のようになる。

> 辛巳（かのとみ）の歳（とし）、集月三日記（しゅうげつみっかしる）す。（一行目）
> 佐野三家（さののみやけ）と定（さだ）め賜（たま）う健守命（たけもりのみこと）の孫（まご）、黒賣刀自（くろめとじ）、此（これ）を、（二行目）
> 新川臣（にいかわのおみ）の児（こ）、斯多々彌足尼（したたみのすくね）の孫（まご）、大児臣（おおごのおみ）、娶（めと）り生（う）む児（こ）、（三行目）
> 長利（ながとし）の僧（ほうし）、母（はは）の為（ため）に記（しる）し定（さだ）む文也（ふみなり）。放光寺僧（ほうこうじのほうし）（四行目）

読みやすいようにテニヲハや句読点を挿入し現代仮名遣いとしたが、確かに、頭から文字の並びのままに和文脈として通読できる。人名や固有名詞の多くが借音表記ではなく、現代と同様の訓読主体の表記であることも確認できる。「テニヲハ」こそ出揃っていないが、日本文の表記はほぼ出来上がった形である。同じ第二期の他の金石文や木簡・幡・

柿本人麻呂歌集の表記の水準と重なる。

山ノ上碑が描く世界

このように記された山ノ上碑が直截的に描いているものは明らかである。次に示す系譜の上で、僧である長利が母、黒賣刀自のために碑を建てたということである。

健守命―○―黒賣刀自
　　　　　　　　　　├長利僧
新川臣―斯多々彌足尼―○―大児臣

母のために碑を建てたということは、母を偲んで建てたということで、明らかに墓碑ないし追善碑であろう。

しかし覆屋建設に先立つ高崎市教育委員会の発掘調査によって、山ノ上碑は、そう大きくは移動していないと見られるものの、天明三年（一七八三）の浅間山噴火以降に現在地に立て直されたことが判明している。石碑現在地直下に黒賣刀自が埋まっている可能性は低い。一方で、近年の考古学研究の成果によれば、隣接する山ノ上古墳の築造年代は七世紀半ばと見られている。黒賣刀自が山ノ上古墳追葬者の一人であった可能性も浮上している。考古学を中心とした調査・研究が進むことで、事態はいっそう明確になると見られるが、その意味でも、山ノ上碑と山ノ上古墳を合わせて特別史跡とした先人の眼力には敬服する。新川臣・大児臣に関わると見られる地域の古墳研究の進展も系譜の信憑性や背後の史実を明らかにする上で大きな力となることが期待される。

碑文の最後に記された放光寺は、前橋市総社町の山王廃寺跡（史跡）から「放光寺」の文字が刻まれた瓦が出土したことから、山王廃寺のことと考えられるようになっている。前橋市教育委員会の発掘調査によれば、山王廃寺（放光寺）は、七世紀後半創建の法起寺形式（法隆寺の逆配置で、東に塔、西に金堂、北に講堂を配する）の壮大な寺院である【図4】。

しかし、山ノ上碑の系譜の書き方には一つの疑問が浮かぶ。黒賣刀自・大児臣ともに「某の孫」と書かれ、直属の父ないし母が記されていないことである。長利はなぜ祖父母を記載しなかったのか。山ノ上古墳が祖父母を最初の被葬者としていた可能性もあるだけに不思議である。

そこから「孫」の表現は子孫を示す広い意味ではないかとする見解が出されている。健守に対して神格化ないし始祖化した「命（みこと）」の表現がなされていることも、その説を支持する。その場合は、『日本書紀』の「子孫」の読みを援用して「孫」を「うみのこ」と読む次の読み方がよりふさわしいと考えられる。

図４　山ノ上碑と山王廃寺の関係位置

辛巳の歳、集月三日記す。（一行目）
佐野三家と定め賜う健守命の孫、黒賣刀自、此を、（二行目）
新川臣の児、斯多々彌足尼の孫、大児臣、娶り生む児、（三行目）
長利の僧、母の為に記し定む文也。
放光寺僧（四行目）

そのように読むと、系譜は次のようになり、『新撰姓氏録』や『先代旧事本紀』国造本紀の記載形式とのいっそうの類似が指摘できる。

健守命……黒賣刀自
　　　　　　　　　├長利僧
新川臣─斯多々彌足尼……大児臣

佐野三家とは……

ところで、「佐野三家」なる官職ないし役割はいつ、どのような目的で与えられたのであろうか。それは、佐野三家及び山ノ上碑建立地域が持つ歴史的性格と密接に関わる問題でもある。

「三家」は『日本書紀』では屯倉と表記されているが、屯倉記事は四つほどのまとまりに分かれる。

第一のまとまりは比較的古い巻に見られる記載で、倭王権中枢地域における拠点開発を屯倉設置と記している。実年代では五世紀を中心とすると見てよいだろう。

第二のまとまりは継体天皇・安閑天皇の巻（巻十七・十八）に集中する記載で、王権に対する反乱の贖罪として屯倉が献上された例が挙げられている。『日本書紀』の編年に従えば六世紀前半である。ただし五三五年に編年されている安閑天皇二年五月甲寅条の二十六箇所の屯倉設置記事は、設置理由の記事を持たないものであり、この時設置された、あるいは服属・贖罪の結果と限定的に見る必要はない。次に述べる第四のまとまりの内実を示す資料の一端と見ておけばよいと考えられる。

第三のまとまりは欽明天皇・敏達天皇の巻（巻十九・二十）に載せられた吉備などの地での屯倉経営の記事である。六世紀後半の実年代が与えられる。

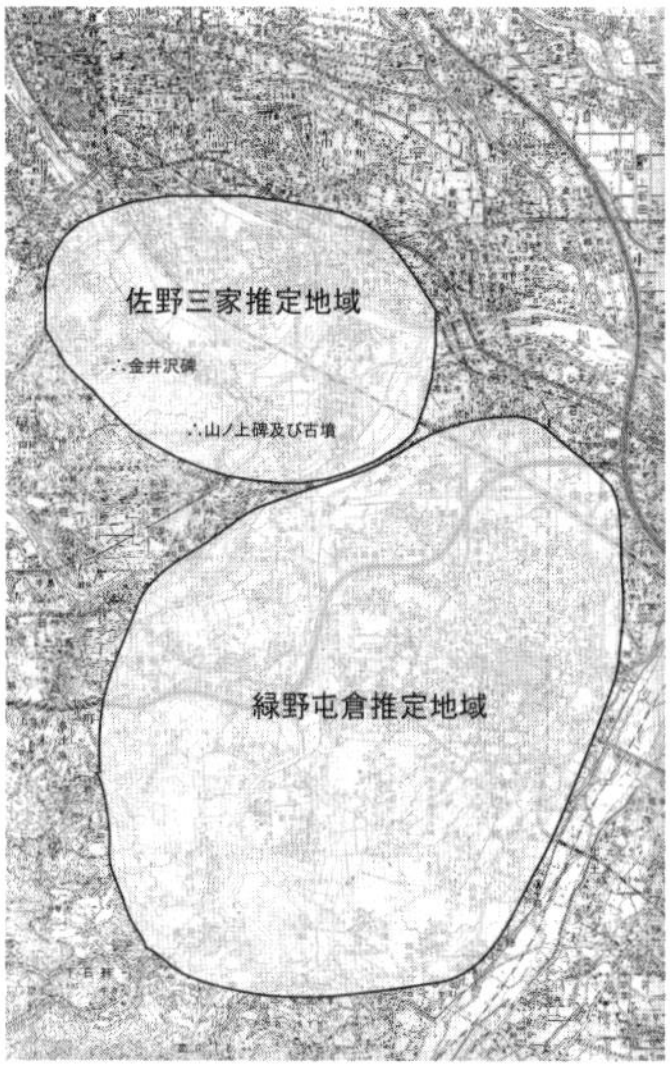

右）図５　白猪屯倉・児嶋屯倉関係位置
左）図６　緑野屯倉・佐野三家関係位置

第四のまとまりは巻二十二の推古天皇十五年（六〇七）条の「国毎に屯倉を置く」で、『日本書紀』自身は「大化改新詔（六四六年）」で屯倉を「罷（や）む」と記す。

『日本書紀』の記載をそのままに史実と見る必要はなく、とくに「大化改新詔」による「罷（＝停止）」を基礎として議論を組み立てない方が良いと考えられるが、全体の流れは是認できる。「佐野三家」の設置は六世紀半ばから七世紀初頭にかけてと見てよいだろう。

そこで注目されるのが安閑天皇元年条に上毛野国の屯倉として記される緑野（みどの）屯倉の存在と第三のまとまりとした六世紀後半における屯倉経営の内実である。

緑野は佐野推定地に南接する一連の地域だが、『日本書紀』欽明天皇十六年（五五五）七月条に「吉備五郡に白猪（しらい）屯倉を置く」、翌年七月条に隣接する「備前児嶋郡に屯倉を置く」と記していることは参考となる。白猪屯倉自体が相当広範な地域に置かれたと同時に、近接地域に同時的に屯倉が置かれたと主張しているわけで、緑野屯倉と佐野三家も、一連の地域に相次いで置かれたミヤケと見ることができると考えられる【図5、6】。

白猪屯倉比定地は、天平神護二年（七六六）、神護景雲二年

（七六八）の二回にわたって美作国（現在の岡山県東北部）の白猪臣が大庭臣の姓を得ていることから、大庭郡を中心とする美作国と見る説が有力である。考古学の面から二つの状況証拠が挙げられている。

第一の証拠は、美作・備前北部の六世紀の古墳から製鉄によって出来た「かなくず」発見例が相次いでいること。鉄生産は当時最新の技術だったことを考えると、白猪屯倉は鉄生産という最新技術を担った屯倉だった可能性が示唆される。最高執政官である蘇我稲目・馬子親子が相次いで派遣されて陣頭指揮を執り、当時最新の文書管理能力を持っていた白猪史膽津が屯倉の田部の籍検定に当ったこと（欽明天皇三十年条）はその証左と見られる。その田部を単純に農民と見てよいかは疑問で、主として鉄生産に従事していた可能性が高い。

第二の証拠は、美作及び備前の吉井川周辺では六〜七世紀に横穴式石室が爆発的に増えるが、陶棺と呼ばれる特異な棺が集中的に発見されていること。とくに土師質陶棺に限って全国分布を見ると、美作国の集中性は極めて高い。しかも突如もたらされたとしか考えようがない状態である。土師質陶棺を受け継ぐ須恵質陶棺の場合も、美作国の集中性は否定できず、古墳築造が終わった後も陶棺のミニチュアと言われる火葬蔵骨器が作られている。鉄生産のための人々の動員・移住の結果であろう。

同様の例は武蔵国横渟屯倉（『日本書紀』安閑天皇元年閏十二月条記載）でも見られる。六世紀半ば、屯倉設置と共に特異な墓制である横穴墓と胴張りのある横穴式石室が突如爆発的に作られ始め、その伝統は八世紀まで継承される。特定の目的達成のため、それまでとは異なる文化を持った人々が移住して来たと考えざるをえない。

屯倉設置による大量動員・移住は初期の拠点開発時からも見られるが、欽明天皇十七年条には「冬十月に、蘇我大臣稲目宿禰らを倭（＝令制国大和の前身）国の高市郡に遣して、韓人大身狭屯倉（言うところの韓人は百済なり＝原注）、高麗人小身狭屯倉を置かしむ。紀国に海部屯倉を置く。（一本に云わく。處々の韓人を以て大身狭の田部にす。高麗人を小身狭の田部にす。是は韓人・高麗人を以て田部にす。故因りて屯倉の号とすという＝原注）」と記されており、諸般の事情から日本列島に新天地を求めた韓半島の多様な集団を、その技術力等を活用するために編成・移住させることが屯倉設置の目的だった場合が示唆されている。白猪屯倉の鉄生産と特異な墓制は、そうした文脈で見ると、理解しやすい。緑野屯倉・佐野三家にも、そのような可能性が考えられるのではないか。多胡碑を中心とした第二章で考察を深めたい。

国語を持った国民の誕生

追記・後刻―歴史意識の目覚め

日本語表記をほぼ確立した第二期を受けての第三期は、大きく二つの特色を持つ。

第一の特色は、造像銘と初期の墓誌に見られる時代を遡っての追記・後刻である。厳密に言えば偽作だが、偽作と見るよりは、歴史意識の目覚めと捉えられる。丁卯年銘法隆寺金堂薬師如来像光背銘・丙寅年銘河内野中寺弥勒菩薩像台座銘・戊辰年銘船王後墓誌・丁丑年銘小野毛人墓誌が挙げられる。銘文自身の中に追記・後刻であることを書き込んでしまったと理解できる丙寅年銘河内野中寺弥勒菩薩像台座銘（重文）から見ていこう。

【丙寅年銘河内野中寺弥勒菩薩像台座銘】

丙寅年四月大旧八日癸卯開記栢寺智識之等詣中宮天皇大御身労坐之時誓願之奉弥勒御像也友等人数一百十八是依六道四生人等此教可相之也

追記・後刻と分かるのは「丙寅年四月大旧八日癸卯開」という記載である。定説となっているように、丙寅年で四月が大月、四月八日の干支が癸卯、十二直（暦注の一つ）が開であるのは元嘉暦の六六六年だけである。元嘉暦は持統天皇四年（六九〇）十一月から儀鳳（麟徳）暦との併用になり、文武天皇元年（六九七）に儀鳳暦の単独使用に切り替えられている。その元嘉暦を「旧」と記していることから、銘文は早くても六九〇年十一月以降、おそらくは儀鳳暦単独使用の六九七年以降の追記・後刻ということになる。

文の構成は山ノ上碑に似ており、和文脈を基本に訓読の逆利用を効果的に用いている。

[釈文]

丙寅年四月大旧八日癸卯開に記す。栢（かや）寺の智識之等（ものども）中宮（なかつみや）に詣（いた）る。天皇（すめらみこと）、大御身労坐（おおみみいたづきましし）之時誓願之奉（したてまつる）弥勒御像（みかたち）也。友等（ともども）の人數一百十八。是依（これにより）六道四生の人等（ひとども）此教に可相之也（あうべけむ）。

実は問題の多い銘文である。まず六六六年は『日本書紀』の記載では中大兄皇子の称制期間で、厳密には天皇位は空位であり、かつ中大兄皇子がこの年病床にあったとは記されていない。それなのに、なぜ、態々、六六六年に天皇が病床にあったような銘文が、早ければ六九〇年以降、おそらくは六九七年以降、追記・後刻がされたのか。次に栢寺と野中寺（大阪府藤井寺市）はどのような関係なのか。さらに発見の経緯の検証等から、金石文研究の泰斗・東野治之氏が、一九一八年（大正七）以降の全くの偽作とする有力な説を出されるほどだが、この弥勒菩薩像は、ある天皇の病気回復を願って「智識」と記される講によって造られたものだ、智識を結んだ友の数は「一百十八」にも及んだということを伝えることに主意があったと見られる。「智識（知識）」は後に示す金井沢碑にも見られるが、野中寺周辺の河内・和泉では七世紀の後半から八世紀を通して盛んに結ばれたことが知られている。

そうした歴史事実の再確認、歴史認識の表出が追記・後刻として表現されたと考えられないだろうか。山ノ上碑に見られた始祖意識の表出と相通ずるものである。仏教に即して言えば、寺伝・縁起書に近いものと考えられる。
野中寺弥勒像の追記・後刻銘と類似した文言を用い尊敬・謙譲の補助動詞表現を加えて和文脈化をさらに進めたと見られるのが丁卯年銘法隆寺金堂薬師如来像（国宝）である。

【丁卯年銘法隆寺金堂薬師如来像光背銘】

池邊大宮治天下天皇大御身勞賜時歳
次丙午年召於大王天皇与太子而誓願賜我大
御病太平欲坐故将造寺薬師像作仕奉詔然
当時崩賜造不堪者小治田大宮治天下大王天
皇及東宮聖王大命受賜而歳次丁卯年仕奉

追記・後刻の年次は限定しにくいが、一つ一つの漢字を訓読みした後で組み合わせる「池邊（いけべ）」「大宮（おおみや）」「小治田（おはりだ）」などの文字の組み立てや野中寺弥勒像と同じ「大御身勞」の書き方などから、小治田大宮治天下大王天皇（推古天皇）の丁卯年（六〇七）の記載でないことは明らかである。さらに「勞賜」「誓願賜」「崩賜」「受賜」に見られる尊敬の補助動詞「賜（たまう）」、「作仕奉」「仕奉」に見られる謙譲の補助動詞「奉（たてまつる）」の表現は山ノ上碑、さらに下れば金井沢碑の表記方法と相通じる。第二期以降、おそらくは第三期の追記・後刻と見るのが妥当だろう。
問題は「天皇」用例で、この天皇表現をもって推古朝に天皇号があった証左とされていたこともあるが、現在では、天皇号の初出年次を絞ることが追記・後刻の時期を決める方法となる。

現在のところ最古の「天皇」資料は飛鳥池遺跡出土木簡の「天皇聚露弘寅□」である。この木簡自体には年次記載はないが、同時に発見された木簡に六七七年と見られる「丁丑年」が記されており、「天皇」初出木簡も天武朝のものと見られる。天皇号登場・採用の時期と背景については後章で再論したいが、「天皇」用例の登場は、天武朝以降の追記・後刻を支える証左と言えよう。

池邊大宮治天下天皇は用明天皇、小治田大宮治天下大王天皇は推古天皇、太子及び東宮聖王は厩戸皇子を指し、異説もあろうが、おおむね次のように読める。ここでも仏像発願の確認を通した歴史意識がうかがえる。

［釈文］

池邊大宮治天下天皇大御身勞賜時、歳次丙午年、大王天皇与太子を召して誓願賜う。我が大御病太平欲し坐。故、寺を造り薬師像を作り仕え奉らむと詔る。然るに当時崩ぜられ賜いて造ること堪ずば、小治田大宮治天下大王天皇と東宮の聖王、大命を受賜り歳次丁卯年に仕え奉る。

墓誌が本格化するのは大宝令以降と見られるが、先立つとされている二つの墓誌（共に国宝）には追記・後刻がうかがえる。

【丁丑年銘小野毛人墓誌】

（表）飛鳥浄御原治天下天皇　御朝任太政官兼刑部大卿位大錦上

（裏）小野毛人朝臣之墓　営造歳次丁丑年十二月上旬即葬

丁丑年は六七七年だが、小野氏の姓が「臣」から「朝臣（あそみ）」に代わるのは六八四年である。しかも『続日本紀』和銅七年（七一四）四月辛未条には小野朝臣毛人の最終冠位は「小錦中」とあり、銘文の「大錦上」とは合致しない。「朝臣」の記載に従えば六八四年以降、「大錦上」の記載に従えば七一四年以降の追記・後刻となる。和銅七年四月辛未条の記載は、息子で中納言従三位兼中務卿勲三等の高位高官に上り詰めた毛野の薨去記事だから、毛野の死・葬礼に合わせて父・毛人への贈位が行われ、墓誌が刻まれた可能性が高い。大宝令以降墓誌が一般化してくることとも符合する。飛鳥浄御原治天下天皇は天武天皇を指す。太政官や刑部大卿をどう読み、どのような役割と見るかは議論があるが、表・裏を一連の文として、おおむね次のように読める。

［釈文］

飛鳥浄御原治天下天皇の御朝太政官兼刑部大卿に任じられ位大錦上の小野毛人朝臣之墓　歳次丁丑年十二月上旬に營造し即葬。

【戊辰年銘船王後墓誌】

（表）惟船氏故　王後首者船氏中祖　王智仁首児　那沛故首之子也生於乎娑陁宮治天下　天皇之世奉仕於等由羅
宮　治天下　天皇之朝至於阿須迦宮治天下　天皇之朝　天皇照見知其才異仕有功勲　勅賜官位大仁品為第

（裏）三殯亡於阿須迦　天皇之末歳次辛丑十二月三日庚寅故戊辰年十二月殯葬於松岳山上共婦　安理故能刀自同
墓其大兄刀羅古首之墓並作墓也即為安保万代之霊基牢固永劫之寶地也

埋葬年と記される戊辰年は六六八年で、全体の文脈感は、前々年の丙寅年作の法隆寺献納宝物菩薩半跏像台座銘と比べて違和を感じないが、冠位「大仁」を「官位」と表現している点に追記・後刻が示唆される。すでに定説化しているように、「官位」という用例は官職と位階とは対応すべきものという概念を反映した用語で、官位相当制が制度として完成した大宝令以降の概念と見られるからである。遡ったとしても六八九年の浄御原令以降であろう。そう考えると、「天皇」用例が頻出していることも理解しやすい。

同じ頃の追記・後刻と見られる丙寅年銘弥勒菩薩像を所蔵する野中寺は船氏の氏寺である可能性が高く、この頃、船氏が氏族としての系譜や家伝を整えていったと考えられる。ただし『日本書紀』『続日本紀』が船氏の姓を史（ふひと）→連（むらじ）・直（あたい）と記していて「首」とは記していないことは気にかかる。「首」は「命」同様、祖先に対する敬称であろうか。読みが不確定の人名も見られ、合わせて今後の検討課題としたいが、表・裏を一連の文として、全体は、おおむね次のように読める。

［釈文］

惟（これ）船（＝船）氏の故（こ）、王後（おうご）首者（は）船氏の中祖、王智仁（ちに）（＝辰爾）首の児、那沛故（なはこ）首之子也。乎娑陁（おさだ）宮治天下天皇（＝敏達天皇）之世に生まれ、等由羅（とゆら）宮治天下天皇（＝推古天皇）之朝（みかど）に奉仕し、阿須迦（あすか）宮治天下天皇（＝舒明天皇）之朝に至る。天皇照見して其の才の異なるを知り仕えて功勳有り。勅して官位大仁（だいにん）を賜り品（ほん）第三と為す。阿須迦天皇之末（すえ）歳次辛丑（＝六四一年）十二月三日庚寅に殯亡（いんぼう）す。故（かれ）、戊辰年（＝六六八年）十二月松岳（まつおか）山の上に婦、安（あ）理故能刀自（りこのとじ）と共に墓を同じくして殯葬（ひんそう）す。其の大兄、刀羅古（とらこ）首之墓と並べて墓を作る也。即（すなわち）、万代之霊基を安く保ち、永劫之寶地を牢固に為す也。

繰り返すが、こうした追記・後刻は偽造ではなく、歴史意識の目覚めを示すものと見られる。対象が書物編纂ではなく、仏像や墓誌であったに過ぎないと捉えるべきであろう。

その点で製作年の判断を躊躇せざるをえないのが癸未年銘法隆寺金堂釈迦如来像光背銘（国宝）である。一四字×一四行の整った中国式の文字配列を持った漢文脈で、「三月中」という伝統的な書式が見え、六二八年製の戊子年銘法隆寺金堂釈迦三尊像光背銘と比較して、癸未年（六二三）製と考えておかしくないと思う反面、直接的な「天皇」用例はないものの、後に聖徳太子と呼ばれる上宮之厩戸豊聡耳命（かみつみやのうまやどとよとみみのみこと）（『古事記』、『日本書紀』では厩戸豊聰耳皇子）を逝去直後に「上宮法皇」と記している点などに引っ掛かりを感じるからである。厩戸豊聡耳は早くから聖人化され『日本書紀』の文注にも「法大王」「法主王」と記されているが、逝去直後に「法皇」と呼ばれただろうか。さらに興味深いことに、銘文引用の『上宮聖徳法王帝説』は銘文該当部分を「法王」と記していて齟齬がある。「法興元卅一年」という類例のない年次記載と合わせて、仏教徒の厩戸豊聡耳聖人化の過程で造られた文脈、対象を造像銘とした歴史書である可能性を否定できないというのが、私の偽らざる感触である。原文と釈文案のみを記して、後考を期すこととしたい。

【癸未年銘法隆寺金堂釈迦如来像光背銘】

法興元卅一年歳次辛巳十二月鬼
前太后崩明年正月廿二日上宮法
皇枕病弗悆干食王后仍以労疾並
著於床時王后王子等及與諸臣深

懐愁毒共相發願仰依三寶當造釋
像尺寸王身蒙此願力轉病延壽安
住世間若是定業以背世者往登浄
土早昇妙果二月廿一日癸酉王后
即世翌日法皇登遐癸未年三月中
如願敬造釋迦尊像并侠侍及荘厳
具竟乗斯微福信道知識現在安穏
出生入死随奉三主紹隆三寶遂共
彼岸普遍六道法界含識得脱苦縁
同趣菩提使司馬鞍首止利佛師造

異説は多いと思われるが、おおむね次のように読めると見られる。

[釈文]

法興り元めて卅一年、歳次は辛巳（＝六二一年）十二月、鬼前太后（読み不確定。穴穂部間人皇后を指すか）崩。明年（＝六二二年）正月廿二日上宮法皇（＝厩戸豊聡耳命）枕病弗悆。干食王后（膳大郎女を指すと見られる）仍以て勞疾並びて床に著く。時に王后、王子ら及諸臣と深く愁毒を懐い、共に相發願して仰ぎて三寶（＝仏・法・僧）に依り當に釋像の尺寸の王身なるを造らんとす。此の願力を蒙りて病を轉じ壽を延ばし世間に安住せられんことを。若し是れ定業を以て世に背けば往きて浄土に登り早く妙果を昇げられんことを。二月廿一日癸酉、王后即世。

翌日法皇登遐。癸未年（＝六二三年）三月中願の如く釋迦尊像并(あわせて)侠侍及荘厳具を敬造し竟(おわ)る。斯の微福に乗(よ)りて信道の知識、現在安穏、出生入死、三主に随い奉りて三寶を紹隆し遂に彼岸を共にせんことを。普遍(あまねく)六道法界の含識、苦縁を脱し得て同じく菩堤に趣(おもむか)んことを。司馬鞍首止利佛師を使(し)て造らしむ。

独自の漢文世界の展開

第三期の第二の特色は、日本独自と言ってよい漢文脈の展開である。第一期・第二期の金石文には、列島社会に飛び交うことばを何とかそのままに書き表そうとする志向・工夫が目立ったが、第三期に入ると、墓誌や中央寺院金石文に漢文脈が再登場する。しかし固有名詞の表現方法は借音表記ではなく、訓読を経て固定したものとなっている。墓誌の典型例として慶雲四年（七〇七）銘の威奈大村(いなのおおむら)骨蔵器（国宝、四天王寺蔵〈大阪市天王寺区〉）を挙げることができる。奈良文化財研究所飛鳥資料館編『日本古代の墓誌』に従って原文と釈文を示しておこう（釈文は多少の私見を入れた）。

【慶雲四年銘威奈大村骨蔵器】

少納言正五位下威奈卿墓誌銘并序
卿諱大村檜前五百野宮
御宇　天皇之四世後罡
本聖朝紫冠威奈鏡公之
第三子也卿温良在性恭
倹為懐簡而廉隅柔而成

立後清原聖朝初授務廣
肆藤原聖朝少納言闕於
是高門貴冑各望備員
天皇特擢卿除少納言授
勤廣肆居無幾進位直廣
肆以太寶元年律令初定
更授従五位下仍兼侍従
卿對揚宸扆參賛絲綸之
密朝夕帷帳深陳獻替之
規四年正月進爵従五位
上慶雲二年命兼太政官
左小辨越後北疆衝接蝦
虜柔懐鎮撫允属其人同
歳十一月十六日命卿除
越後城司四年二月進爵
正五位下卿臨之以徳澤
扇之以仁風化洽刑清令
行禁止所冀享茲景祐錫
以長齢豈謂一朝遽成千

古以慶雲四年歳在丁未
四月廿四日寝疾終於越
城時年卌六粤以其年冬
十一月乙未朔廿一日乙
卯歸葬於大倭國葛木下
郡山君里狛井山罡天潢
疏派若木分枝標英啓哲
載徳形儀惟卿降誕餘慶
在斯吐納參賛啓沃陳規
位由道進榮以礼随製錦
蕃維令望攸属鳴絃露冕
安民静俗憬服来蘇遥荒
佡足輔仁無驗連城析玉
空對泉門長悲風燭

［釈文］

少納言正五位下威奈卿墓誌銘并序

卿、諱（いみな）大村。檜前五百野宮御宇天皇（ひのくまのいおりのみやにあめのしたしろしめししすめらみこと）（＝宣化天皇）之四世。後岡本聖朝（のちのおかもと）（＝斉明天皇）紫冠威奈鏡公（かがみのきみ）之第三子也。卿、温良性に在り。恭儉（きょうけん）を懐と為す。簡にして廉隅（れんぐう）。柔にして成立す。後清原聖朝（のちのきよみがはら）（＝

持統天皇）初めて務廣肆を授く。藤原聖朝（＝文武天皇）少納言を闕く。是に於いて高門貴冑、各員に備わらんことを望む。天皇特に**卿**を擢び少納言に除し勤廣肆を授く。居ること幾ばくも無く位を直廣肆に進む。太（＝大）宝元年を以ちて律令初めて定まる。更に従五位下を授け、仍侍従を兼ねぬ。**卿**、宸扆に對揚して參も綸之密に賛し、帷帳に朝夕して深く獻替之規を陳ぶ。（大宝）四年正月、爵を従五位上に進む。慶雲二年、命ありて太政官の左小辨（＝弁）を兼ね、越後北彊、蝦虜に衝接し、柔懐鎮撫、允も其の人に属す。同歳十一月十六日、**卿**に命ありて越後城司に除す。（慶雲）四年二月、爵を正五位下に進む。**卿**、臨むに徳澤を以ちてし、扇ぐに仁風を以ちてす。化洽ねくして刑清く、令行われて禁止まる。冀う所は、茲の景祐を享け、錫わるに長齢を以ちてせむことを。豈に謂んや、一朝遽に千古を成さんとは。慶雲四年歳丁未に在る四月廿四日を以ちて疾に寝し、越城（沼垂城〈＝渟足柵〉か）に終わる。時に年卌六。粤を以ちて其の年冬十一月乙未朔廿一日乙卯、大倭国葛木下郡山君里狛井山岡に歸葬す。天潢派を疏ち、若木枝を分かつ。英を標し哲を啓き、徳を載せ儀に形る。惟の**卿**、降誕して、餘慶斯に在り。吐納參賛し、啓沃陳規す。位は道に由りて進み、榮は礼を以ちて随う。錦を蕃維に製し、令望属たる攸絃を鳴らし冕を露し、民を安んじ俗を静む。憬服来蘇し、遥荒足るを佇ぐ。輔仁驗無く、連城玉を析つ。空しく泉門に對し、長に風燭を悲しむ。

先賢に導かれて読み下しても難解である。私などには理解できない文言も少なくないが、威奈大村の官界での昇進の経緯、活躍の実像、何時何処で亡くなって何処に葬られたかはよく分かる。その部分は日本語として表現された漢字文だからである。しかもそれは、借音表記ではなく、日本漢字文となっている。

同様な例は仏教関係の金石文にも見える。原文・釈文は示さないが、例として奈良県桜井市・長谷寺の「法華説相図（国宝）」と奈良県奈良市・薬師寺の「仏足石（国宝）」が挙げられる。

法華説相図は、十干の「戊」を「降婁」と表現している。一方で十二支を表現していないが、和文体の主意「奉為飛鳥清御原大宮治天下天皇敬造」から六八六年と見られる。それ以外は正格漢文ないし仏教漢文で、第三期に連なる特徴がよく表れている。

仏足石は、天平勝宝五年（七五三）の作で、仏足跡歌碑と一体と見られている。仏足跡歌碑は、全文万葉仮名の五・七・五・七・七・七という独特な句形式の二十一首が刻まれたものである。日本独自の漢文世界と万葉仮名の世界が同時並行的に存在し理解されていた証拠として実に貴重な石碑対である。

日本独自の漢文世界と和文脈の世界とが同時並存し融通し合う世界の完成した姿こそ漢文体の『日本書紀』『懐風藻』と和文脈の『万葉集』『竹取物語』が並存する世界である。それは一一世紀初頭の『和漢朗詠集』と『源氏物語』に収斂すると言ってよいのではなかろうか。その過程に日本独自の漢字書風の確立や女手（＝ひらがな）とカタカナの成立を挟み込むことができるであろう。

いささか先を急ぎ過ぎたかもしれないが、日本独自の漢文世界の形成は、日本という国家が、中国冊封体制、中華世界システムの中で独自の位置を持ち始めたことに他ならない。日本独自の漢文世界は、和文脈の多様な表現世界と対になって、国語と、それを常用することで帰属意識を高める国民とを形成していったと考えてよいのではないだろうか。これが私の結論だが、第二章において、そのことを国家論の立場からさらに深めておきたい。

論を戻して注目したいのは、中央の官界・仏教界では独自の漢文世界が追求されていったのに対し、地方圏においては和文脈の定着にいっそうの努力が払われ続けたと見られることである。墓誌と中央仏教界を除く六九〇年以降の金石文としては表5が挙げられる。中央官界に連なる多賀城碑は日本的な漢文世界だが、他は和文脈が主流である【図7、表5】。

図７　平安遷都以前の金石文分布

692	壬辰年	和文脈	出雲国鰐淵寺観音菩薩台座銘	島根県出雲市	重文
694	甲午年	和文脈	法隆寺銅板造像記	奈良県斑鳩町	重文
698?	降婁	漢文脈	長谷寺法華説相図	奈良県	国宝
700	庚子年	混交	那須国造碑	栃木県大田原市	国宝
702	壬歳次攝提格	和文脈	豊前国長谷寺観音菩薩像台座銘	大分県中津市	県有形
711	和銅四年	和文脈	多胡碑	群馬県高崎市	特別史跡
717	養老元年		超明寺碑	滋賀県大津市	部分残存
723	養老七年		阿波国造碑	徳島県石井町	
726	神亀三年	和文脈	金井沢碑	群馬県高崎市	特別史跡
762	天平宝字六年	漢文脈	多賀城碑	宮城県多賀城市	重文

表５　墓誌と中央仏教界を除く 690 年以降の金石文一覧

【壬辰年銘出雲鰐淵寺観音菩薩像台座銘】（重文。島根県出雲市）

壬辰年五月出雲国若倭部臣徳太理為父母作奉菩薩

漢文脈のようだが「作奉」は明らかに和文脈で、固有名詞は訓読後の組み合わせである。壬辰年は六九二年と見られており、異論はない。

［釈文］

壬辰年五月、出雲国若倭部臣徳太理（わかやまとべのおみとくたり）父母の為に菩薩を作り奉る。

興味深いことに、「國」の俗字とされる「国」の字体が使われている。俗字とされるが、周の封建制や漢の郡国制の本義からすれば、王が封じられるのが国であるから、「国」は本義を示していると見られる。果たして、そうした意識で「国」字体が採用されたかは不明だが、「国」字体は那須国造碑（七〇〇年）・阿波国造碑（七二三年）・多賀城碑（七六二年）にも使われ、一方「國」字体は威奈大村骨蔵器（七〇七年）をはじめとする一連の墓誌（七七六年の高屋枚人墓誌のみ「国」）及び多胡碑（七一一年）・金井沢碑（七二六年）に刻まれている。「国」と國の二つの字体が並存していたことは注目され、選択の違いが何によるのかは残された課題としたい。さらに言えば、則天文字「圀」も、人名として七〇八年の下道圀勝弟圀依母夫人骨蔵器に見えている。以下「国」については、碑文の字体に則した表記とした。

【甲午年銘法隆寺銅板造像記】（重文）

（表）甲午年三月十八日鵤大寺徳聡法師片岡王寺令弁法師飛鳥寺弁聡法師三僧所生父母報恩敬奉観世音菩薩像依
此小善根令得无生法忍乃至四生六道衆生倶成正覺

（裏）族大原博士百済在王此土王姓

甲午年は六九四年と見られ、異論はない。「百済在王」は王であったということではなく「王」という氏(うじ)の名を有していたということと見られ、願文の定型的部分は漢文脈あるいは仏教漢文と見られるが、「三僧所生父母報恩（三僧を生む所の父母の恩に報い）」などは、訓読を逆利用しての表現方法として金井沢碑などに繋がるものである。

法隆寺は奇特な寺院である。日本最古の寺院の一つとしての伝燈を保ち、聖徳太子信仰の中核となってきたが、七世紀後半から八世紀初頭にかけては官寺ではなかった。山部連(やまべのむらじ)を始めとする地域の優勢氏族や聖徳太子を信仰する人々により維持されてきたと見られている。この銅板造像記も丁卯年銘薬師如来像光背銘の追記も、そうした人々によって作られた可能性が大きい。それらの人々及び法隆寺と山ノ上碑立地周辺とに深い関わりがあることは後章で再説したい。

［釈文］

甲午年三月十八日、鵤(いかるが)大寺（＝法隆寺）徳聡法師、片岡王寺令弁法師、飛鳥寺弁聡法師、三僧を生む所の父母の恩に報い、敬いて観世音菩薩像を奉る。此の小善根に依り无生の法忍乃至(ないし)四生六道の衆生、倶(とも)に正覺を成(な)すを得(え)さ令(し)むることを。族(うから)の大原博士(おおはらのふひと)は百済に在りて王（の氏の名）。此の土(くに)に王の姓(かばね)。

【壬歳攝提格銘豊前長谷寺観音菩薩像台座銘】（大分県中津市）

壬歳攝提格林鐘拾伍日周防凡直百背之女汝背児為命過依誓願観世音菩薩作奉

「攝提格」は寅の、「林鐘」は六月の異字表記で、漢文世界に通じていることをうかがわせるが、文脈全体は和文脈である。壬歳攝提格を七〇二年と見る説が有力である。

［釈文］

壬歳攝提格（＝壬寅）林鐘（＝六月）拾伍日、周防凡直百背（すおうおおしのあたいももせ）之女、汝背児の為、命過ぐに依り、誓願し観世音菩薩を作り奉る。

□の中の文字は不確定で、多様な説があるが、とりあえず文脈として理解しておきたい。

こうした地方での和文脈の模索と中央の官界・仏教界での日本独自の漢文世界の形成の両者に足を置いて、文脈の書き分けを行ったと見られるのが那須国造碑（国宝。栃木県那須郡湯津上村（ゆつがみむら）〈現・大田原市湯津上〉笠石神社蔵）である。

那須国造碑・多賀城碑の世界

眞保昌弘『侍塚古墳と那須国造碑　下野の前方後方墳と古代石碑』（日本の遺跡25、同成社、二〇〇八年）によれば、那須国造碑は、延宝四年（一六七六）磐城（現在の福島県磐城地方）の僧円順によって発見され、当地が水戸藩領であったことから、貞享四年（一六八七）から水戸光圀による調査が実施された。

調査実施者は「介さん」で知られる佐々宗淳であった、碑文を読むことから始められ、碑文中に碑主の記載が認められないと見て、その解明のため、「誌石（＝墓誌）」を求める発掘調査が行われ、碑直下の塚が掘られた。このことによって、碑が現在地にあったことが確認されている。

元禄五年（一六九二）には碑を守るため碑堂を建てるとともに、誌石が見つからないことから、地元の人が国造の墓と伝える侍塚古墳の発掘に着手する。「これは、国造碑を墓碑と考え、古墳（塚）を国造の墓であるとするもので、歴史的にも重要な解釈にもとづくものであった」。

このように、那須国造碑は調査・保存の両面において日本考古学の先駆となる位置を持つ。水戸光圀・佐々宗淳主従の眼力・姿勢・方法には敬服せざるをえない。その点でも、この碑は、わが国至宝中の至宝と言えよう。

碑文は次のように採字されている。

【那須国造碑原文】

永昌元年己丑四月飛鳥浄御原大宮那須国造
追大壹那須直韋提評督被賜歳次庚子年正月
二壬子日辰節殄故意斯麻呂等立碑銘偲云尓
仰惟殞公広氏尊胤国家棟梁一世之中重被貳
照一命之期連見再甦砕骨挑髄豈報前恩是以
曽子之家无有嬌子仲尼之門无有罵者行孝之
子不改其語銘夏堯心澄神照乾六月童子意香

助坤作徒之大合言喩字故無翼飛長无根更固

碑文は、威奈大村骨蔵器同様、故人の諱(いみな)（＝実名）や地位、亡くなった日などを記す「序」と功績や人柄を称賛する「銘」とからなるが、「序」を記す前半三行と「銘」を記す後半五行とに、内容だけでなく文体までがはっきりと分かれる。前半三行は訓読を駆使した和文脈、後半三行は正格漢文である。威奈大村骨蔵器は「墓誌銘并序」とあるように、序と銘が一体となった感があるが、那須国造碑では明確に分かれている。

前半三行から見て行こう。

永昌元年の永昌は周の年号である。武周革命によって唐は一時王朝名を周と変えるが、その周の年号である。西暦で六八九年。日本では持統天皇三年にあたるから、飛鳥浄御原大宮は持統天皇の宮となり、持統天皇とその治世そのものを指す。追大壹は天武天皇十四年（六八五）に定められた冠位で後の正八位上に相当する。郡司には厳格な官位相当制は適用されないが、選叙令郡司条の「其の大領は外従八位上、少領は外従八位下に叙す」と比較すれば、郡の大・少領の前身となる「評督」の冠位としてはやや高めの冠位だが、妥当な地位評価と見られる。選叙令郡司条の続く条文「才用同じ者先(はまず)国造を取れ」とも合致している。

興味深いのは冒頭を周の年号で始めながら、十一年後の七〇〇年は庚子年と記していることである。ここから、碑文を書いた人間は永昌元年以降に来日、定住し、以後中国側の事情に疎くなった人であろうと推測され、本国で唐・周の年号を用いていた、『日本書紀』持統天皇三年（六八九）四月条・同四年八月条に下毛野国に「居(はべ)らしむ」と記された「投化（帰化）の新羅人」、とくに四年八月条に見られる「新羅沙門（仏僧）詮吉、級飡（新羅の位階、十七階のうち第九階級伐飡）北助知ら」をふくむ二八人ではなかったか（『侍塚古墳と那須国造碑　下野の前方後方墳と古代石碑』）と考えられている。妥当な見方であろう。

だからと言って、那須直まで新羅人かと言うと、指摘されているように、承和十五年（八四八）隣接する陸奥国白河郡の大領に奈須直赤竜なる人物がいて安倍陸奥臣を賜姓されており（『続日本後紀』承和十五年五月辛巳条）、安倍朝臣に連なる人々の可能性が高い。安倍陸奥臣に賜姓された人物には同じ白河郡の丈部子老（『続日本紀』神護景雲三年〈七六九〉三月辛巳条）もいた。丈部は那須郡の大領としても現れている（『続日本紀』承和十年（八四三）十二月朔条の丈部益野）ので、安倍朝臣に連なる丈部の一族が那須国造となると共に那須直の氏姓を得た可能性が高い。

以上の先賢の考察を踏まえて、前半三行は次のように読めると見られる。和文脈であることは、「大宮……韋提、評督を被賜る」に明らかであろう。

［釈文］

（周の）永昌元年己丑四月、飛鳥浄御原大宮（より）、那須国造追大壹那須直韋提、評督を被賜る。歳次庚子年正月二壬子日の辰節に殄る。故、（後継者の）意斯麻呂等、碑銘を立て偲び尓云う。

永昌元年（持統天皇三年＝六八九）の前に那須直韋提は那須国造という役職ないし地位と追大壹（正八位上相当）という冠位を得ている地方官人であり、改めて郡司の前身である評督を与えられたことになる。これが六月以降であれば、地方普及を含めた浄御原令の実効性を認めることになるが、四月なので、浄御原令に直結することはできないとしても、律令的支配が地方にも普及していたことを知らせる貴重な資料と言えよう。

対して、後半五行は漢文体で、かねて田熊信之氏が『那須国造韋提碑文釋解』で強調されたように、漢籍を駆使して四字句を連ねた対句的な技法を用いている。

個々の文字や対句には、私などには理解できない部分もあるが、文脈全体がリズミカルである。経文のように、中国語か新羅漢字音あるいは日本漢字音で読み下されていた可能性もあるが、訓読とすれば、漢文脈のリズミカルな形式を活かして、次のように読めるだろう（『侍塚古墳と那須国造碑　下野の前方後方墳と古代石碑』の読みを基本に若干私見を加えた）。

［釈文］

仰ぎ惟るに、殞公（＝故人。那須直韋提のこと）は広氏の尊胤、国家の棟梁たり。一世之中、重ねて貳照を被り、一命之期、連ねて再甦に見う。骨を砕き髄を挑げ、豈に前恩に報いざらんや。是を以て、曽子（＝日に三省した曽参のこと）之家に嬌子有ること无く、仲尼（＝孔子）之門に罵者有ること无し。行孝之子は其の語（＝父の遺言）を改めず。夏（＝中国最初の王朝）の堯が心を銘み、神を澄め乾（＝天）を照す。六月の童子（＝服喪六か月と解釈されている）も香を意いて坤（＝地）を助く。徒之大なるを作し、言を合わせ字を喩ぐ。故に（人だから）翼無けれど飛ぶこと長く、根无けれど更に固まる。

一方、多賀城碑（重文。宮城県多賀城市）は日本独自の漢文の例と言える。

【多賀城碑】

去京一千五百里
多賀城去蝦夷国界一百廿里
去常陸国界四百十二里

去下野国界二百七十四里
去靺鞨国界三千里
西　此城神亀元年歳次甲子按察使兼鎮守将
軍従四位上勲四等大野朝臣東人之所置
也天平寶字六年歳次壬寅参議東海東山
節度使従四位上仁部省卿兼按察使鎮守
将軍藤原恵美朝臣朝獦修造也
天平寶字六年十二月一日

多賀城碑については、「碑文には、大野東人（あづまびと）の官位が神亀元年（七二四）で『従四位上』、藤原恵美朝獦（えみのあさかり）が天平宝字六年（七六二）で同じく『従四位上』と記されている。しかし大野東人が従四位上となったのは天平三年（七三一）のことであり（『公卿補任』天平十一年条）、神亀元年当時は従五位下か従五位上であった（神亀元年二月壬子条）。また東人は最終的には参議・従三位にまで昇っているから、東人の最高位でもない。一方朝獦については、多賀城碑の年月日と同じ天平宝字六年十二月一日に参議に任じられているが、位階は従四位下である。天平宝字八年（七六四）の七月十二日と九月十八日にも従四位下であったことが確認できるから、多賀城碑建立の時点では無論のこと、その後も従四位上にまで昇った形跡がない。」（鈴木拓也氏「国境の城と碑」『文字と古代日本2　文字による交流』吉川弘文館、二〇〇五年）などから偽作・後刻が疑われてきたが、昭和三十八年（一九六三）からの宮城県多賀城跡調査研究所の一連の発掘調査によって「多賀城が奈良時代初めに創建され、奈良時代中頃に大改修を受けていることが判明し」、「それぞれの年代は、瓦の年代観から、創建が郷里制下の霊亀三年～天平十二年（七一七～七四〇）、改修が天平十三年～

天平神護三年（七四一～七六七）とみられ、多賀城碑に記す神亀元年創建、天平宝字六年修造に矛盾しない。しかも多賀城の創建・修造のことは、『続日本紀』等の文献に全く記されていないから、江戸時代に偽作することは不可能である。そこであらためて平川南らによって碑と碑文の詳細な検討がなされた結果、碑は本物であることが証明され、平成十年（一九九八）には晴れて国の重要文化財に指定された。」「平成九年（一九九七）、覆屋の解体修理にともなって碑の地下部分が発掘調査され、多賀城碑は当初から現在地にあったことがほぼ明らかにされた。」（鈴木前掲書）という研究の経緯を持つ。

そこから、東人と朝獦の官位の問題についても「平川南は次のように推測する。東人については、陸奥在任中の最高位が従四位上勲四等である（天平十一年四月壬午条）ということで一応の説明が付く。朝獦については、経歴していない従四位上を記した点が問題であるが、碑文の力点が朝獦による多賀城の修造を顕彰することにあることからすれば、東人との均衡を保とうとしたと考えれば理解できる。」（鈴木前掲書）などの解釈があるが、なお論点となっている。

さらに、記されている多賀城から各地への距離などにも議論があるが、多賀城碑が本物であることは確実で、八世紀第3四半期の碑文として理解することに問題はない。

碑文は漢文脈だが、使われている文言は日本語の単語ばかりで、非常に読みやすい。多賀城の地政立地の強調と朝獦の自画自賛が実に鮮明である。

［釈文］

　　　京を去ること一千五百里

多賀城　蝦夷国の界を去ること一百廿里

常陸国の界を去ること四百十二里
下野国の界を去ること二百七十四里
靺鞨国の界を去ること三千里

西
此の城は神亀元年（七二四）歳次甲子、按察使（＝七一九年設置の地方行政監察の令外の官）兼鎮守将軍（＝設置年不明。陸奥・出羽駐屯兵士を指揮）従四位上勲四等大野朝臣東人之置く所也。天平寶字六年（七六二）歳次壬寅、参議東海東山節度使（＝七六一～七六八年に置かれた地方軍政官）従四位上仁部省（＝朝獦の父・仲麻呂によって七五八～七六四年に用いられた民部省の改名）卿兼按察使鎮守将軍藤原恵美朝臣朝獦修造也。
天平寶字六年十二月一日

天平宝字六年十二月一日は、朝獦が参議（＝大臣と共に朝政の最高意思決定に参加する令外の官）に任じられた時であり、責任者として新羅征討が目論まれていた絶頂の期に当る。しかし新羅征討は沙汰止みとなり、天平宝字八年九月十八日、反乱を企てた父・仲麻呂と共に斬首された。

それは日本語と言えるのか、和文と言えるのか

明らかに今日の日本語の基だが

以上見てきたように、七世紀半ばからの一世紀、さらに絞れば七〇〇年を前後する半世紀を通して、日本列島に暮らす人々は、今日の日本語表記に直結する和文脈表現と日本独自の漢文世界をほぼ確立したと考えられる。

しかもそれは、特定の階層だけでなく、かなりの広範囲にわたり、全国に波及していたことも確認できた。言いか

えれば、この営みを通して、列島社会に暮らす人々は、一つの国語を持つ一つの国民として自らを形成していったと見られる。

国家は、上からの法的あるいは強制的な力だけで形成されるのではない。そこに暮らす人々の帰属意識の高まりがあって初めて形成される。その中核となるのは自らのことばを共通の表現を持った国語として確立することにある。このことを、これらの史料は実に雄弁に語っている。

しかし、ここにほぼ確立された国語を日本語と言いきって良いのだろうか。

その問いは異なる二つの問いから成り立つ。

第一の問いは、その中身が今日の日本語の明らかな基であり、今日の日本語はそこからの順調な発展であるかという問いである。

その点では、列島社会に飛び交っていたことばが共通の文字表現、文脈に治められ、誤解のない意思疎通ができるようになり、その上に様々な文学表現や記録がなされていくことを考えれば、間違いなく、この過程で確立されてきた表現方法は日本語であると言いきってよいだろう。その最良の証拠は、私たちが、これらの碑文を今ほぼそのままに読めることにある。

第二の問題は、「日本」という国家・国号、日本人意識・日本語意識がこの時点であったかどうかである。

日本国号成立と重なる日本語表記法の確立

中国史書の倭国伝が日本伝に変わるのは『旧唐書（くとうじょ）』（九四五年成立）、『新唐書（しんとうじょ）』（一〇六〇年成立）からである。

両書によれば、わが国が国号を日本と改めたことを唐（厳密には武則天の治世下で中国の王朝名は周）に伝えたのは大宝二年（七〇二＝唐の長安二年）派遣の遣唐使で、武則天の正式承認は翌長安三年のことと理解される。

国号変更についての唐政府と遣唐執節使粟田朝臣真人とのやりとりが、『続日本紀』だけでなく、『旧唐書』『新唐書』に記されている。粟田朝臣真人は「経史を読むことを好み、文を属ねるを解し、容止は温雅なり。（武）則天、之を麟徳殿に宴し、司膳卿を授け」た（『旧唐書』日本伝）と、唐朝から高く評価されたことが知られる。

その粟田朝臣真人の帰朝報告が『続日本紀』慶雲元年（七〇四）七月朔条に記されている（原漢文）。

> 正四位下粟田朝臣真人、唐国より至る。初め唐に至る時、人有りて来り問いて曰く。何れの処の使人ぞ。答えて曰く。日本国の使と。我が使、反りて問いて曰く。此れは是、何れの州の界ぞ。答えて曰く。是、大周楚州塩城県の界なりと。更に問う。是より先、大唐。今大周と称す。国号何に縁りてか改称する。答えて曰く。永淳二年（六八三）、天皇大帝（＝高宗）崩ず。皇太后（＝則天武后）位に登りて称を聖神皇帝と号し国を大周と号すと。問答略了って、唐人、我が使いに謂いて曰く、承り聞く。海東に大倭国有り。之を君子国と謂う。人民豊楽にして礼儀敦く行わると。今使人を看るに儀容大だ浄し。豈に信ぜざらんやと。語畢って去る。

このやりとりは実に興味深い。日本側は中国の王朝交代（国号改称）を熟知し、それを利用して自らの国号改称を企図し中国側に承認を迫った感がある。中華世界システムの中での国号の改称承認は大きな課題であったはずで、当時の日本外交はしたたかであった。

逆に中国側は、倭国の国号改称の位置づけに混乱し、『旧唐書』日本伝が「日本国は、倭国の別種也。（中略）或いは云う。日本は旧小国。倭国の地を併せたり。」と記すのに対し、『新唐書』日本伝は「或いは云う。日本は乃小国にして、倭の并す所と為る。故に其の号を冒す。」と記し、相反する解釈を示すに至る。このことが日本と倭国との関係に不毛な想像を差し挟ませることにもなったが、要は、革命なしに国号が変更するはずはないとする中国側史官の勘違いに過ぎない。

むしろ、ここで重要なのは、両書ともに、国号改称の理由を「其の国、日の辺に在るを以て、故に日本を以て名と為す。或いは曰く。倭国自ら其の名の雅ならざるを悪み、改めて日本と為すと。」（『旧唐書』日本伝）、「後稍夏音（＝中国語）を習い、倭の名を悪みて更めて日本と号す。使者自ら言う。国、日の出ずる所に近ければ、以て名と為すと。」（『新唐書』日本伝）と記し、倭国では雅でないので国号を変えることとした、中華世界の極東、日の昇る所に位置するから日本としたと主張し認められたことにある。

公認は粟田朝臣真人の処遇にも見られるが、『旧唐書』が貞観二十二年（六四八）の記事までを倭国伝に、長安三年（七〇三）以降を日本伝に載せていることに明らかである（なお『旧唐書』劉仁軌伝は竜朔三年〔六六六〕の白江の戦いの記述に「倭兵」「倭衆」の語を用いている）。一方開元二十二年（七三四）正月、長安城内の官第（＝官舎）で没した井真成の墓誌には「国は日本と号し」（原漢文）と記されており、唐では七〇三年以降、日本という国名が定着した様子がうかがえる。

日本国内ではどうだったかと言えば、確実な日本国号の登場は、大宝元年（七〇一）成立の大宝令公式令詔書式の記載で、隣国（唐）と蕃国（新羅）に大事を伝える詔書には「明神御宇日本天皇詔旨」を用いるとされた。

他方、その名も「日本」を書名とする『日本書紀』（七二〇年成立）を見ると、国号に関してはほぼ画一的に「日本国」を用いているが、天武天皇三年（六七四）三月条に対馬での銀の出土を「凡そ銀の倭国に有ることは初めてこの時に出えたり」と記していることが注目される。武烈天皇条以後の用例の中で国土を「倭国」と称した唯一の例だからである。記事の信憑性は高く、六七四年の時点ではなお「倭国」が自他共に認める国号だったと考えられる。

人名では日本武尊（日本童男とも）と王統の断絶が記される清寧天皇の国風諡号「白髪武広国押稚日本根子天皇」以外では第九代開化天皇以前の六人の天皇の国風諡号の中にのみ見えている。しかも『続日本紀』は、大宝二年（七〇二）

八月の段階で「倭武命の墓、震る。使を遣して之を祭らしむ」と記しており、日本武尊の表現が一般的でなかったことを示している（七一二年成立の『古事記』も「倭建命」「倭建御子」と記している）。

他方、実在の天皇で「日本」を謚号に持つのは日本根子天津御代豊国成姫天皇（＝元明。七一五年譲位、七二一年崩御）と日本根子高瑞浄足姫天皇（＝元正。七二四年譲位、七四八年崩御）だけである。いずれも大宝令以降である。また、『日本書紀』に引用された書物には「日本」の名前を負うものが幾つかあるが、それらも、「日本」使用の始まりが『日本書紀』以前であることを示すに止まっており、七〇一年までの『続日本紀』の記載に国号「日本」を表すものは見られない。『古事記』（七一二年成立）では「日本」は使われず、国号やまとの用例と言い切れるものもない。

気がかりなのは『三国史記』新羅本紀の記載で、孝昭王七年（六九八）三月条に「日本国使至る。王、崇礼殿に引見す。」（原漢文）とある。『三国史記』新羅本紀における「日本」用例の初出例だけに、七〇一年以前に新羅に対して日本国号が使われたと見る向きもあるからである。しかし、これに対応する『続日本紀』の記事はなく、逆に『日本書紀』『続日本紀』記載の六六八年から七〇〇年に至る十回の遣新羅使の記載が『三国史記』新羅本紀には一切ない。

したがって、時期の限定にはなお微妙な問題が残ると言わざるをえないが、日本国号の採用・確立が七〇一年を遡る可能性は低い。七〇一年の大宝令に向けて、六七四年以降、日本国号採用・確立への歩みが着実に進められていったと見るのが妥当な見方と考えられる。その過程は、検討してきた和文脈の確立と日本独自の漢文世界の展開による日本語表記の確立過程と見事なまでに重なり合う。

しかし、卜部兼方本などは『日本書紀』自体に「ヤマトフミ」とカナが振られているように、国内では日本と書いて「やまと」と読む例がほとんどであることを考えると、「日本語表記法確立過程」と呼ぶのが正確な言い方であろう。

現に慶雲四年（七〇七）六月に崩じ『続日本紀』に「天之真宗豊祖父天皇」と謚されている文武天皇を、慶雲四年十一月七日条は「倭根子豊祖父天皇を安古山陵に葬」と記している。以後も宣命では「現神御宇（大八洲）倭根子天皇詔旨勅命」が使われ続け、「日本根子」初出の宣命は承和七年（八四〇）五月の淳和太上天皇の葬に際しての宣命と見られる。

国内での「日本」の定着は、唐朝ほどには順調に進まなかった可能性が高い。列島社会に暮らす人々にとって「やまと」こそが国号であって、日本は対外向けの言い方に過ぎなかったのであろう。

和文体・和文脈という言い方は適切か

一方「やまと」を「大和」と書いた最古の用例は、天平宝字元年（七五七）五月施行の養老令田令の官田規定「畿内に官田を置く。大和、摂津各三十町」であり、『続日本紀』同年十二月条に見られる「大和宿禰長岡」という人名記載である。ここから、「大和」をもって「やまと」を表すようになるのは天平宝字元年五月施行の養老令からと見ることが学界の定説となっている。現に天平勝宝八年（七五六）六月の日付を持つ『東大寺献物帳』や「東大寺図端書」などでは「やまと」表記に「大倭」の文字が用いられているが、天平宝字五年（七六一）の「十市郡池上郷屋地売買券」には「大和国印」が捺されている。

しかし令制国やまと（今日の奈良県北半のいわゆる大和地方）の表記も大倭から大和にすんなりと変えられていったわけではない。大倭国は天平九年（七三七）十二月に大養徳国と改称されたものの、天平十九年（七四七）三月再び大倭国に戻され、養老令施行の天平宝字元年五月に大和国が定着する。

「和」と「倭」は通音であり「わ」を表す万葉仮名として「和」は多用されていたにもかかわらず、簡単には「やまと＝大和」にはならず、二転三転したのである。

だが、その甲斐あってか「やまと＝大和」は定着し、遙か昔からそうであったと思い込ませるほどの安定ぶりである。それでもなお、ここでの「やまと＝大和」は令制国大和を指している言葉に止まり、「（大）和」が国家意識を表す文字として定着するにはさらに時代が下る。

管見によれば、『続日本紀』から『日本三代実録』に至る五冊の正史（政府編纂の歴史書で六九七年から八八七年までの歴史を扱う。『日本書紀』を合わせて六国史と言う）に〔大〕和をもって日本を表す確実な用例は見つからない。他方〔大〕倭で日本を表す例は、『続日本紀』天平勝宝元年（七四九）四月朔条の宣命や『続日本後紀』嘉祥二年（八四九）三月二十六日条の長詞に見られる。

前者は我が国で初めて黄金が発見されたことを嘉する宣命で「此の大倭（おおやまと）の国者天地（はあめつち）の開闢以来（はじめよりこのかたに）黄金波人国用理献（くがねはひとくによりたて）言波有登毛（まつることはあれとも）」と記しており、「人国（＝他国）」に対する言葉として「此の大倭の国」が位置づけられている。

後者では、興福寺の僧たちが仁明天皇の四十の賀を寿いで四十体の仏像等を造るに当たり、なお「日本乃倭之国波」と記し、また「夫（それ）倭歌之体」と書いている（この長詞は「日本乃野馬台能国」で始まっており、日本＝野馬台の国＝倭の国を示している点でも注目させられる）。

「倭歌」は「和歌」と記される例も多いが、「和歌」は、『日本後紀』大同三年（八〇八）九月十九日条に、神泉苑御幸に際して平城天皇が平群朝臣賀是麻呂に「和歌を作らして曰く」とあるのが初出と見られる。「和歌」はまた「和琴（わごん）」と対で記される例が散見される（『続日本紀』養老五年正月二十七日条に「和琴師」とあるが、この「和」が日本を意味するのかは不詳。「和」の用例としては孤立している）一方で、『日本三代実録』元慶四年（八八〇）五月の在原朝臣業平の卒伝や同六年八月廿九日の日本紀竟宴（『日本書紀』講読学習後の宴会）では「倭歌」と記されており「和歌」という言葉の定着にもかなりの時間を要したと見られる。

「和」が日本の文化あるいは日本風を表す言葉として定着するのは延喜五年（九〇五）の『古今和歌集』を待つとしても良いのではなかろうか。延喜三年に亡くなった菅原道真の遺言と伝承される『菅家遺誡（かんけゆいかい）』に「和魂漢才（わこんかんざえ）」の言葉が記されるのも、こうした歴史的流れに沿ったものである。

延々と記すことになったが、三〜六世紀古墳時代の王者は無論、聖徳太子（五七四〜六二二）どころか聖武天皇（七〇一〜七五六）さえ「やまと」を「大和」と書かなかったのである。だから厳密には「大和朝廷」という表現は誤りだし、「古代大和路紀行」も当代の人々には“Where is there ?”だろう。

したがって、七世紀半ばから八世紀半ば、より絞れば七〇〇年を前後する半世紀に行われた、列島社会に飛び交うことばを治めようとした営みを「和文脈」「和文体」と表現することは適切ではないと言わざるをえない。

あえて名づければ「倭文脈」「倭文体」となろうが、「列島社会に飛び交うことばをそのままに表現しようとした営み」と捉えておけば十分であろう。

日韓の交流史・移住史から生まれた和＝やまと

蛇足を加えれば、では、和をもって「やまと」を表した淵源はどこに兆すのか。

注目したいのは、天平十七年（七四五）四月の典薬寮の解（げ）（＝下位の官庁から上位の官庁への提出書類）である。「和（名欠）」なる典薬頭（くすりのかみ）が従五位下兼行内薬侍医勲十等として署名しているからである（『大日本古文書』第二巻所収）。他方『続日本紀』には天平十五年六月に典薬頭に、同年十一月に従五位下となった倭武助（やまとむそ）なる人物が見える。『続日本紀』の任官記事によれば、倭武助は天平勝宝六年（七五四）七月まで典薬頭の任にあるから、天平十七年の典薬頭「和（名欠）」は明らかに倭武助である。官位令の規程通りだから当然かもしれないが、位階も合致している。

管見の範囲では、これが「和」を「やまと」と読んで「倭」と通用させた最古の例である。そして、他の史料等から、この倭（＝和）氏は、百済系渡来氏族と見られる。

「倭」ないし「和」を「やまと」と読んで氏（うじ）の名の一部としている人々は、実はほとんどが渡来系氏族である。弘仁六年（八一五）成立の氏族事典『新撰姓氏録』は、左京諸蕃下（諸蕃は渡来系氏族を示す分類）に「和薬使主（やまとくすしのおみ）出自呉国主照淵孫智聡也」、「和朝臣　出自百済国都慕王十八世孫武寧王也」と記し、大和諸蕃に「和連　出自百済国王雄蘇利紀王也」、「和造　日置造同祖。（高麗国人）伊利須使主之後也」を載せる。大岡忌寸も渡来後、天智天皇の御代に「倭画師」の姓を得たと記している（「左京諸蕃上」）。

倭（和）武助には姓が見られないが、職掌から見て和薬使主に連なる可能性が高い。なお、非渡来系氏族で、倭大国魂（＝大倭大神）を祀る倭直は、音では同じ「やまと」氏だが、大倭（＝大和）氏（大和宿禰）と書き分けられている。令制国やまとを「大倭」ないし「大和」と書くことが定着しての処遇であろう。

話を戻せば、和朝臣は桓武天皇の生母・高野新笠の家である。延暦八年（七八九）十二月に亡くなった高野新笠の薨伝（九年一月十五日条）には「皇太后の姓は和氏。諱新笠。（中略）后の先は百済武寧王の子、純陁太子より出ず。（後略）」とある。

関係史料を『日本書紀』に遡れば、武烈天皇七年条に「百済王、斯我君を遣して調進る。別に表たてまつりて曰さく。前に調進る使、麻那は百済国の主の骨族に非ず。故、謹みて斯我を遣して朝に事え奉らむともうす。遂に子有りて、法師君と曰う。是れ倭君の先なり。」とある。

武烈天皇七年は五〇五年にあたり、当時の百済王は武寧王である。また「淳陀」を「純陁」と記す継体天皇条には「七年秋八月癸未朔戊申、百済太子淳陀薨ず」の記載がある。継体天皇七年は五一三年だから、武寧王の生年（四六二）、治世年間（五〇一～五二三）と比べて矛盾はない。なお証明は略すが、『続日本紀』の一連の記事から、和朝臣の姓は当初倭史だったと見られる。

そうした性格を持つ和氏一族であれば、氏の名である「やまと」表記に好字である「和」を用い始めたことはなるほどとも思えるが、和氏が典薬寮に関わっていたことも「和」採用の背景にあった可能性がある。

典薬寮は医・薬・鍼灸・按摩・呪禁を掌る部署である。部制ではなく師―生の形で新しい技術の獲得、継承に当ったが、当時の医・薬書は道教や神仙思想の下に成り立ったもので、正倉院にある薬品六〇種中二二種は不老不死の仙薬に分類される「上薬」であった。天武天皇十四年（六八五）十月に百済僧法蔵らが奉献した白朮も招魂の儀に用いられた上薬である。

そうした背景のもとに倭武助を位置づければ、彼が和武助を名乗った理由の一端が分かるような気がする。と言うのは、百済系渡来人で天武朝の侍医憶仁の息子と推定される山上憶良が、四世紀・東晋の道士・葛洪の著書『抱朴子』を踏まえて表した「沈痾自哀の文」に「良医」とある「秦の和緩」のイメージを、和と倭の通音性を介して自らに被せた可能性が考えられるからである。

もっとも、和＝やまと表記が定着するには、そうした個人的思惑を超えて「和」を好字とする深みがあったと思われる。憲法十七条の「和を以て貴しとなす」も支えの一つだった可能性があるが、道教研究の泰斗、福永光司先生に生前ご教示いただいたことによれば、道教の文献、例えば六世紀・梁の陶弘景の書『真誥』などでは「道（道教の最高概念）」の実現されたさまを「大和」としている。そして魏・東晋・北魏には「太和」という年号があった。「倭＝和＝やまと」の採用と確定には、それだけの深さと広さがあったのではなかろうか。

「日本」が、隣国と意識した大唐帝国、蕃国と位置づけようとした新羅（さらに渤海）を意識して作り出された政治的な言辞であることはつとに指摘されているが、「〔大〕和」表現もまた東アジアの交流史の中に根を持っていたのである。

その点で、和＝やまとを日本ないし日本文化を表す文字として定着させる動きが、百済系渡来氏族を外戚とする桓武天皇による、王権ないし宮都を令制国やまとから引き離すことで加速されたことは、何とも興味深い。

列島に飛び交うことばを治める、そのままに書き表す方法がどのように確立してきたかを探る旅としては蛇足だろうが、日本も和＝やまとも、いずれもが、東アジアの交流史、移住史の中から生み出された可能性の高いことは注目しておいてよいだろう。

第二章　国家は国語とともに

―金石文が語る日本国誕生の構造―

多胡碑という存在

金石文史の中での多胡碑の位置【写真2／口絵・i参照】

前章において、次の点を明らかにできた。

①わが国の金石文は鏡・剣に始まり、造像銘に広がり、石碑・墓誌等へと展開していった。

②確実に列島社会で書かれたと見られる金石文は五世紀後半から六世紀初頭にかけて初出するが、それは固有名詞を借音書きする漢文体であった。そして、今のところ六世紀代から七世紀前半にかけての一世紀以上の間、文体を検討するに価する長さを持った金石文は見られない。

③七世紀半ばに造像銘を中心として、突如、爆発的に金石文が増え始める。その表記法は、列島社会に飛び交っていたことばをそのままに表現しようとする志向が強く、漢字あるいは漢字熟語を訓読した後に組み合わせ、今日の日本語表記に近い語順で並べる表現が求められた。

④山ノ上碑に見られるように、六八〇年前後に、その傾向は強まり、対象も石碑・墓誌・木簡等に確実に広まっていった。表記方法には宣命体や万葉仮名表記もすでに現れており、多様な表記方法が模索されていたことが知られる。

⑤六九〇年前後からは、歴史意識の目覚め、高まりを受けて、追記・後刻と見られるものまで現れるようになり、今日の日本語表記に近い文体と、日本独自の漢文世界とが同時並存的に深められた。あえて分けると、中央の官界・仏教界では日本独自の漢文世界展開の志向が強く、地方においては今日の日本語表記に近い文体が求められ続けた。那須国造碑は、その両者を併せ持つ碑で、この時代の特色を雄弁に物語る。

⑥こうした動きは、大宝律令と日本国号をもって我が国古代国家が確立されていった過程と見事なまでに重なり合

う。大宝律令制定・施行の七〇一年、日本国号公認の七〇三年には、日本語を日本語として書き表す表記法はほぼ確立したと見てよい。

⑦その過程は中国冊封体制・中華世界システムの中で独自の地位を確立する過程だったが、それは、上からの法的・強制的な営みだけでなく、列島社会に暮らす人々が日本人、日本国民としての帰属意識を高めることで初めて可能となったと見られ、表記方法を含む国語の確立・共有こそ国民形成の中核をなしたと考えられる。

⑧しかし、日本国号の使用実態や「和」用例の吟味等から、この過程の表記法を和文体・和文脈と呼ぶことは適切ではなく、あえて言えば「倭文体」「倭文脈」が当てはまるが、列島社会に飛び交っていたことばをそのままに表現しようとする営みとして、日本語表記法確立過程と呼ぶのがふさわしいと見られる（なお、後文において、この列島社会に飛び交うことばをそのままに表現しようとした文体を簡便に示すため「倭文体」「倭文脈」を仮に使用することを許されたい）。

⑨以後、日本語を日本語として表記する方法は磨きをかけられ、日本独自の漢字書風や女手（ひらがな）、カタカナの登場と相まって、一〇世紀前半には「和文」と呼んでよいものが確立し、一一世紀初頭には『源氏物語』を生み出すに至る。

そうした流れの中で、多胡碑はどのような位置を占めるであろうか。【表6】

多胡碑を読んでみよう

多胡碑の採字は次の通りである。厳密には異体字が使われていて、その意味もあるが、とりあえずは常用体で採字しておきたい。

702	壬歳次攝提格	和文脈	豊前国長谷寺観音菩薩像台座銘	大分県中津市	県有形
707	慶雲四年	漢文脈	文祢麻呂墓誌	東京国立博物館	国宝
707	慶雲四年	漢文脈	四天王寺蔵威奈大村骨蔵器	大阪市天王寺区	国宝
708	和銅元年	混交	伊福吉部徳足比賣骨蔵器	東京国立博物館	重文
708	和銅元年		圀勝寺下道圀勝弟国依母夫人骨蔵器	岡山県矢掛町	重文
711	和銅四年	和文脈	多胡碑	群馬県高崎市	特別史跡
712	和銅五年	漢文脈	『古事記』		
714	和銅七年		佐井寺僧道薬墓誌	奈良国立博物館	重文
717	養老元年		超明寺碑	滋賀県大津市	部分残存
720	養老四年	漢文脈	『日本書紀』		
722	壬戌年	和文脈	山代真作墓誌	奈良国立博物館	重文
723	養老七年	漢文脈	太安萬侶墓誌	奈良県立橿原考古学研究所	重文
723	養老七年	漢文脈	阿波国造碑	徳島県石井町	県有形
726	神亀三年	和文脈	金井沢碑	群馬県高崎市	特別史跡
729	神亀三年	漢文脈	小治田安萬侶墓誌	東京国立博物館	重文
730	天平二年	漢文脈	美努岡萬墓誌	東京国立博物館	重文
751	天平勝宝三年	漢詩集	『懐風藻』		
751	天平勝宝三年	漢文脈	竹野王多重塔	奈良県明日香村	
753	天平勝宝五年	漢文脈	薬師寺仏足石	奈良県奈良市	国宝
753?		万葉仮名	薬師寺仏足石歌碑	奈良県奈良市	国宝
762	天平宝字六年	漢文脈	多賀城碑	宮城県多賀城市	重文
762	天平宝字六年	漢文脈	石川年足墓誌		国宝
776	宝亀七年	漢文脈	叡福寺蔵・高屋枚人墓誌	大阪府太子町	重文
778	宝亀九年	漢文脈・仏典抄	宇智川磨崖碑	奈良県五條市	史跡
784	延暦三年	漢文脈	妙見寺蔵・紀吉継墓誌	大阪府太子町	重文
790	延暦九年	漢文脈	浄水寺南大門碑	熊本県宇城市	県史跡

表６　大宝令施行以降の金石文一覧

弁官符上野國片岡郡緑野郡甘
良郡并三郡内三百戸郡成給羊
成多胡郡和銅四年三月九日甲寅
宣左中弁正五位下多治比真人
太政官二品穂積親王左太臣正二
位石上尊右太臣正二位藤原尊

一行目と二行目は一連の文となっていると見られる。「弁官符」及び「給羊」の読みと意味には古来多くの議論あるが「弁官（から）の符（碑面の字体は「苻」）に（より）、上野國片岡（碑面の字体は「罡」）郡、緑野郡、甘良郡、并せて三郡の内、三百戸を郡と成す」と文字の並びのままに、つまり「倭文体」で読んでいくことができる。

古来指摘されているように「弁官符」という「符」は存在せず、太政官符が正しいが、弁官の署名を経て弁官局から発給されるため、受け取った側は弁官局から発給されたと捉えたのではなかろうか。また太政官符は上野国に出されるもので、直接に建郡の地に出されるものではない。加えて、郡が定まっていないことを考えれば、国府から郡に

写真２　多胡碑拓影

新たな符が出されることも考え難いので、弁官局から国府に出された符、命令に従って事が進められたということを地域の側から記したと見るべきだろう。

だが、続く「給羊」をどう読んだら良いか。率直に言って悩んでいる。「羊」を最初の郡司に任ぜられた渡来系氏族のこととし、「給」は正式任命前の郡司任命を意味すると見る尾崎喜左雄先生以来の説が有力で、異論を差し挟む根拠を持ち合わせていないが、はたして、そう読んでよいか。今のところ、私に自信はない。ただ、あえて尾崎先生以来の有力な説、定説と言ってよい説を生かすとすれば、「羊」が任命を受ける碑文上最下位の人間であることを碑文の形からも分かるように位置づけたと見れば、続けて、「(郡司を)給（たま）うは羊」と読むことが出来る。文意は確かに通る。

三行目・四行目は、頭から読んでいくと「成るは多胡（たご）郡、和銅四年三月九日甲寅（きのえとら）。宣（の）るは左中弁正五位下多治比真人（たじひのまひと）」となる。「左中弁正五位下多治比真人」が記されるには、符発給の際の署名者が「左中正五位下多治比真人」だったから考えられるので、ここも漢文で読んでは、多治比真人が命令を受ける側となり意味が通らなくなるだろう。

最後の五行目・六行目は、「太政官は二品穂積親王、左太臣は正二位石上尊、右太臣は正二位藤原尊」となる。「太政官」は正しくは知太政官事、「太臣」は大臣が正しい表記だが、なぜか、このように記されている。異体字が集中しているのもこの二行で、穂積の偏は示偏で記されている。また、人臣である石上朝臣麻呂と藤原朝臣不比等に神か天皇にしか使われない「尊」が使われている。三人は神様扱いである。なお、「弁官」「三百戸」もそうだが、「太政官」「左大臣」「右大臣」を「おおいまつりごとのつかさ」「ひだりのおとど」「みぎのおとど」とまで読まなくても良いであろう。

全体をまとめれば、一つの案として、次のように読むことが出来る。

［釈文］
弁官（から）の符に（より）、上野國片岡郡、緑野郡、甘良郡、并せて三郡の内、三百戸を郡と成す。給うは羊。
成るは多胡郡、和銅四年三月九日甲寅。宣るは左中弁正五位下多治比真人。
（知）太政官（事）は二品穂積親王、左（＝大）太臣は正二位石上尊、右太臣は正二位藤原尊。

漢文体の符を解体して再構成

古来定説となっているように、多胡碑は、多胡郡という郡の建郡記念碑である。その内容は、行政命令書である太政官符の記載のままのように見られているが、『続日本紀』や『養老令』公式令を参考に推定復元した太政官符とは大きく異なる。本来発給された太政官符は次の通りと見られる。

太政官符上野国
置多胡郡事
右奉勅　割甘良郡織裳、韓級、矢田、
大家、緑野郡武美、片岡郡山等　六郷、別置多胡郡、符到奉行
左中弁正五位下多治比真人三宅麻呂
和銅四年三月甲寅（または辛亥）

漢文であり、次のように読み下せる。

太政官、上野国に符す（＝命ず）
多胡郡を置く事
右、勅を奉らば、甘良郡織裳（おりも）、韓級（からしな）、矢田（やた）、大家（おおやけ）、緑野郡武美（むみ）、片岡郡山等（やまな）、六郷を割き、別に多胡郡を置け。
符到らば、奉行せよ（＝執行せよ）
左中弁正五位下多治比真人三宅麻呂
和銅四年三月甲寅（または辛亥）

発給日を和銅四年三月甲寅（または辛亥）としたのは、多胡碑は「甲寅」の日付だが、『続日本紀』は辛亥の条に続けて記しているからである。『続日本紀』は「三月辛亥。伊勢国人礒部祖父、高志二人。賜姓度相神主。割上野国甘良郡織裳、韓級、矢田、大家、緑野郡武美、片岡郡山等六郷、別置多胡郡」と記載しており、二つの異なる事柄が辛亥条に続けて記されているが、間にあった「甲寅」が編纂段階で脱落した可能性を否定できないからである。今日でも行政命令書では発給日が重視されることを思えば、辛亥（＝六日）に発給されて甲寅（＝九日）に国府に届いたと解釈するよりも、『続日本紀』に脱落・錯簡がある可能性の方が高いと思われる。

多胡碑を再掲して比較してみよう。

弁官符上野國片岡郡緑野郡甘
良郡并三郡内三百戸郡成給羊
成多胡郡和銅四年三月九日甲寅
宣左中弁正五位下多治比真人
太政官二品穂積親王左太臣正二
位石上尊右太臣正二位藤原尊

符では正格漢文体であるものが、多胡碑では「倭文体」に変えられているばかりでなく、とくに「割甘良郡織裳……六郷、別置多胡郡（甘良郡織裳……六郷を割き、別に多胡郡を置く）」が「片岡郡……并三郡内、三百戸郡成（片岡郡……并せて三郡の内、三百戸を郡と成す）」と大きく書きかえられている。郷名が戸数に、「割（さく）」が「并（あわせる）」に、「置郡（郡を置く）」が「郡成（郡を成す）」に書き換えられていることの意味は大きい。

全く逆の目線である。当然のことながら、符が中央から地域への目線となっているのに対し、碑は地域から中央あるいは地域自体への目線となっている。読む人つまり多胡郡を創り上げてきた人々、これからも多胡郡で暮らし働きあう人々の目線である。今流の言葉で言えば、中央集権型の目線と地域主権型の目線との違いが実に鮮明に浮かび上がる。

多胡郡は最先端のハイテク産業都市

「倭文体」の碑、上野三碑集中の理由を考える一歩は石碑の特性にある。現代でもそうだが、碑は、周囲の人が読めること、読み継がれることに建立の意図がある。読めない碑、読み継がれない碑は意味を持たない。墓に埋められてしまうか宮殿ないし神殿の奥深くに納められてしまう傾向が強い鏡や剣とは異なる。仏像等の造像銘も、多くの場合光背や台座に彫られて、通常、人の目には触れにくいことを考えると、碑の特異性が浮かび上がる。最大の眼目は読み継がれることにある。

つまり、上野三碑が集中して建てられた背景として、多胡郡周辺地域には当時最高の文化であった「倭文体」での読み書きができる人が集まり住んでいたことが想定される。

さらに石碑に刻むには、撰文・書写、石材の発掘・加工・彫刻などの技術が不可欠である。技術レベルでも最高の集中度があったとしてよい。現に多胡郡には瓦焼成、糸の生産、染・織、建築土木（宮・寺の建設）の技術が集中していたことはすでに多くの研究者から指摘されている。また、地域に広まっている羊太夫伝承は採鉱・冶金技術の集積を示唆しているし、多胡郡の一隅となった山名郷は、元は山部郷で、法隆寺の食封（じきふ）（＝荘園）となって木材の生産や加工、漆や炭の製造に関わっていたとの指摘もある。

このことは、佐野三家とはどのような存在なのかを考える問題でもあるが、それらの技術は当時の最先端技術である。多胡郡を渡来系の人々中心のハイテク産業地域と考えるのが妥当だろう。同時に、山ノ上碑・金井沢碑に色濃いように、仏教等の思想的営みの受容と定着も相当進んでいたと見られる。やがて周辺から多くの仏者が登場する。

別の見方をすれば、今日の高崎市吉井・南八幡（みなみやはた）地区からなる多胡郡は、極めて高い人口密度を米づくり以外の産業で維持していたと言える。当時の多胡郡の人口は七五〇〇人程度と見られるから、現在の三万人と比べて四倍の増加にすぎないが、日本全体では五～六百万人が一億二千万人強へと二十倍以上に増えていることと比較しても分かる。

人口増加が少ないのではない。当時非常に高い人口密度を示していたと考えるべきである。最先端の文化・技術の担い手が集まって住む地域、ハイテク産業都市と言ってよい【表7】。

そうした地域特性を背景に、多胡郡住民は極めて主体的に撰文を行ったと見られる。

横たわる上毛野君関係氏族の影

多胡郡が建てられた上野国が上毛野君関係氏族の一大拠点であったことも大きな背景として軽視できない。

上毛野君関係氏族の全体像については拙著『改訂増補　古代東国の王者―上毛野氏の研究』をご覧いただきたいが、上毛野君関係氏族とは『新撰姓氏録』に上毛野朝臣と「同祖」と記された氏族群のことである。『続日本紀』延暦十年四月五日条に「東国六腹朝臣」と総称された上毛野・下毛野・大野・車持・佐味・池田の六氏の中級貴族を中心に、田辺史との親縁性が強い百済系渡来集団、紀伊・和泉に拠点を持ち続けたグループなど、三〇以上の氏族を数える。そのため、以下、多くの氏族名が登場することを許されたい。

文書を扱うことに関して、上毛野君関係氏族との関係で、とくに二点注目しておきたいことがある。

第一に、一族の中には文書の扱いに秀でた人々が多いこと。ざっと見渡しただけでも、次の貴族・官人が挙げられる。

天武天皇十年（六八一）三月「帝紀及び上古の諸事を記し定める」ために設けられた史局の諸臣首座についた大錦下（＝従四位相当）上毛野君三千（六八一年卒）。『続日本紀』編纂に関わるとともに遣唐録事・大外記・主計頭も歴任した上毛野公大川（七八〇年代に従五位下で卒）と、その子

地　　域	奈良時代の推定人口	現在の人口	現在／奈良
多胡郡	7,500 人程度	30,000 人程度	4 倍
上野国（群馬県）	10 ～ 12 万人程度	200 万人程度	15 ～ 20 倍
日本	500 ～ 600 万人程度	1 億 2,700 万人程度	20 ～ 25 倍

表７　多胡郡・上野国・日本全体の人口変化

で『新撰姓氏録』編纂に関わるとともに遣唐録事・東宮学士も歴任した上毛野朝臣穎人（七六六～八二一。従四位上で卒）。

大宝律令選定の実務統括者で、出来上がった新令を諸王・諸臣・百官人に講じ習わせた下毛野朝臣古麻呂（参議正四位下式部卿大将軍で七〇九年卒。『令義解』附録の天長三年〈八二六〉十月の官符には博士ともある）。

『懐風藻』に五言詩、『経国集』に対策文二首を載せる大学助教・下毛野朝臣蟲麻呂（養老年間に活躍。従五位下）。

持統天皇三年（六八九）六月、施基皇子の下に設けられた撰善言司という臨時官司の諸臣首座に選ばれた佐味朝臣宿那麻呂（壬申功臣。直広肆＝従五位下相当）。

　第二は、我が国に「諸の典籍」の読み方を伝え書首の祖となったと称される王仁招聘伝承との関係。単刀直入に言えば、王仁招聘の使いを上毛野君の祖とする伝承が貴族・官人層の共通認識となっていた事実である。

西文氏（＝書首）の祖とされる王仁の招請伝承は『日本書紀』応神天皇十五・十六年条と『古事記』応神天皇段に載っている。両書の骨格は同じで、応神天皇の御世に百済から良馬二匹と共に「能く経典を読む」阿直伎（『古事記』では阿知吉師）が派遣されたが、倭王権は阿直伎以上の博士（『古事記』では賢人）の再派遣を要請し、王仁（『古事記』では和邇吉師）が招かれたとある。そして『日本書紀』は「時に上毛野君の祖、荒田別・巫別を百済に遣して、よりて王仁を徴さしむ。」と続け、王仁は応神天皇の太子・菟道稚郎子の「師」となったとされる。関連する伝承が延暦十年（七九一）四月の文忌寸（＝書首）最弟らの奏言や、文忌寸との同格化を図った王辰爾系諸氏（津連真道など）の延暦九年（七九〇）七月の上表文に見えている。

　そして津連真道らの上表文でも「軽嶋豊明朝に御宇応神天皇、上毛野氏の遠祖、荒田別に命し、百済に使いして有識の者を捜聘せしむ。国主貴須王、恭んで使の旨を奉り、宗族を択採して、その孫、辰孫王（一名智宗王）を遣して、使に随いて入朝せしむ。天皇嘉んで特に寵命を加え、以て皇太子の師となす。」とある（『続日本紀』延暦九年七月辛巳条）。

博士王仁の招請は、西文氏や王辰爾系諸氏のみならず、倭国の支配層や知識階層にとって忘れえぬ「出来事」だったのであろう。もとより、それは一つの伝承にすぎないが、渡来系氏族の始祖伝承のなかで、倭国（王）の要請で招かれたと主張し、それが公認されている氏族はきわめて少ない。倭国の要請を記す王仁招請伝承は特筆に価する所伝であり、「上毛野氏の祖、荒田別・巫別」を王仁招請の使いとする伝承も貴族・官人層の共通認識として広く定着していたと言えよう。

そうした共通認識がなければ、王辰爾系諸氏が西文氏との同格化を図って朝臣姓を求めていくに際して「応神天皇、上毛野氏の遠祖、荒田別に命し、百済に使いして有識の者を捜聘せしむ。」と上表することはなかったはずである。そのことはまた、上毛野君の始祖たちは、百済最高位の博士（賢人）たる王仁を招くにあたって最もふさわしい知識と外交手腕、交渉能力を有する人々であると、貴族・官人層が共通理解していたことをも示している。

この事実も多胡郡に「倭文体」の石碑が集中する背景と見ることができる。東国や東国に関係する氏族群は低く見られがちだが、むしろ当時の最先端に位置していたのである。

多胡碑に刻まれた国家意思

多胡碑と竹取物語

多胡碑に国家最高位の執政官名が記されていることに関して、ある方から「多胡碑碑文には『竹取物語』の五人の貴公子のうち三人のモデルが直接ないし関係者として登場しているが、どうしてなのか。」と問われたことがある。そのような問いかけをしたことがなかっただけに、虚を突かれた思いがあった。

『源氏物語』絵合（えあわせ）巻に「物語の出で来（いでき）はじめの祖（おや）なる竹取の翁」とあるのをはじめ、『竹取物語』は、千年を超え

『竹取物語』の難題	５人の貴公子	実在のモデル	多　胡　碑
仏の御石の鉢	石作（いしつくり）の皇子	多治比真人嶋	弟の左中弁多治比真人三宅麻呂
茎が金、根が銀、玉の実のなる枝を持つ蓬莱の枝	車持（くらもち）の皇子	藤原朝臣不比等	右大臣正二位藤原尊
火鼠の裘	右大臣阿部のみうし	阿部朝臣御主人	
龍の首の球	大納言大伴のみゆき	大伴宿禰御行	
燕の子安貝	中納言石上のまろたり	石上朝臣麻呂	左大仁正二位石上尊

表８　『竹取物語』の五人の貴公子と多胡碑

る長きにわたって人々の関心と議論を集めてきた。文学としての完成度ばかりでなく、批判精神に溢れた歴史書としても評価され続けてきたが、実に豊かなメタファーと謎を孕む、一筋縄ではいかない奥行きと広がりを持つ屈指の物語である。

かぐや姫が難題を出す五人の貴公子として石作（いしつくり）の皇子、車持（くらもち）（「庫持」「くらもち」の写本もある）の皇子、右大臣阿倍御主人（みうし）、大納言大伴御行（みゆき）、中納言石上麻呂足（いそのかみまろたり）が登場する。

右大臣阿倍御主人（六三五～七〇三）、大納言大伴御行（六四六？～七〇一）は、全く同じ名前の実在の人物がいる。他の三人のモデルとしては、江戸時代の国文学者・加納諸平（もろひら）（一八〇六～一八五七）が『竹取物語考』で石作皇子＝多治比真人嶋（しま）（六二四～七〇一）、車持皇子＝藤原朝臣不比等（六五九～七二〇）、中納言石上麻呂足＝石上朝臣麻呂（六四〇～七一七）の説を提唱し定説となっている。五人のうち三人（うち一人は関係者）が確かに多胡碑に現れている。三人とは、石上朝臣麻呂（多胡碑では左太臣石上尊）、藤原朝臣不比等（多胡碑では右太臣藤原尊）と多治比真人三宅麻呂（多胡碑では左中弁多治比真人）である【表８】。

結論から言えば、多胡碑と『竹取物語』に直接的な関係があるわけではない。両者ともに大宝令制定・施行前後の最高執政官の名前を取り込んだからである。

そこで問題は三つに分かれる。

第一は、加納諸平『竹取物語考』のモデル設定の妥当性。実在の二名と名前に「足（たり）」が付くか付かないかの違いに過ぎない石上朝臣麻呂はもっともとして、なぜ石作皇子が多治比真人嶋で、車持皇子が藤原朝臣不比等なのかという問題。

第二は、当時の最高執政機関の構造。どのような基準で選ばれ国家運営に当ったのかという問題。
第三は、その人々の名がなぜ多胡碑に見えるのかという最終的な問題。

第一の問題から考えよう。

まずは藤原不比等＝車持皇子モデル説の検証から。

『竹取物語』では「車持（庫持）」は「くらもち」と読まれるが、元々の読みは「くるまもち」で、車持君という氏姓を持つ優勢氏族が存在する。奈良朝以降は四位に登った人物を確認できないが、上毛野君の有力な一族で東国六腹朝臣の一つに挙げられている。詳細は先に上げた拙著をご覧いただきたいが、古来大王に近似する内廷官で、五世紀代には大伴宿禰や物部連と並ぶ力を有していたと見られる。神や大王が移動するのに用いる輦（有輪）や輿（無輪）の管掌者である。今流に言えば山車と神輿の管理者だが、そのことから神祭りに直接関わり、大王の命のもと軍事行動にも関わった形跡を持つ。上野国群馬郡は「くるまのこほり」が本来の読みであることから、車持をその名の由来とする説が有力である。

その車持君が藤原不比等の母方であるという記載が『公卿補任』（公卿＝太政官最高幹部＝議政官の歴名録）と『尊卑分脈』（室町時代以前の系図集）に記されている。

『公卿補任』大宝元年中納言の項

従三位　藤原朝臣不比等　（前略）内大臣大織冠鎌足の二男（一名史）。母は車持国子君之女、與志古娘也。車持夫人。（肩書き注記）実は天智天皇の皇子云々。（原漢文）

『尊卑分脈』藤氏大祖伝　不比等伝の項

内大臣鎌足の第二子也。一名史。斉明天皇五年（六五九）生。公、避くる所の事有り。便、山科の田辺史大隅

の家に養う。其れ以て史と名づく也。母は車持国子君之女、与志古娘也。公、官任は右大臣正二位に至る。（後略、原漢文）

太政大臣正一位の極官を贈られた不比等は、日本古代国家のデザインと基盤作りを全面的に担った古代最高の政治家、執政官だが、両書ともに、その母を車持君国子の娘・与志古娘と記す。そして『公卿補任』の「車持夫人」という記載や肩書き注記は天智落胤説をほのめかしており、ここから不比等を車持皇子とする説が作られていったと考えられる。

不比等＝天智落胤説は著名な噂で、下って一四世紀後半にまとめられた『帝王編年記』斉明天皇五年条の「是歳、皇太子（＝中大兄皇子、後の天智天皇）妊れる寵妃御息所の車持公の女婦人を、内臣鎌子（＝鎌足）に賜ふ。已に六箇月なり。件の御息所を給ふ日、令旨に曰く、『生まるる子、男に有らば臣の子と為し、女に有らば我が子と為さむ』と。爰に内臣鎌子、守ること四箇月、厳重たり。遂に其の子を生産ましむ。已に男なり。仍りて令旨の如く、内臣の子と為す。其の子、贈太政大臣正一位勲一等藤原朝臣不比等なり。」（原漢文）は噂の集大成であろう。

不比等自身に戻れば、『尊卑分脈』に「避くる所の事あり」山科の田辺史大隅の家に養われたと記されていることは興味深い。

田辺史は明らかな百済系渡来氏族であると共に上毛野君の一族とみなされ、やがて上毛野朝臣を賜姓されていく非常に特異な存在だからである。『尊卑分脈』は、不比等の名は田辺史の「史」に基づくと記すが、『新撰姓氏録』左京皇別下・上毛野朝臣条に「（前略）諡皇極御世、河内山下田を賜い、文書を解するを以て、田辺史と為す。宝字称徳孝謙皇帝天平勝宝二年、改めて上毛野公を賜う。（後略）」（原漢文）とあるように、田辺史は、文書の解読や撰文に深く関わり、政府の歴史書編纂等を担った氏族であった。

先に記したように、博士王仁を招くにあたって上毛野君が使わされたという伝承が貴族・官人層の共有認識であったことと重ね合わせると、不比等と上毛野君一族、上野国の間には、血の繋がりに加えて、「文書を解する」という視点が入り込む。もとより、このことが不比等の名が多胡碑に見える直接の理由ではないが、「文書を解する」という言葉は、当時の上野国・上毛野君一族と不比等をはじめとする国家中枢、議政官との関係を考える上で鍵となる言葉の一つと見られる。

次に多治比真人嶋＝石作皇子モデル説の検証に移ろう。

かねて注目されているように、『日本書紀』持統天皇十年（六九七）十月庚寅条に「正広参位の右大臣丹比真人（＝多治比真人嶋）に資人百二十人賜う。正広肆大納言阿倍朝臣御主人、大伴宿禰御行には並びに八十人。直広壹石上朝臣麻呂、直広貳藤原朝臣不比等には並びに五十人」（原漢文）とあり、多治比真人嶋＝石作皇子とすれば、登場人物が全て、一人の欠もなく揃う。かつ、五人以外の人物はここに登場しない。

さらに『続日本紀』大宝元年（七〇一）三月甲午条には「始めて新令（＝大宝令）に依りて官名位号を改制す。（中略）左大臣正広貳多治比真人嶋に正（冠の）正二位、大納言正広参阿倍朝臣御主人に正（冠の）従二位、中納言直大壹石上朝臣麻呂、直広壹藤原朝臣不比等に正（冠の）正三位を授く。（中略）大納言正（冠の）従二位阿倍朝臣御主人を以て右大臣と為し、中納言正（冠の）正三位石上朝臣麻呂、藤原朝臣不比等を並べて大納言と為す。（後略）」とあり、同年正月薨じた大伴宿禰御行は見られないが、残る四人が大宝律令体制始動時の議政官だったことが知られる。御行の後は従三位を授与された安麻呂が継いだが、この時は議政官とはされていない。なお持統天皇十年条には見られなかった紀朝臣麻呂が従三位を得て大納言に選ばれている。

このように、持統天皇十年（六九七）・大宝元年（七〇一）を挟む前後の国家中枢、朝堂に並ぶ議政官、最高執政官が多治比真人嶋、阿倍朝臣御主人、大伴宿禰御行、石上朝臣麻呂、藤原朝臣不比等であったことは紛れもない事実で

表9　大宝～神亀年間（701 ～ 728）の議政官構成

	大宝元年 七〇一	二年 七〇二	三年 七〇三	慶雲元年 七〇四	二年 七〇五	三年 七〇六	四年 七〇七	和銅元年 七〇八	二年 七〇九	三年 七一〇	四年 七一一	五年 七一二	六年 七一三	七年 七一四	霊亀元年 七一五	二年 七一六	養老元年 七一七	二年 七一八	三年 七一九	四年 七二〇	五年 七二一	六年 七二二	七年 七二三	神亀元年 七二四	二年 七二五	三年 七二六	四年 七二七	五年 七二八
親王			知太政官事刑部親王		知太政官事穂積親王													大納言長屋王		知太政官事舎人親王 大納言長屋王	知太政官事舎人親王 右大臣長屋王							知太政官事舎人親王
多治比真人	左大臣多治比真人嶋																	中納言多治比真人池守			大納言多治比真人池守 参議多治比真人三宅麻呂	大納言多治比真人池守						
藤原朝臣（中臣朝臣）	大納言藤原朝臣不比等							右大臣藤原朝臣不比等 中納言中臣朝臣意美麿				右大臣藤原朝臣不比等					右大臣藤原朝臣不比等 参議藤原朝臣房前				中納言藤原朝臣武智麿 参議藤原朝臣房前							
大伴宿禰	大納言大伴朝臣御行	参議大伴朝臣安麿			大納言大伴朝臣安麿													中納言大伴宿禰旅人										
阿倍朝臣	右大臣阿倍朝臣御主人				中納言阿倍朝臣宿奈麿													大納言阿倍朝臣宿奈麿				参議阿倍朝臣広庭					中納言阿倍朝臣広庭	
石上朝臣	大納言石上朝臣麿			右大臣石上朝臣麿				左大臣石上朝臣麿																				
武内宿禰を始祖とする	大納言紀朝臣麿	大納言紀朝臣麿 参議高向朝臣麿				中納言高向朝臣麿									中納言巨勢朝臣麿			中納言巨勢朝臣祖父										
天足彦国押人を始祖とする		参議粟田朝臣真人 参議小野朝臣毛野			中納言粟田朝臣真人 参議小野朝臣毛野				中納言粟田朝臣真人 中納言小野朝臣毛野						中納言粟田朝臣真人													
上毛野君一族		参議下毛野朝臣古麻呂																										

ある。こうしたことから、石作皇子は多治比真人嶋がモデルというのが加納諸平以来の説である。なぜ石作なのかは諸説があるが、多治比真人が祖とする宣化天皇の皇子・上殖葉の同母姉に石姫・小石姫があり、与えられた難題が仏の石の鉢だったことからの命名とみておけば良いのではなかろうか。

むしろ、五氏のモデル化からは、当時の国家中枢、議政官がどのような基準で選ばれ国家運営に当ったかという第二の問題が見えてくることに注目したい。

周知の通り、動き出した律令国家は、天皇の元に、議政官と呼ばれる、親王と三位以上の上級貴族（公卿）からなる太政大臣（相当する令外の官としての知太政官事）、左・右大臣、大納言（相当する令外の官としての中納言）、参議（四位以下の官位ではあるが、令外の官として政治に預かる）の合議で運営された。その下に中級貴族（四位）からなる八省の長などが置かれ、その下に下級貴族（五位）以下からなる多様な貴族・官人が役割を負う。

大宝令施行以降明確となる議政官を神亀年間までのほぼ四半世紀の間（七〇一～七二八）で拾っていくと、表9のように、親王、多治比真人、藤原朝臣、大伴宿禰、阿倍朝臣、石上朝臣、武内宿禰を始祖とする氏族群、天足彦国押人命を始祖とする氏族群からそれぞれ一名ないし二名が選ばれるのが原則であったことが分かる。下毛野朝臣は古麻呂個人の功績であろう。上毛野君一族からは、天平十一年（七三九）から十四年まで参議となった大野朝臣東人もいるが、両名ともに中納言以上には昇っておらず、先の八つのグループとは一線を画すものと考えられるからである。

そこで八つのグループと『竹取物語』の構成を比較すれば、石作皇子のモデルは多治比真人嶋しかありえない。

和銅・霊亀・養老年間に集中する国・郡新設

多胡碑に議政官名が刻まれた理由を探るには、多胡碑が多胡郡新設を記す碑であるという原点中の原点に戻る必要がある。

表10は『続日本紀』の国・郡新設に関わる記事の一覧である。一見して明らかなように、国・郡の新設は和銅・霊亀・養老年間（七〇八〜七二四）に集中している。多胡郡は、その中でも早い時期に当る。

新設国は、七一二年の出羽、七一三年の丹後・美作（みまさか）・大隅、七一八年の能登・安房・石城（いわき）・石背（いわしろ）、七二一年の諏方（すわ）で、七一六年新設の和泉監（げん）も後に和泉国となる。このうち、七一二年から一三年に新設された四ケ国はすっきりと定着したが、和泉・安房・能登は天平後期の七四〇〜七四一年に旧国に再併合され（能登は越前から分立し越中に併合）、天平宝字元年（七五七）の養老令施行によって再分立されるという経緯を辿った。さらに諏方は、早くも十二年後の天平三年（七三一）に廃止され、石城・石背も、十年後の神亀五年（七二八）に陸奥国に白河軍団が置かれたことから、かなり短い期間で廃止されたと見られている。

つまり定着したのは七ケ国で、最初の新設四ケ国と養老令施行による三ケ国再分立の中に国家プラン具体化の意思が感じられる。

まず出羽・大隅の二国は「夷狄」地と見なした地域での新設である。日本という国家が「夷狄」地を制圧・文明化し内国とするという理念を目に見える形で表す動きであった。

次に丹後国は、丹波・丹後・但馬（たじま）で一つの勢力圏を有し皇后輩出伝承などを持つ丹波地域を令制国として再編する国策の一環であったと見られる。

再分立国のうち、安房は、若狭・志摩・淡路に続く御食国（みけつくに）（＝神饌・御贄を献上する国）としての新設と考えられ、和泉監は茅渟（ちぬ）宮（和泉宮）に端を発する王権に密着した特別地域の明確化である。

能登は、弘仁十四年（八二三）越前からさらに加賀が分立するように、丹後新設同様、「越（こし）」と呼ばれた古代の一大勢力地域を令制国として再編する国策の一環であったと見られる。

表10 『続日本紀』に見られる国・郡新設一覧

大宝元年	701	3月	建元、大宝元年と為す。新律令により官名位号を改制。
2年	702	3月 8月 9月 12月	越中国四郡を分けて越後国に属す。 薩摩の多褹、征討。戸を校し吏を置く。 唱更（はやと）国司（今薩摩国）の求めにより、国内要害の地に柵を置く。 持統太上天皇崩ず。
大宝3年から5年間、国・郡新設記事なし。			
和銅元年	708	9月	越後国の求めに応じ新たに出羽郡を建てる。 （前年6月文武天皇崩じ、7月元明天皇即位）
2年	709	10月	備後国芦田郡甲努村は郡家が遠いので、品遅郡三里を割いて芦田郡に付け甲努村に郡を建てる。
3年	710	4月	陸奥蝦夷の求めに応じ君の姓を与え編戸の民とする。
4年	711	3月 4月	上野国甘良郡織裳・韓級・矢田・大家、緑野郡武美、片岡郡山等六郷を割いて多胡郡を置く。 大倭国芳野郡に始めて大少領各一人、主政二人、主帳一人を置く（大郡の扱い、芳野監の準備）。
5年	712	9月 10月	太政官議奏。征討が順調で安定しているので狄部に始めて出羽国を置く。 陸奥国最上・置賜二郡を割いて出羽国に隷ける。
6年	713	4月 9月 1 2月	丹波国加佐・輿佐・丹波・竹野・熊野五郡を割いて始めて丹後国を置く。 備前国英多・勝田・苫田・久米・大庭・真嶋六郡を割い始めて美作国を置く。 日向国肝坏・贈於・大隅・姶郊を割いて始めて大隅国を置く。 摂津職の求めに応じ便が悪いので河辺郡玖左佐村に郡に準じて郡司を置く（能勢郡の前身）。 陸奥国に新たに丹取郡を建てる。
7年	714	8月	尾張・上野・信濃・越後等の国民二百戸を出羽柵に配す。
霊亀元年	715	5月 7月 10月	相模・上総・常陸・上野・武蔵・下野六国の富民千戸を陸奥に配す。 尾張国人外従八位上席田君迩近と新羅人七十四家を美濃国に貫き始めて席田郡を建てる。 陸奥蝦夷邑志別君宇蘇弥奈らの求めに応じ香河村に郡家を建て、編戸の民とする。 蝦夷須賀君古麻呂らの求めに応じ閇村に郡家を建て百姓と同じとする。 （9月元明天皇は元正天皇に譲位し太上天皇となる）
2年	716	3月 5月 9月	大島・和泉・日根三郡を割いて始めて和泉監を置く。 駿河・甲斐・相模・上総・下総・常陸・下野七国の高麗人一七九九人を武蔵国に遷して始めて高麗郡を置く。 巨勢朝臣萬呂「陸奥国置賜最上二郡、信濃・上野・越前・越後四国百姓、各百戸を出羽国に隷く」ことを奏上。
養老元年	717	2月	信濃・上野・越前・越後四国百姓百戸を出羽柵に配す（萬呂奏上の実施）。
2年	718	5月	越前国羽咋・能登・鳳至・珠洲の四郡を割いて始めて能登国を置く。 上総国平群・安房・朝夷・長狭の四郡を割いて始めて安房国を置く。 陸奥国岩城・標葉・行方・宇太・亘理、常陸国菊多の六郡を割いて石城国を置く。 白河・石背・會津・安積・信夫の五郡を割いて石背国を置く。 常陸国多珂郡の郷二百十烟を割いて菊多郡と名づけ石城国に属す。
3年	719	4月 6月	志摩国塔志郡の五郷を分けて始めて佐藝郡を置く。 東海・東山・北陸三道の民二百戸を出羽柵に配す。
4年	720	11月	河内国堅下・堅上二郡を更ためて大縣郡と号す。 （8月藤原朝臣不比等薨ず。）
5年	721	4月 6月 10月 12月	佐渡国雑太郡を分けて始めて賀母・羽茂二郡を置く。 備前国邑久、赤坂二郡のうちの郷を分けて始めて藤原郡を置く。 備後国安那郡を分けて深津郡を置く。 周防国熊毛郡を分けて玖珂郡を置く。 信濃国を割いて始めて諏方国を置く。 陸奥国柴田郡二郷を分けて苅田郡を置く。 薩摩国人希む地多し。便に随い併合す。 （12月元明太上天皇崩ず。）
6年	722	2月	遠江国佐益郡の八郷を割いて始めて山名郡を置く。 （正月多治比真人三宅麻呂謀反を誣告した罪で伊豆嶋に流罪） （閏4月太政官、百万町歩開墾計画を奏上）
養老7年から7年間『続日本紀』には国・郡新設記事なし。多賀城碑に神亀元年（724）大野朝臣東人が多賀城を置いたと記載。 なお、神亀5年（728）の「陸奥国に白河軍団を置く」をもって石城・石背2国の廃止とみることが定説となっている。			
天平2年	730	正月	陸奥国の求めにより田夷村に郡家を建て百姓と同じとす。
3年	731	3月	諏方国を廃し信濃国に并す。
4年	732		（関連記事なし）
5年	733	12月	出羽柵を秋田村高清水岡に移す。雄勝村に郡を建て民を居く。
天平6年から6年間、国・郡新設記事はなく、9年に大野朝臣東人の活躍の様子が記される。			
12年	740	8月	和泉監を河内国に并す。
13年	741	12月	安房国を上総国に、能登国を越中国に并す。
天平14年から13年間、国・郡新設記事なし。			
天平勝宝 7年	755	5月	大隅国菱刈村浮浪九百卌余人の求めに応じ郡家を建てる。
8年	756		（関連記事なし）
天平宝字 元年	757	5月	令に依り、能登、安房、和泉等の国を旧に依り分立。 （この月、養老令施行。聖武太上天皇一周忌。孝謙天皇、田村宮に移り、藤原朝臣仲麻呂、紫微内相となる）
2年	758	8月 10月	帰化の新羅僧卅二人、尼二人、男十九人、女廿一人を武蔵国の閑地に移し、始めて新羅郡を置く。 （この月、孝謙天皇譲位、淳仁天皇即位。） 美濃国席田郡大領正七位上子人らの求めにより賀羅国よりの来朝に因み賀羅造を賜姓す。
3年	759		（関連記事なし）
4年	760	正月	陸奥国按察使県鎮守将軍藤原恵美朝臣朝猟、桃生柵を作った功績を示す。 没官の奴二百卅三人、婢二百七十七人を雄勝柵に配す。
天平宝字5年から5年間、国・郡新設記載なし。多賀城碑に天平宝字6年藤原朝臣朝猟が多賀城を修造と記載。			
天平神護 2年	766	5月	上野国にある新羅人子午足ら百九十三人に吉井連を賜姓。 備後国藤野郷は貧寒の地なので邑久郡香登郷、赤坂郡珂磨・佐伯二郷、上道郡物理・肩背・沙石三郷を隷け、 美作国勝田郡塩田村は郡治に遠いので、近い備後国藤野郡に隷ける。（延暦7年にまた組替あり）
天平神護3年から18年間、国・郡新設記事なし。			
延暦4年	785	4月	陸奥国の多賀・階上二郡を権（かり）に置き、百姓を募り集める。

これらに対して、美作国の新設には、丹波・越と並ぶ一大勢力圏吉備の令制国としての再編という性格もあるが、先にも触れたように、鉄生産という特殊な役割を担った王権直属の地、白猪屯倉を前身とする可能性が高く、特殊な役割を担った大規模な屯倉の令制での位置づけ直し、渡来系氏族の処遇などの多様な要素があると見られ、様々な面で多胡郡新設と類似した性格を持っている。

整理すれば、美作国を除けば、他の例は、「夷狄」地の内国化、王権に密着した地域や一大勢力圏の令制国としての再編が目的であった見られる。

郡の新設は、出羽国の前身となる越後国出羽（七〇八）を嚆矢に、上野国多胡（七一一）、陸奥国丹取（七一三、後の名取郡）、美濃国席田（七一五）、武蔵国高麗（七一六）、石城国菊多（七一八、後に石城国が陸奥国に再併合されるのに連動して陸奥国の郡となる）、志摩国佐藝（七一九、後の英虞郡）、佐渡国賀母・羽茂・備前国藤原（後、郡域を巡り変遷を繰り返す）・備後国深津・周防国玖珂・陸奥国苅田（七二一）、遠江国山名（七二二）と続き、三〇年以上の隔たりをもって、養老令施行に伴い、天平宝字二年（七五八）武蔵国新羅郡が新設される。

郡の新設とまでは言い切れないが、摂津国玖左佐村に郡に準じて郡司を置く（七一三、能勢郡の前身）、陸奥国の香河（かがわ？）村と閇村に郡家を建てる（七一五、閇村は閉伊郡の前身。香河村は不詳）、陸奥国田夷村に郡家を建てる（七三〇、田夷村は不詳）、出羽国雄勝に郡（家）を建てる（七三三、雄勝郡の前身）という記事もある。

地理的問題等による実務的な郡の新設や変更もあるが、目立つのは「夷狄」地と見なした陸奥・出羽での新設と、席田・高麗・新羅という渡来系住民に対する新設である。

多胡郡は、『続日本紀』神護景雲二年（七六六）五月条の「上野国にある新羅人、子午足ら百九十三人に吉井連の姓を賜う」との関連で、渡来系住民を対象とした郡新設の最初の例と見る説が有力である。多くの資料から渡来系住民の存在は間違いない。しかし、席田・高麗・新羅が、いずれも、他の地域から渡来系住民を移動させての新設であ

表11「諸蕃と夷狄の上に立つ」国家観と国・郡新設一覧

文武天皇２年	698	12月	越後国に石船柵を修理させる。
3年	699	7月	多褹・夜久・奄美・度感の人、方物を貢ぐ（度感朝貢の始まり）。
4年	700	2月 6月	越後、佐渡二国に石船柵を修営させる。 律令を撰定。
大宝元年	701	3月	建元、大宝元年と為す。新律令により官名位号を改制。
2年	702	3月 8月 9月 12月	越中国四郡を分けて越後国に属す。 薩摩の多褹、征討。戸を校し吏を置く。 唱更（はやと）国司（今薩摩国）の求めにより、国内要害の地に柵を置く。 持統太上天皇崩ず。
大宝３年から５年間関連記事なし			
和銅元年	708	9月	越後国の求めに応じ新たに出羽郡を建てる。 （前年６月文武天皇崩じ、７月元明天皇即位）
2年	709	2月 7月 8月 10月	陸奥・越後二国の蝦夷を征するため遠江・駿河・甲斐・信濃・上野・越前・越中等の国を徴発する。 諸国から出羽柵に兵器を送らせる。越前・越中・越後・佐渡の船百艘に征狄所に送らせる。 遠江・駿河・甲斐・常陸・信濃・上野・陸奥・越前・越中・越後の軍士に租一年を免除する。 薩摩隼人郡司以下一八八人入朝。
3年	710	正月 4月	朝賀の式に隼人蝦夷列席。 陸奥蝦夷の求めに応じ君の姓を与え編戸の民とする。
4年	711	3月	上野国甘良郡織裳・韓級・矢田・大家、緑野郡武美、片岡郡山等六郷を割いて多胡郡を置く。
5年	712	9月 10月	太政官議奏。征討が順調で安定しているので狄部に始めて出羽国を置く。 陸奥国最上・置賜二郡を割いて出羽国に隷ける。
6年	713	4月 12月	日向国肝坏・贈於・大隅・姶韊を割いて始めて大隅国を置く。 陸奥国に新たに丹取郡を建てる。
7年	714	8月	尾張・上野・信濃・越後等の国民二百戸を出羽柵に配す。
霊亀元年	715	正月 5月 7月 10月	朝賀の式に陸奥・出羽の蝦夷、南嶋奄美・夜久・度感・信覚・球美来朝。方物を貢ぐ。 相模・上総・常陸・上野・武蔵・下野六国の富民千戸を陸奥に配す。 尾張国人外従八位上席田君迩近と新羅人七十四家を美濃国に貫き始めて席田郡を建てる。 陸奥蝦夷邑志別君宇蘇弥奈らの求めに応じ香河邑に郡家を建て、編戸の民とする。 蝦夷須賀君古麻呂らの求めに応じ閇邑に郡家を建て百姓と同じとする。 （９月元明天皇は元正天皇に譲位し太上天皇となる）
2年	716	5月 9月	駿河・甲斐・相模・上総・下総・常陸・上野七国の高麗人一七九九人を武蔵国に遷して始めて高麗郡を置く。 薩摩・大隅二国隼人を貢ぐ。 巨勢朝臣萬呂「陸奥国置賜最上二郡、信濃・上野・越前・越後四国百姓、各百戸を出羽国に隷く」ことを奏上。
養老元年	717	2月	信濃・上野・越前・越後四国百姓百戸を出羽柵に配す（萬呂奏上の実施）。
2年	718	5月	陸奥国岩城・標葉・行方・宇太・亘理、常陸国菊多の六郡を割いて石城国を置く。 白河・石背・會津・安積・信夫の五郡を割いて石背国を置く。 常陸国多珂郡の郷二百十烟を割いて菊多郡と名づけ石城国に属す。
3年	719	6月	東海・東山・北陸三道の民二百戸を出羽柵に配す。
4年	720	9月	蝦夷反乱。按察使正五位下上毛野朝臣廣人を殺す。 （８月藤原朝臣不比等薨ず。）
5年	721	6月 10月	陸奥国柴田郡二郷を分けて苅田郡を置く。 薩摩国人希む地多し。便に随い併合す。 （12月元明太上天皇崩ず。）
6年	722	正月 閏４月	（正月多治比真人三宅麻呂謀反を誣告した罪で伊豆嶋に流罪。） （閏４月太政官、百万町歩開墾計画を奏上。）
養老六年から天平元年まで『続日本紀』には目ぼしい記事なし。多賀城碑に神亀元年（724）大野朝臣東人が多賀城を置いたと記載。 なお、神亀５年（728）の「陸奥国に白河軍団を置く」をもって石城・石背２国の廃止とみることが定説となっている。			
天平２年	730	正月	陸奥国の求めにより田夷村に郡家を建て百姓と同じとす。
（３・４年関連記事なし）			
5年	733	12月	出羽柵を秋田村高清水岡に移す。雄勝村に郡を建て民を居く。
天平６年からら天平勝宝６年までの21年間建国・郡記事はなく、天平９年に大野朝臣東人の活躍の様子が記される。			
天平勝宝７年	755	5月	大隅国菱刈村浮浪九百卌余人の求めに応じ郡家を建てる。
8年	756		（関連記事なし）
天平宝字元年	757		（５月、養老令施行。聖武太上天皇一周忌。孝謙天皇、田村宮に移り、藤原朝臣仲麻呂、紫微内相となる）
2年	758	8月 10月	帰化の新羅僧卅二人、尼二人、男十九人、女廿一人を武蔵国の閑地に移し、始めて新羅郡を置く。 （この月、孝謙天皇譲位、淳仁天皇即位。） 美濃国席田郡大領正七位上子人らの求めにより賀羅国よりの来朝に因み賀羅造を賜姓す。
3年	759		（関連記事なし）
4年	760	正月	陸奥国按察使県鎮守将軍藤原恵美朝臣朝獦、桃生柵を作った功績を示す。 没官の奴二百卅三人、婢二百七十七人を雄勝柵に配す。
天平宝字５年から天平神護元年までの５年間目ぼしい記載なし。多賀城碑に天平宝字６年藤原朝臣朝獦が多賀城を修造と記載。			
天平神護２年	766	5月	上野国にある新羅人子午足ら百九十三人に吉井連を賜姓。
天平神護３年から延暦３年までの18年間目ぼしい記載なし。			
延暦４年	785	4月	陸奥国の多賀・階上二郡を権（かり）に置き、百姓を募り集める。

るのに対し、多胡郡は、碑文に見られるように、その地にいた人々を対象とした新設であり、事情を異にする。

居住地新設か移住地新設かは大きな分岐点で、「夷狄」地における国・郡新設の変化に対応している。その点に焦点を当てて改めて整理したのが表11である。

概観すると、「夷狄」地、越後・薩摩（当初、唱更国（はやと））での柵修造で始まり、和銅元年（七〇八）の出羽郡新設以降、「遠江・駿河・甲斐・信濃・上野・越前・越中等の国を徴発して」陸奥・越後の蝦夷征討を図り（和銅二年三月）、「越前・越中・越後・佐渡四国の船一百艘をして」征狄所、「出羽柵に兵器を運送せしむ」（七月）とあるように、東海・東山・北陸各道からの兵士の徴発、兵器の運送が行われた。やがて「夷狄」地に出羽国（七一二年）、大隅国・陸奥国丹取郡（七一三年）が新設されるが、多胡郡はこの過程での新設である（七一一年）。

住民の移動はなく、既住地での国・郡新設であったことに一つのポイントがある。

「夷狄」地との関係においても、「遠江・駿河・甲斐・常陸・信濃・上野・陸奥・越前・越中・越後等の国の軍士、征伐を経ること五十日已上の者に復（＝税免除）一年を賜う」とあるように、内国の民の負担は兵士徴発と兵器運送であり、開拓入植ではなかった。居住地での郡新設である多胡郡の段階では、「夷狄」地への内国の民の関与は出征と兵器や食糧の供出・搬送だった。

国策が大きく変わるのは和銅七年（七一四）である。三月、隼人を勧導するために「豊前国民二百戸を移し」（『和名類聚抄』大隅国条に桑原郡豊国郷が見えることから、この二百戸は大隅国への入植と見られ、二百戸は四郷分にあたるから、大隅国全域に及んだ可能性が高い）、十月、対蝦夷地政策として「尾張・上野・信濃・越後等の国民二百戸を出羽の柵戸（きのへ）に配」した。「夷狄」地への開拓入植・大量移民の始まりである。

霊亀元年（七一五）五月「相模・上総・常陸・上野・武蔵・下野の六国の富民千戸を陸奥に配す」、養老元年（七一七）二月「信濃・上野・越前・越後四国の百姓各一百戸を出羽の柵戸に配す」、養老三年（七一九）六月「東海・東山・

北陸三道の民二百戸を出羽の柵に配す」と矢継ぎ早に強制移民が重ねられる。
『続日本紀』による限り隼人地への入植は一回二百戸だけだが、陸奥・出羽つまり蝦夷地には、和銅七年からの僅か六年で一八〇〇戸もの人々が入植・移民させられたことになる（陸奥一〇〇〇戸・出羽八〇〇戸）。

一八〇〇戸とはどれほどの規模か。戸は自然な生活の家、竪穴住居一軒分ではない。兵士一名を出せる単位である。残された籍帳（＝戸籍簿）や正税帳（＝課税台帳）から二十五名程度が一戸の人数と見られる。里（さと）も自然村ではない。五十名の兵士を出せる単位である。だから、先に見たように、五十戸＝「さと」が里に先行する表記としてありえたのである。国民にとって律令制とは兵士を確実に出す制度であり、戸も里も兵士を出す単位だった。律令国家日本は、何よりも軍国の体制であり、人の移動もその体制で進んだ。

一戸＝二十五人とすれば、一八〇〇戸の人口は四万五千人という規模になる。当時の総人口は五～六百万人程度と推測されているから、およそ一パーセント弱に当る。今日の人口に置き換えれば、百万人前後の人が数年で移民させられたことになる。実に大変なことが引き起こされている。防人を中心とする兵士徴発の厳しさ・悲しさが強調されてきたが、それ以上の大事件である。

しかもその移動は全国民を対象としたのではない。尾張以東、信濃以東、越前以東に限られている。そして逆に、上野国碓氷・多胡・緑野郡、周防国吉敷郡には「俘囚郷」、播磨国賀茂・美嚢郡には「夷俘郷」と呼ばれる強制移住させられた蝦夷の郷が作られていった。血液交換とさえ言える事態である。

この事態と並行して、渡来系住民を移動させての郡新設が遂行された。霊亀元年（七一五）の席田郡であり、同二年の高麗郡である。律令体制の強力な推進に関わった仲麻呂政権が天平宝字二年（七五八）新羅郡を設置したのも同様の手法であった。

霊亀元年（七一五）**七月席田郡新設**
（丙午）尾張国人外従八位上席田君迩近と新羅人七十四家を美濃国に貫して（＝移して戸籍に付け）始めて席田郡を建つ。

霊亀二年（七一六）**五月高麗郡新設**
辛卯。駿河・甲斐・相模・上総・下総・常陸・下野の七国の高麗人千七百九十九人を以て武蔵国に遷して始めて高麗郡を置く。

天平宝字二年（七五八）**八月新羅郡新設**
癸亥。帰化の新羅僧卅二人、尼二人、男十九人、女廿一人を武蔵国の閑地に移す。是において、始めて新羅郡を置く。

仲麻呂政権は、和銅末年から養老年間のやり方に倣って「坂東八国并に越前・能登・越後等の四国浮浪人二千人を以て雄勝の柵戸と為し」た（天平宝字三年七月）。浮浪人を移住させるとしたのは、すでに富民あるいは百姓と呼ばれる人々で移住できる人はいなくなっていたからであろう。

以上をまとめると、次のように整理できる。

①国・郡新設は和銅・霊亀・養老年間（七〇八～七二三）に集中し、神亀・天平・天平勝宝年間は後退する。天平宝字元年（七五七）の養老令施行によって再度推進されるが、一時的な動きに止まった。

②和銅～養老年間の令制国の新設は十国あったが、六国は神亀・天平年間に廃止され、天平宝字元年に三国が復活する。都合七国が新しい令制国として定着した。

③七国の内訳は、a「夷狄」地の内国化が二国（出羽・大隅）、b王権と密接な関係を持つ地域の令制国化が二国（和泉・安房）、c大宝前代の一大勢力圏の令制国としての再編が二国（丹後・能登）、bとcの要素を合わせ持つと見ら

れる例が一国（美作）で、美作国は多胡郡と相通じる性格を持つ。
④郡の新設では、「夷狄」地と見なした陸奥・出羽での新設と渡来系住民のための新設（美濃国席田、武蔵国高麗・新羅）が目立つ。
⑤多胡郡は渡来系住民のための郡新設の最初の例である可能性が高いが、既住地での新設であり、渡来系住民を移住させての新設である席田郡等とは事情を異にする。
⑥渡来系住民を移住させての郡新設は霊亀元年（七一五）に始まるが、「夷狄」地に対しても、前年の和銅七年から、隼人地に豊前国民二百戸を移したことを嚆矢に、陸奥・出羽つまり蝦夷地に東海・東山・北陸各道の民を大量入植させる動きが起こってくる。数年で全人口の一パーセント近い人々が陸奥・出羽に移住させられ、逆に上野国などには「夷狄」とみなした人々を移住させての「俘囚郷」「夷俘郷」が置かれるようになる。血の入れ替えが国制として進められた。

総じて、和銅・霊亀・養老年間に集中した国・郡の新設は、「夷狄」地の内国化と血の入れ替え、渡来系住民の居留に対する令制支配の徹底に重点があったと見られる【図8】。

それは、「諸蕃と夷狄の上に立つ小中華の国」日本を現実の国土の上に見える形で表そうとする営みであったと言えよう。

そう考えれば、渡来系住民のための最初の郡新設の可能性が高い多胡郡建置を記念する碑に議政官の名が刻まれたこともうなずける。多胡郡新設には強い国家意思が反映されていたからである。

また、一時的とはいえ、和銅～養老年間の国家理念に従った律令支配を再度強力に進めようとした仲麻呂政権（仲麻呂の四男・朝獦）が、多賀城建設の意義と修造の成果を碑という形で示そうとした意思も理解できる。碑が立てられ残されるには、それだけの理由があるのである。

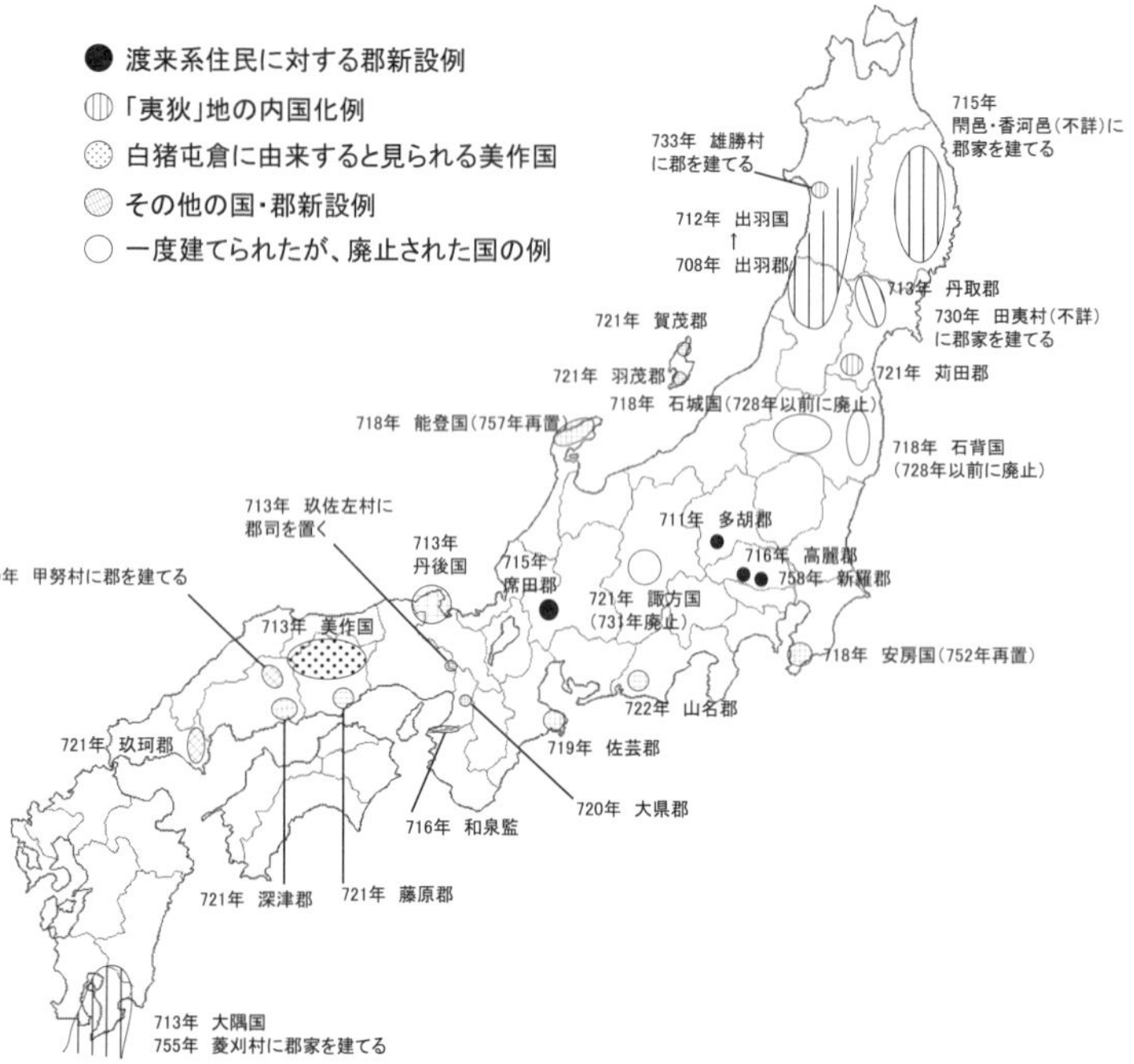

図８　国・郡新設類型の分布

その見通しの上で、古代国家日本が「諸蕃と夷狄の上に立つ小中華の国」という国家観を持った経緯と、現実の国土上での具現化の様子をさらに探っていくこととしよう。

敗戦建国からの国家像―日本は国家目標

これまでの検証から、国号「日本」は大宝令で定められたと考えられるが、令は、詔勅や符・解（げ）などの公文の様式を公式令（くしき）という条項で定めている（大宝令は完全な形では伝わっていないため、以下の記載は養老令を基本とする）。

公式令冒頭は天皇が宣（の）る詔書の様式である。重要度に応じて五つの書式が定められている。

①「明神御宇日本天皇詔旨（あらみかみとあめのしたしらすやまとのすめらがおほむことらまと）」②「明神御宇天皇詔旨」③「明神御大八洲（おほやしまのくにしらす）天皇詔旨」④「天皇詔旨」⑤「詔旨」の五様式である。

表12のように、五つの様式の使い方には奈良時代以来諸説があるが、①と③以下に大きな隔たりがあるとする点ではほぼ一致している。微

	『令集解』本文注記	古記	釈	穴記	朱説	『令義解』注記
①明神御宇日本天皇詔旨	大事を蕃国使に宣る辞	隣国及蕃国に対しての詔の辞	蕃国に大事を宣る辞	蕃国に大事を宣る辞 令釈を引いて「蕃使朝聘の時も同じ」	蕃国に宣る辞「我化内来時宣辞耳、非宣遣蕃国」と特記	大事を蕃国使に宣る辞
②明神御宇天皇詔旨	次事を蕃国使に宣る辞	大事を宣る辞	蕃国に次事を宣る辞	蕃国に小事を宣る辞 令釈を引いて「蕃使朝聘の時も同じ」		次事を蕃国使に宣る
③明神御大八洲天皇詔旨	朝廷大事に用いる辞		大事を宣る辞	朝廷用辞	国内大事	朝廷大事に用いる辞
④天皇詔旨	中事に用いる辞	小事を宣る辞	次事を宣る辞			中事に用いる辞
⑤詔旨	小事に用いる辞		小事を宣る辞			小事に用いる辞

表12　公式令詔書式５つの様式の解釈

妙なのは②で、大宝令の注釈である「古記」が「(国内での)大事を宣る辞」とするのに対し、養老令の注釈である他の説は「蕃国(＝服すべき外国)に次事(＝大事に次ぐ事柄)を宣る辞」としている。

　ここでは大宝令の体制を問題にしているから、「古記」に従って論を進めれば、「日本」を用いる用例①「明神御宇日本天皇詔旨」は「隣国及び蕃国に対して詔の辞」で、「隣国は大唐、蕃国は新羅」(以上「古記」)を指す。養老令注釈の他の説も、①を蕃国に詔る辞としている点では一貫している。

　このことは、「日本」が、大唐を対等に接すべき「隣国」、新羅を我が国に服すべき「蕃国」と位置づけて初めて意味を持つ言葉であることを端的に示している。そう考えると、大宝令制定段階の「日本」は、今ここに現実に存在する国家ではなく、かくありたいと願う国家目標であったと言える。「日本」という国号には実に強固な国家意思が結晶していたのである。このことを離れて、雅か否か、日辺に近いか否かを議しても意味はない。

　だから、先にも検証したように、「日本」という言葉は国内ではなかなか定着しなかったのである。その一端は、養老令の注釈集である『令集解』の公式令注釈の中に態々「日本。此を邪麻騰と云う」と注記していることにもうかがえる(注記は「明神御大八洲天皇詔旨」の注釈の部分に記載)。

　そして注目すべきことに、養老令の注釈の類では「隣国」の注記が消え去り、蕃国との関係だけが問題視されていく。そのことが、②「明神御宇天皇詔旨」をめぐる「古記」と他の注釈との違いとなって現れたのであろう。現に大唐に対して日本国号の承認を求めることはできても、「明神御宇日本天皇詔旨」は使えなかったと見られ、『令集解』は「問う。蕃国と隣国と別ありや。答え。有るべし。仮に蕃国に遣いする者は此の式を用う。（蕃国）使来る時もまた同じ。隣国に通ずる者は別に勘（かんが）えるべし。但し（隣国）使来る時は此の式に放（なら）い用いるべし。別條なき故なり」と、その状況を率直に述べている。

その分、新羅に対する蕃国観は高まっていったものと見られる。『日本書紀』に色濃い新羅蕃国史観（昔々から新羅をはじめとする韓半島諸国は我が国に服すべき国として調（みつぎ）を貢進し続けてきたという歴史観）や唐朝廷での新羅との席次争い（『続日本紀』天平勝宝六年正月丙寅条記載の遣唐副使・大伴宿禰古麻呂の帰朝報告）、中止されたとはいえ仲麻呂政権による対新羅戦争準備（『続日本紀』天平宝字三年九月壬午条以下）は、その端的な現れであった。

新羅を「蕃国」と位置づけた「日本」は、同時に蝦夷・隼人、国家間関係を前提としない居留外国人を「夷狄」、征すべき野蛮人と位置づけた。「蕃夷」の上に立つ小中華の国という国家観である。

こうした国家観の原像は、かなり早くから持たれていたと見られ、昇明二年（四七八）宋の順帝に呈した倭王武の上表文の「東征毛人五十五国、西服衆夷六十六国、渡平海北九十五国」に、その淵源を辿ることができるだろう。武に比定される獲加多支鹵が「治天下大王」の意識つまり中華世界システムの中で独自の「小天下」を治める意識を持っていたことも確認できる。そして『隋書』は、煬帝（ようだい）の大業三年（六〇七）、倭国は「日出ずる処の天子、書を日没する処の天子に致す。恙（つつが）無きや云々」という国書を持って来たが、「天子」の自称に「蛮夷の書、無礼なる者有（こと）り。復た以て聞（ぶん）する勿（な）かれ」と煬帝が激怒したと記すが、冊封体制下の絶域国として「天子」を自称していたと中国史書が伝えていることは注目される。

だが、早ければ五世紀後半、遅くとも七世紀初頭に持たれた、こうした国家観が八世紀初頭の大宝令体制での国家観に直結できるかは、なお検討の余地がある。

と、言うのは、この過程の中で、倭国は未曾有の敗戦と内乱を経験し、その戦後復興として大宝令体制が成立するからである。

未曾有の敗戦とは、言うまでもなく、天智天皇二年、唐の年号で言えば高宗の竜朔三年（六六三）八月の白村江の戦いである。六六〇年新羅・唐連合軍の前に滅亡した百済を再興しようと出兵したものの大敗を喫した戦いである。『日本書紀』は「大唐、便ち左右より船を夾みて繞み戦う。須臾之際に官軍敗続れぬ。水に赴き溺れ死ぬる者多し」（原漢文）と書く程度だが、『旧唐書』劉仁軌伝は「仁軌、倭兵と白江之口に遇う。四たび戦い捷つ。其の舟四百艘を焚く。煙燄天に漲り、海水皆赤し。賊衆大潰」（原漢文）と、その惨状を生々しく描写している。

この戦いは一般に百済救援の戦いと言われるが、新羅・唐連合軍が百済を滅亡に追い込んだことの衝撃は大きかった。百済の遺臣・鬼室福信の求めに応じた斉明天皇は、六八歳という高齢にもかかわらず、六六一年正月、自ら船に乗って筑紫に至り、五月、朝倉橘広庭宮（福岡県朝倉市）を設けて陣頭指揮に当たるほどだった（「斉明」等の漢風諡号は八世紀後半の制定で、天皇・皇子・皇女の称号使用も遅れるが、便宜的に漢風諡号と天皇号等を使用。以下、同）。

しかも、その一団には中大兄皇子（後の天智天皇）・大海人皇子（後の天武天皇）は無論、中大兄皇子の娘で大海人皇子の妻となった二人の皇女、太田皇女・菟野皇女（後の持統天皇）や額田王が乗り合わせているというように、朝倉宮に王権を完全移動させての戦闘準備であった。まさに有事の体制であり、その異様さは強調しすぎることはない。

太田皇女は、この航海中に大伯海（岡山県邑久郡の海。小豆島の北方）で女を生んで大伯皇女と名づけられ、伊予の熟田津（愛媛県松山市）を発つに際しては、額田王の有名な歌「熟田津に船乗りせむと月待てば　潮もかなひぬ今は漕ぎ出でな」が歌われる。戦闘を目前にしての出港の鬨の声である。

しかし、朝倉宮に移って二か月後に斉明天皇は急逝する。中大兄皇子が喪に服した「素服」で「称制」を行うという非常事態に陥る。中大兄皇子は大本営を内陸の朝倉宮から娜大津（博多港）に面した長津宮（福岡市博多区）に移し、二年以上の年月、ここが王権の所在地にして戦争の本営となる。後に持統天皇となる菟野皇女が草壁皇子を生んだのも、太田皇女が大津皇子を生んだのも、この地と見られる。大津皇子の大津は、近江宮の大津ではなく、娜大津に基づく。出生地はいささか微妙だが、草壁皇子の妻となり元明天皇となる阿閇（あへ）皇女も、この過程で生まれている。

そうした状況下での大敗。王権も列島社会も危急存亡の危機に見舞われる。そこで六六四年、対馬・壱岐・筑紫に防（さきもり）・烽（すすみ）（＝狼煙台（のろしだい））が置かれ、筑紫にはとくに水城（みずき）が築かれた。翌年には長門と筑紫の大野・椽（き）に城が築かれる。その只中で、唐からは二度にわたって使節団が訪れ、様々な圧力がかけられてゆく。その間、亡命百済人を近江や東国に居住させるなどの政策が採られる。六六七年には近江に遷都し、翌年、中大兄皇子は正式に即位した（宮は後飛鳥岡本宮→朝倉宮→長津宮→後飛鳥岡本宮→近江宮と移ったと見られるが、『日本書紀』にはいつ長津宮から飛鳥の地に戻ったかの記載がない）。幸いにも新羅・唐連合軍は日本に襲いかからなかった。しかし、六六八年、新羅・唐連合軍の前に遂に高句麗が滅亡する。

このあたりから、新羅と唐との間に齟齬が見え始める。新羅による高句麗移民の反乱支援、百済の故地・熊津都督府（大韓民国忠清南道扶余郡（チュンチョンナムドプヨグン））の併合が行われ、対唐統一戦争が開始される。この戦いは硬軟織り交ぜた戦術の元に行われ、六七六年、唐は安東都護府（朝鮮民主主義人民共和国平壌市）を遼東に移し、新羅は統一された韓半島の領有を確保する。以降の新羅を統一新羅と呼ぶ。

新羅と唐との齟齬が倭国を守ったとも言えるが、列島社会が「力の政治」の只中に置かれた六七一年十二月天智天皇は崩御。翌年、古代最大の内乱、壬申の乱が勃発する。

壬申の乱は、宮中を舞台にした皇位争奪の争いに止まるものではなかった。実際に戦闘が行われた所は局部だったとしても、多くの民が兵として動員され、全国が戦場となる可能性を孕んだ内乱・内戦であった。百済・高句麗の滅亡、新羅による対唐統一戦争と並行して起こった我が国のありかたを決める内戦だったと言ってよい。

勝利した大海人皇子が天武天皇として即位。新羅との情報交換を密にしながら（遣唐使が六七〇年以降七〇二年まで断絶するのに対し、『日本書紀』によれば、遣新羅使は天武・持統朝の二十六年間で七回に及び、新羅からの使いも少なくとも十一回を数える）、国制の整備に邁進していく。

天武・持統の王権が列島社会を国家として再編していくに当たり、与えられた条件は何だったろうか。①国際的に意識すべきは大唐と、韓半島を統一し、その地からは唐を追い出した新羅の存在、②国内的には白村江の戦いと壬申の乱を経て国民としての帰属意識を高めるとともに軍事の重要性と軍事能力を高めた民の存在。同じく、その過程を通して亀裂・動揺を深めていく従前の氏族体制。百済・高句麗の滅亡による亡命者の大量流入、③統治思想としては中華思想と律令体制、儒教・仏教・道教が横たわっていた。

そこから出てくる答えが①儒・仏・道を駆使しての王権のいっそうの神格化・求心力の向上と神学の確立、②我が国独自の律令体制に基づく貴族・官人層の再編と国民の形成、③新羅に対する対等以上の関係の構築とそれを基本とした蕃夷の上に立つ小中華の国「日本」という国家目標の設定であったと見られる。

その中で、百済・高句麗の滅亡による亡命者の大量流入は、東北地方並びに九州南端部の開拓と相俟って、蕃夷の上に立つ国家という国家目標を現実の国土の上に具現する動因となった。

渡来者や亡命者を「帰化」した特別の民、「諸蕃」の民として戸籍に付けるとともに、「夷狄」地を内国化し国民を移して開拓する一方で、「夷狄」の民を「俘囚」として内国に移す政策である。国家戦略・国土計画として国・郡新設はなされたのである。改めて言うまでもなく、「帰化（投化）」という言葉は無色透明の言葉ではない。海外からの渡来者を、日本の王化（欽化）を慕って諸蕃国から内帰した人とみなす国家戦略上の概念であった。

周到な準備の上で

かかる政策が和銅・霊亀・養老年間（七〇八〜七二四）に集中したことを検証してきたが、そうであればこそ、ハイテク産業都市としての特異な性格を有するとともに渡来系住民を意識した最初の郡新設である多胡郡の持つ意味は大きい。国家目標日本を達成する上での目玉とも言える政策だったからである。

結論的に言えば、符に署名しない議政官名が多胡碑に並ぶのは、それほどの国家意思の重みの反映に他ならない。そのことを確認するために、多胡郡との類似性が色濃い美作国新設事情を掘り下げておこう。

美作国は、多胡郡設置の二年後の和銅六年（七一三）四月、備前国の英多（あいた）・勝田・苫田（とまだ）・久米・大庭（おおば）・眞嶋（ましま）の六郡を割いて新設された（『続日本紀』）。『続日本紀』には詳細が記されていないが、平安時代末期に成立した『伊呂波（いろは）字類抄』は「旧記に言はく、和銅六年甲寅四月、備前守（かみ）・百済（くだらのこきし）（王）南典（なむてん）と介（すけ）・上毛野（朝臣）堅身（かたみ）らが解（げ）に依りて、備前の六郡を割きて始めて美作国を置く。云々。但し、（美作）風土記には上毛野堅身を以て、便ち（すなはち）守と為すという」とあり、百済王の一族とみなされた百済王南典と上毛野朝臣堅身の上申によって新設され、堅身が最初の国守となったと伝えている。堅身の備前介・美作守就任の記事は『続日本紀』にはないが、当時南典が美作守であったことは『続日本紀』でも確認され、『伊呂波字類抄』の記載は信憑性が高いと見られる。

先にも述べたように、美作国の前身は『日本書紀』が欽明天皇十六年（五五五）に置いたと記す白猪（しらい）屯倉と見られ、鉄生産という特殊な役割を担っていた。開発には蘇我稲目（いなめ）・馬子（うまこ）という当代最高位の執政官が直接の指揮を執り、百済系渡来氏族・白猪史（ふひと）が深く関与したことが知られている。

陶棺と呼ばれる特殊な埋葬形式の濃密な分布などから、特異な文化・技術を持った人々の大量の移住・定着が想定され、美作国新設は、美作地方が持つ特殊な役割とそこに定着した人々を対象とした政策であったことがうかがわれる。一大勢力圏であった吉備の、令制国としての再編という意味もあっただろうが、東アジア的にも当代最高度の技術・文化を具現化できるセンターを確立し、その主要な担い手であった渡来集団を、日本の王化を慕って帰化した民として戸籍に付ける政策が基本にあったと見られる。

その点で、美作国新設の上申者が百済王の一族とみなされた百済王南典と、百済及び文書の扱いに深い関係を持つ上毛野君一族の上毛野朝臣堅身で、堅身自身が最初の美作守となったと伝えられていることは示唆的である。

美作国が特殊な地域として重視されたことは、六つの郡しか持たないのに上国とされたことにもうかがえるが、上国の守（かみ）の官位相当従五位下を大きく上回る高位の人物が国守とされている例が少なくない。天平宝字元年任官の藤原朝臣乙麻呂と同六年任官の氷上真人（ひかみのまひと）塩焼は従三位（じゅさんみ）、同四年の紀朝臣飯麻呂は正四位上、八年任官の大津宿禰大浦は従四位上、宝亀五年任官の神王（みわのおおきみ）と同七年任官の藤原朝臣弟縄（おとなわ）は従四位下、同三年任官の安倍朝臣浄為は正五位上であった。

これら高官の人選は、その年代から藤原朝臣仲麻呂らによる美作の重視という視点ももたらすが、同時に、仲麻呂が律令体制の推進に拘り続けたことを考えると、国家における美作の位置づけの重要性がよく分かる。

美作国と多胡郡の性格・新設事情の類似は、多胡郡新設を準備したキーパーソンは誰だったかも考えさせる。美作国との対比で考えると、当時の上野国守・平群（へぐり）朝臣安麻呂は候補となる。彼は和銅二年十一月、前任者の田口朝臣益人が左兵衛率（かみ）に転出したことに伴って従五位下で任官し、和銅七年十月、従五位上で尾張守に転出するまで上野国守の地位にあった。しかも彼の尾張守在任中の霊亀元年七月には「尾張国の人、外従八位上席田君（むしろだのきみ）迩近及び新羅人七十四家を美濃国に貫して」席田郡が置かれている。安麻呂の関与は否定できないだろう。現に安麻呂こそがキーパーソンだとする説もある。

しかし、それでは、なぜ多胡碑に彼の名前はないのだろうか。彼以上に深くかかわった人物が存在するからではないか。

国家意思ということで考えれば、藤原朝臣不比等その人の直接関与も考えられるが、多胡碑に即して見れば「左中弁正五位下多治比真人」と刻まれた人物の存在が浮かび上がってくる。表13にまとめたように、官位の異動から、和銅四年三月の時点で正五位下にある多治比真人は三宅麻呂という人物である。単に左中弁として太政官符発給に際し

	多治比真人嶋の弟	嶋の息子				
	三宅麻呂	池守	水守	県守	広成	広足
大宝元年						
二年						
三年	従六位下		従五位下			
慶雲元年	従五位下			従六位下		
二年				従五位下		
三年						
四年	従五位上・ 文武天皇大葬御装司		正五位下			
和銅元年	催鋳銭司	従四位下・ 造平城宮司長官			従五位下・ 下野守	
二年	造雑物法用司		従四位下			
三年		民部卿	宮内卿			
四年	四月、正五位上 三月段階は正五位下 と見られる		四月死去			
五年					従五位上	
六年	従四位下	正四位下				
七年		従三位		正五位下	副将軍	
霊亀元年	従四位上・ 左大弁	大宰帥		従四位下		
二年				遣唐押使		従五位下
養老元年					正五位下	
二年		中納言				
三年	正四位下				按察使	
四年					正五位上	
五年	正四位上	大納言				
六年	流罪					

表13　多治比一族の官位の異動

大宝三年	703	正月甲子	「政績を巡省して冤枉を申理」するため東山道に派遣される。時の位は従六位上。 東海道には正六位下藤原朝臣房前、北陸道には従七位上高向朝臣大足、 山陰道には従七位下波多真人余射、山陽道には正八位上穂積朝臣老、 南海道には従七位上小野朝臣馬養、西海道には正七位上大伴宿祢大沼田が派遣された。
慶雲元年	704	正月癸巳	従五位下に叙される。従五位下つまり貴族となるのは、先の七人の中では一番早く、 房前・大沼田が慶雲二年十二月、馬養が和銅元年正月、老が和銅二年四月、大足と真人が和銅七年正月。
四年	707	十月丁卯	正四位下犬上王、従五位上采女朝臣枚夫、従五位下黄文連本実・米多君北助とともに 文武天皇大葬の御装司に任じられる。時に従五位上とある。 御竈司は二品新田部親王ほか、造山陵司は従四位下下毛野朝臣古麻呂ほか。
和銅元年	708	二月甲戌	始めて催鋳銭司を置く。従五位上多胡碑多治比真人三宅麻呂を任ず。 武蔵国秩父郡より和銅が献上されたのは正月乙巳。これにより改元の詔あり。
二年	709	三月庚辰	始めて造雑物法用司を置く。従五位上采女朝臣枚夫、従五位下舟連甚勝、笠朝臣吉麻呂と任じられる。
四年	711	三月甲寅	左中弁・正五位下（多胡碑）
		四月壬午	正五位上に叙される。
六年	713	正月丁亥	従四位下に叙される。
霊亀元年	715	正月癸巳	従四位上に叙される。
		五月壬寅	左大弁に任じられる。
養老元年	717	三月癸卯	石上朝臣麻呂の薨去に際し、式部卿正三位長屋王とともに弔賻（天皇の名代としての弔問）する。
三年	719	正月己亥	正四位下に叙せられる。
		九月癸亥	河内国摂官に任じられる。摂津国摂官は正四位下巨勢朝臣邑治、山背国摂官は正四位下大伴宿祢旅人。
五年	721	正月壬子	正四位上に任じられる。
六年	722	正月壬戌	謀反を誣告し斬刑に処せられるところを皇太子の奏により死一等を降し伊豆嶋に配流。 同日、正五位上穂積朝臣老も乗輿（＝天皇）を指斥したとして同様に佐渡島に配流。

表14　多治比真人三宅麻呂の動向

て署名しただけならば、碑に仰々しくその名を刻まれるだろうか。先に見たように、多胡碑は、太政官符をそのまま引き写したものではない。地域の目線で主体的に書き直されたものである。本来符には署名しない議政官まで神様扱いで記すという念の入りようであった。国守がキーパーソンであったら同様に記されたのではないか。逆に、符発給事務の単なる署名者ではなかったからこそ、三宅麻呂はその名を刻まれたのではないか【表13】。

その目で三宅麻呂の動きを追うと、多胡郡新設への道筋が見えてくる【表14】。

三宅麻呂は『竹取物語』石作皇子のモデルとされる多治比真人嶋の弟で、その姿が最初に確認されるのは大宝三年（七〇三）正月のこと。「政績（せいせき）を巡省して冤枉（えんおう）を申理（しんり）」するため、録事一人を付けて七道に派遣された者の一人として現れる。位は従六位上、派遣先は上野国が属す東山道であった。東海道は藤原朝臣不比等の次男で正六位下の房前（ふささき）、北陸道は従七位上の高向（たかむく）朝臣大足（おおたり）、山陰道は従七位下の波多（はた）真人余射（よさ）、山陽道は正八位上の穂積朝臣老（おゆ）、南海道は従七位上の小野朝臣馬養（うまかい）、西海道は正七位上の大伴宿禰大沼田であった。

彼らは間もなく従五位下に叙されており、若きエリート達だったと推察される。中でも三宅麻呂は、房前さえ追い越して翌年の慶雲元年、三階級特進で従五位下となっている。彼に対する国家中枢の期待と彼がこの派遣の中で得たものの大きさがうかがわれる。ちなみに、房前と大沼田は慶雲二年、馬養は和銅元年、老は同二年、大足と余射は同七年に従五位下に叙され貴族に列した。

「政績（せいせき）を巡省して冤枉（えんおう）を申理（しんり）」するとあることから、この派遣を巡察使（＝地域行政監察官）と捉えがちだが、前後の巡察使（巡察使は臨時の官と言われるが大宝令以前から存在）の記載には派遣された者の名はなく、畿内・七道諸国に遣わしたとあるのみだから、この七名の派遣はいわゆる巡察使ではなく、国政の根本問題に直結する地域課題発見のための特別な派遣と見るべきである。

この派遣の中で、三宅麻呂は、秩父和銅の発見・献上と多胡郡新設の種をつかんだのではなかろうか（武蔵が東海道に所属替えとなるのは宝亀二年〈七七一〉十月）。

三宅麻呂は、慶雲四年（七〇七）文武天皇の大葬に際して御装司に指名され、和銅元年（七〇八）には新設の催鋳銭司に任じられる。「和同開珎」鋳造の責任者である。二年には、これも新設の造雑物法用司（平城京遷都の準備と見られている）に従五位上の采女朝臣枚夫らと任じられている。和銅発見・献上・改元と和同開珎鋳造開始の前後関係は微妙と言われるが、この一連の過程を演出したスタッフの中枢に三宅麻呂がいたことは間違いない。和銅改元、平城遷都、多胡郡新設は、用意周到に準備されたと考えるべきであろう。

三宅麻呂の位階は急ピッチで上昇し、多胡郡建郡直後の和銅四年四月正五位上に叙されたのをはじめ、霊亀元年（七一五）従四位上左大弁、養老三年（七一九）正四位下河内国摂官と続き、五年には正四位上に登った。上級貴族入りの従三位まではあと一歩となったが、しかし最後は、養老六年正月「謀反を誣告した」罪で伊豆の島へ流された（斬刑とされたが皇太子奏により減刑）。三宅島の名は彼が由来とも言われる。在任期間から、高麗郡新設は三宅麻呂が左大弁として進めた仕事だったし、席田郡新設も三宅麻呂と房前との情報交換の下で準備された可能性が高い。

このように見ると、三宅麻呂は、国家目標である日本を現実の国土の上に具現することに邁進した貴族官人、国家目標達成を至上とする原理主義者だったと思われる。

誣告罪で流刑とされた同じ日、大宝三年三宅麻呂と同じ時、同じ任務を背負って山陽道に派遣された経歴を持つ穂積朝臣老も乗輿（＝天皇）を指斥（＝非難）したとして佐渡島に流されたことは示唆的である。前々年の八月には不比等が、前年十二月には元明太上天皇が亡くなり、国家目標達成のための大宝令体制推進に制動がかかったからである。国家目標完遂の原理主義者とも言える三宅麻呂や老には耐え難い閉塞状況だったのかもしれない。

そもそも弁官という役職は、八省に属さない、太政官直属の機関である。現在の国制で言えば内閣官房ないし内閣府に当たる。左右に分かれていて、左弁官は中務（天皇の国事行為に関する事務や後宮関係事務を担当）・式部（文官の人事・養成・行賞などを担当）・治部（姓氏・外事・僧尼などを担当）・民部（民政、特に財政を担当）を掌握し、大弁・中弁・少弁の官職を持つ。少弁でも正五位下の官位にあり、全ての国・寮・司の長よりも位が上である。中弁・少弁でも特命国務副大臣に該当するから、多胡郡新設は、その地位にある三宅麻呂が、議政官の意向を直に受けて自ら実行した国家政策であった可能性が高い。

また、本来であれば太政官符に署名すべきは左大弁の巨勢朝臣麻呂（こせ）（まろ）だが、彼は、左大弁のまま陸奥鎮東大将軍として「夷狄」地経営にあたっていたため、三宅麻呂の署名となったと見られる。ここにも、彼らが「蕃夷の上に立つ小中華の国」日本を目指していたことが端的に表れている。

新羅人子午足賜姓の意味

多胡郡設置の後、半世紀を経た天平神護二年（七六六）五月、上野国の新羅人子午足（「子」は瓦などに書かれた内容から氏（うじ）の名と見られるが、「し」と「ね」のいずれに読むべきか未確定。私にも断案はない）ら一百九十三人は吉井連の姓（かばね）を与えられる。

厳密に言うと、子午足らが多胡郡の人であるという記載はないが、『日本の遺跡36　上野三碑　古代史を語る東国の石碑』で松田猛氏がまとめられたように、「多胡郡の郷名＋子某」と刻まれた瓦が多胡郡域や上野国分寺跡からかなりの数出土しており（上野国分寺瓦の多くは多胡郡で焼かれたことが考古学の発掘調査で明らかになっている【表15】。「吉井連」と見られる文字が刻まれた瓦も両地域から出土しているので、吉井連の姓を得た人々の主たる居住地は多胡郡とみてまず間違いない。

ただし「吉井」を現在地名同様「よしい」と読んでよいかは検討の余地がある。吉田連（きちだのむらじ）（『新撰姓氏録』左京皇別下）

刻まれた文字	郷　名	解　釈	出　土　遺　跡
山字子文麿	山字（やまな＝山名）	山字（郷）の子の文麿	上野国分寺跡（高崎市東国分町）
辛科子浄庭	辛科（からしな＝韓級）	辛科（郷）の子の浄庭	上野国分寺跡
辛子三	辛科（からしな＝韓級）	辛（科郷）の子の三（欠字か）	塔の峯（高崎市吉井町黒熊）・ 国分寺中間地域
武美子	武美（むみ）	武美（郷）の子の（欠字か）	上野国分寺跡・ 国分寺中間地域
武子長万呂	武美（むみ）	武美（郷）の子の長万呂	上野国分寺跡
武子里長	武美（むみ）	武美（郷）の子の里長	弥勒遺跡（前橋市元総社町）
武子鼠	武美（むみ）	武美（郷）の子の鼠	矢田遺跡（高崎市吉井町矢田）
八子	八田（や＝矢田）	八（田郷）の子の三（欠字か）	上野国分寺跡
子枚男		子の総	国分寺中間地点
子総		子の枚男	上野国分寺跡・ 国分寺中間地点
吉井		吉井	上野国分寺跡
井連里		（吉）井連里	千保原遺跡（高崎市吉井町矢田）

表 15　多胡郡の郷名十子、吉井連の文字が刻まれた瓦の出土例

天平宝字八年	764	八月乙巳	藤原仲麻呂の乱
		十月癸未	従五位下上毛野朝臣馬長を上野守となす
天平神護元年	765	十一月戊午朔	上野国甘楽郡人中衛物部蜷淵ら五人に、姓、物部公を賜う
二年	766	五月壬戌	上野国新羅人子午足ら一百九十三人に、姓、吉井連を賜う
		甲戌	上野国甘楽郡人外大初位下礒部牛麻呂ら四人に、姓、物部公を賜う
		十二月乙酉	外従五位下檜前部老刀自に外従五位上を授く
神護景雲元年	767	三月乙卯	左京人正六位上上毛野坂本公男嶋、上野国碓氷郡人外従八位下上毛野坂本公黒益に、姓、上毛野坂本朝臣を賜う 同国佐位郡人外従五位上檜前君老刀自には上毛野佐位朝臣を賜う
二年	768	六月丁丑	掌膳上野国佐位采女外従五位下上野佐位朝臣老刀自を本国国造と為す
		九月壬申	従五位下上毛野朝臣馬長を左衛士員外佐となす

表 16　天平神護年間・神護景雲年間の上野国の賜姓記事

のように「きちい」と読む可能性も捨てきれないからである。

参考までに吉田連について記せば、吉田連は和邇氏同祖の氏族とされる。『新撰姓氏録』は、任那と記される加羅が、新羅との間で紛争が起こった時、貴国と記される倭国に将軍の派遣を求め、天帯彦国押人命の後裔の塩垂津彦命が「頭上に贅あり三岐松樹の如し」で力が衆人に過ぎていたので派遣した。任那の人は「宰（この場合は派遣将軍の謂いか）」を「吉」と呼んだので、彼の苗裔の姓は「吉氏」となったが、奈良京と田村里の間に住んでいたので、聖武天皇の神亀元年（七二四）本姓の「吉」と居地名の「田」から吉田連の姓を得たと記し「続日本紀に合う」としている。

そこで『続日本紀』を見ると、神亀元年五月条に従五位上の吉宜と従五位下の吉智首に吉田連を与えた記事があり、遡って文武天皇四年八月条に恵俊という僧を還俗させて吉の姓と宜の名を与えた、「其の芸を用いる為」であると記されている。その芸は何だったかと言うと、養老五年正月条に「医術」であると書かれている。吉田連は医術などの技術を持つ渡来系氏族で、氏族形成の過程で和邇氏と深い関わりを持っていたと見てよいだろう。

そのありようは、上毛野君関係氏族の中での田辺史らの位置に良く似ている。古代の氏族形成が倭・韓にまたがって行われていたことを示す例でもあり、田辺史らだけでなく、上野国の甘良（＝韓）郡・多胡郡の渡来系氏族のありようにも示唆を与える。

「吉」という文字は、渡来系氏族に多い姓「吉士・吉師（きし）」や新羅の京位（内位）十四等官の「吉士」（吉之・稽知・吉次とも記載される）を想起させる。そして「吉」の字は、吉士・吉師もそうだが、吉備・吉美侯部のように「き」の音一字を表す場合が多い。

なぜ、こんなことにこだわるかと言えば、多胡吉士という氏族が存在するからで（『続日本紀』神亀三年正月条、『日本書紀』神功皇后摂政元年三月条の注記〈一云〉には「多呉吉師」の記載もある）、多胡郡に居住した人々の多くが「多胡吉子」と呼ばれた可能性を排除できないからである。積極的な証拠は全くないのだが、「きし」を「吉子」と書いたとでも考えないと、読みはともかく、「子＋某」に吉井連という姓（かばね）が与えられた理由が説明できないからである。後考を期したい課題である。

より本質的な問題は、この賜姓が国家政策としてどう位置づけられるのかにある。

表16のように、この前後、上野国内での郡司クラスの改賜姓・授位が連続して行われている。地域は群馬県西南部（甘楽郡・碓氷郡）が中心だが、興味深いことに、その期間の上野守に上毛野朝臣馬長が任じられている。実は馬長は、上毛野朝臣としてはただ一人上野守となった人物である。そこには明確な国家意思があると考えざるをえない。

結論的に言えば、藤原仲麻呂の乱による地域の混乱を掌握・再編しようとする称徳・道鏡政権の意思である。そのことは、馬長の上野守就任が、天平宝字八年（七六四）九月の仲麻呂の乱の翌月で、上野守から左衛士員外佐（さえじいんがいのすけ）に異動する神護景雲二年（七六八）九月までの間に上野国内での郡司クラスへの改賜姓・授位が行われたことに明らかである。なお、同時期に授位・賜姓が行われた檜前部老刀自（ひのくまべのおゆとじ）の事例は、彼女が掌膳（かしわでのじょう）（宮中の食事を司る役職の三等官の女性官人）であったこともあり、別の事情も加わっていたと考えられる。

注目されるのは、一百九十三人という子午足らの賜姓者数の多さである。全てが多胡郡住民と考えられるかは不明だが、地域集団全体が賜姓されていると見てよい。

同時期の集中的な賜姓は、美作国と内地化された「夷狄」地でも行われている。政策意図が共通していることは明らかだが、これほどの規模ではなかった。美作では、天平神護二年（七六六）十二月、従八位下白猪臣大足に大庭臣の姓が与えられ、二年後の神護景雲二年（七六八）五月、大庭郡人外正八位下證人（あきひと）ら四人に同じく大庭臣が与えられたが、五人である。

陸奥国では神護景雲三年（七六九）三月を中心に表17の賜姓が行われた。

天平神護二年（766）十二月	陸奥国人正六位上名取公（きみ）竜麻呂に名取朝臣
神護景雲元年（768）　七月	宇多郡人外正六位上勲十等吉弥功部（きみこべ）石麻呂に上毛野陸奥公
神護寺景雲三年（769）三月	白河郡人外正七位上丈部（はせつかべ）子老、賀美郡人丈部国益、標葉（しは）郡人正六位上丈部賀例努（かれの）ら十人に阿部陸奥臣
	安積郡人外従七位下丈部直継足に阿部安積臣
	信夫郡人外正六位上丈部大庭らに阿部信夫臣
	柴田郡人外正六位上丈部嶋足に阿部柴田臣
	会津郡人外正八位下丈部庭虫ら二人に阿部会津臣
	磐城郡人外正六位上丈部山際に於保（おほ）磐城臣
	牡鹿郡人外正八位下春日部（かすかべ）奥麻呂ら三人に武射臣
	亘理郡人外従七位上宗何部（そがべ）池守ら三人に湯坐亘理連（ゆえわたりのむらじ）
	白河郡人外正七位下靫大伴部（ゆげいおおともべ）継人、黒川郡人外従六位下靫大伴部弟虫ら八人に靫大伴連
	行方郡人外正六位下大伴部三田ら四人に大伴行方連（おおともなめかたのむらじ）
	刈田郡人外正六位上大伴部人足に大伴刈田（かった）臣
	柴田郡人外従八位下大伴部福麻呂に大伴柴田臣
	磐瀬郡人外正六位上吉弥侯部人上に磐瀬（いわせ）朝臣
	宇多郡人外正六位下吉弥侯部文知に上毛野陸奥公
	名取郡人外正七位下吉弥侯部老人、賀美郡人外正七位下吉弥侯部大成ら九人に上毛野名取朝臣
	信夫郡人外従八位下吉弥侯部足山守ら七人に上毛野鍬山公
	新田郡人外大初位上吉弥侯部豊庭に上毛野中村公
	信夫郡人外少初位上吉弥侯部広国に下毛野静戸（しずへ）公
	玉造郡人外正七位上吉弥侯部念丸ら七人に下毛野俯見（ふみ）公
神護景雲三年（769）　四月	行方郡人外正七位下下毛野公田主ら四人に下毛野朝臣

表 17　神護景雲三年（769）三月を中心とする陸奥国の賜姓

位階から見て、明らかに郡司クラスの人々である。阿倍朝臣、大伴宿禰、上毛野朝臣・下毛野朝臣の部民（べのたみ）から自立した様子がうかがえる。しかし、その数を見ると、広大な地域にもかかわらず六九人で、上野国の新羅人の三分の一程度である。仲麻呂の乱後の国内課題として、上野国の新羅人への賜姓がいかに重視されていたかが痛感させられる。

国家と地域―符合と乖離

羊太夫伝承―江戸時代人の多胡碑解釈

国家目標達成のための重視・厚遇は、国家と地域の間に緊張をもたらし、緊張は矛盾・軋轢に転化しかねない。

現に、後世にまとめられたものではあるが、多胡郡―吉井町に広く伝わる羊太夫（ひつじだゆう）伝承と呼ばれる一連の物語は、国家と地域との緊張・軋轢をテーマとしている。

羊太夫伝承は、管見の範囲でも『上野国多胡郡八束山千手観音略縁起』『羊太夫栄枯記』『羊の太夫縁起』『多胡羊太夫由来記』『緑野郡落合村宗永寺縁起』『西上州多胡郡住人小幡羊之太夫宗勝記』『羊太夫一代記』『小幡羊太輔縁起』『八束羊太夫実録』の成書が確認される。

成書年代が全て記されているわけではないが、最古と見られるのは『羊の太夫縁起』である。享保十六年（一七三一）の成立と見られる。『上野国多胡郡八束山千手観音略縁起』も寛保甲子年（一七四四）三月十七日の奥付を持つ（寛保甲子年は二月に延享に改元されているから、厳密に言うと三月はない）から、十八紀半ばまでに成書されていたことは確実で、いずれも多胡碑を意識し、物語の中に和銅・養老年間の年月日を散りばめた構成となっている。

いずれもかなりの長文で物語の熟度は高い。『羊太夫栄枯記』は四百字詰め原稿用紙三十六枚にも及ぶ。『羊の太夫縁起』は九枚、『多胡羊太夫由来記』は六枚、『上野国多胡郡八束山千手観音略縁起』でも三枚を数える。一番短い『緑野郡落合村宗永寺縁起』は、伴信友が『上野國三碑考』の中で上野人某が宝暦六年（一七五六）に記せる書にあると引用した文章で二五〇字ほどである（原稿用紙に起こしていないが、『西上州多胡郡住人小幡羊之太夫宗勝記』『羊太夫一代記』『小幡羊太輔縁起』『八束羊太夫実録』なども『羊太夫栄枯記』を前後する分量である）。

全体の構成は類似しており、観音霊験譚の様相を帯びるとはいえ概要を捉えやすい『上野国多胡郡八束山千手観音略縁起』で紹介しておこう。＊変体仮名を常用体や漢字に直し句読点・濁点挿入等、多少読みやすくした。

> むかし当国多胡郡の領主小幡羊太夫宗勝の父は天津児屋根の苗裔。母は天よりあまくだる美人なり。夫婦の中に子なき事をなげき、美人の持来りし千手観音の宝前におひて世継を祈られし所に、父の夢に羊くだりて美人のむねに入と見て、持統天皇九年（六九五）未歳未日未刻に男子誕生ありしゆへ、羊太夫と名づけられ、その奇瑞の有観音を宗勝の守り本尊として当山に千手院并に別当の伽藍を建立して安置せられける。其父たる人は小幡太

郎勝定として天引村（＝高崎市吉井町西隣の甘楽郡甘楽町の一画）旭ケ嶽（＝朝日岳）に居住し大日（如来）の変化にて黄蝶と化し御前岩に去。母は弁財天女の化身にて白蛇となり給ふ。

その頃此所に八束小脛（八束は吉井町神保の小字）と云ふ天狗の如き童子あらはれ羊太夫に仕へけるが、宗勝名馬に乗り小はぎを召つれ奈良の都元明天皇へ日々朝参あり。帝恵いかんましまして和銅四亥年三月多胡の郡を立、羊太夫に賜りぬ。その太政官府（＝符）を石にしるし池村（＝多胡碑現在地）に立おかれ尊崇なり。

其後いよいよ日参有し所に、八束小脛つかれて前後をしらず、いねし所を、飛行をそねむものやありけん、両脇の羽根を切すてしゆへ、名馬に続くものなくなり、参内せざりけり。

依て安芸の藤松熊出将監、三千騎の官軍を率して、羊太夫日参懈怠は謀叛の企たるべしとて、八束の城へ打寄る。宗勝の臣下、塩野小太郎光清（塩は吉井町の大字名）、南蛇井（富岡市東部の地名）、黒熊（吉井町南西部の地名）、山中（神流川沿いか）、鮎川（吉井町東隣りの藤岡市を流れる川沿いの地名）、其外の諸侍所々に戦ひけり。

不思議なるは、羊太夫宗勝守（り）本尊千手千眼の御堂へ飛去、金じき（色）蜘（くも、他の伝承では蝶・鳶）と化し、なだくもの渕（不詳）へ入給ふ。八束脛は当地の鎮守天狗の森、本地は弥陀、垂迹（は）四阿屋権現とあらはれ、後に沼田（＝沼田市）へ飛、八束脛大明神と鎮座せり。中昔、神保村（吉井町神保）天祐山（公田院仁叟寺）へ火防の霊宝に飛龍の形を納しなり。

寄手の大将、奇異のおもひをなし、権の守洞太郎、民を案内にして大沢村（吉井町大沢）奥の宮へ参詣願状をささげ宗勝が本体あらはし玉へと祈りければ、不動明王出現し、宗勝は観音さった（薩埵）の霊験にて衆生済度の方便に生れ出でけると神託あって、明王は失せさせ給ひけり。

人々夢さめ城山（＝八束山）へのぼりて見れば、臣下は鳶とひとしく他（＝池、多胡碑現在地）という在所の官府を立し石の前へ下りけり。名馬は馬いづみ（泉）より出て馬庭村（吉井町馬庭）に止しとかや。

宗勝の御台の廟所は落合村（藤岡市上落合）七輿の観音なり。寺は奥家老、中尾源太宗永のために開基せり。官軍帰洛は養老三年己未年三月なり。其後関東へ下着して武蔵信濃両国の内領知して、人は安芸守と号し小幡に居住なり。

羊太夫、八束山に在城、和銅四亥年より寛保甲子年まで千三十七年也。（以下は千手観音安置供養の様子につき略）八束村　観音寺　寛保甲子三月十七日

文中に和銅四年を起点として寛保甲子年まで千三十七年と記し（正確には当年を含んで一〇三四年）、池村を重視しているように、多胡碑の存在が中核にある。地名等も吉井町を中心として周囲に広がっている。多胡碑の「羊」を多胡郡設置の中心人物と解釈し、かつ、国家に裏切られて羊太夫一族郎党は滅亡させられたという展開である【図9】。合戦の様子や登場人物は、戦国期を中心とした吉井・小幡地区の諸戦闘が要素となっていると見られ、その解明も課題だが、「官軍帰洛は養老三年己未年三月」と記し、あるいは八束城は落城したが羊太夫は化鳥となって消え去ったので、不動明王の神通力で「羊の首を切ってほしい」と官軍側が願状を奉げた日を「養老五年十二月二十七日」（『羊太夫栄枯記』）と書き、官軍上洛「養老五酉也」（『多胡羊太夫由来記』）と述べるように、「謀反」を「讒言」（『羊太夫栄枯記』）されて滅んだ時期を養老三年から五年としていることは興味深い。強調してきたように、国家目標日本の達成に全力を傾け、多胡郡設置を推進した不比等の死は養老四年八月、元明太上天皇の崩御は同五年十二月、多治比真人三宅麻呂が「謀反を誣告」して流刑（皇太子奏で死罪を減刑）となったのが同六年正月だからである。

一連の羊太夫伝承をまとめていった人々は、そうした流れの中で多胡郡と「羊太夫」を解釈したものと見られる。実に見事な歴史観、卓越した歴史小説と言えよう。

『羊太夫栄枯記』などでは、羊太夫側と官軍との戦いにおいて、羊太夫側が実に多様な技術力・特殊な力を駆使し

図９　羊太夫伝承関係図

ている様子が迫真の筆力で活写されており、ハイテク産業都市としての多胡郡の性格を想起させる。

さらに宗永寺（藤岡市上落合）に伝わる『七輿山宗永寺略記』（伴信友紹介の『緑野郡落合村宗永寺縁起』とは別の書物）は「羊太夫は、ここから秩父山中に逃れ、夫人や家臣の菩提のためと、十六の地で十六人の僧の助けを得て『大般若経』を写経、寺を立てて納めたのち、仙と化し去った」と加える。伝承は秩父へと広がり、和銅発見との繋がりを示唆する。興味深いことに、秩父市の西、秩父郡小鹿野町十六部落には「羊太夫屋敷跡」や「羊太夫墓」が存在し、新羅系渡来氏族秦氏との関係が考えられる「はたがみ様」が鎮座する。そして秩父三十二番札所般若山法性寺（小鹿野町般若）が『大般若経』埋納の地と伝わる。

羊太夫の名は、一四世紀後半に成立した説話集『神道集』（全十巻五十話を収録）に初めて見られる。元々は「群馬郡伊香保の太夫は、河（＝利根川）より西の七郡の内に聞へたる足早に、羊の太夫と云う人を召して、文を書きつけ、二人の姫君並びに大将殿の御自害の由をば都へぞ披露申されける。此の羊の太夫と申すは、今（午）の時（＝12時）に上野国多胡荘を立て都へ上けるが、未の時（＝14時）御物沙汰に合て、申（＝16時）の時に国（＝上野）

へ下付ける間羊（あいだ）の太夫とは申けり。故に此の人、申（さる）の中半（＝17時）に上野国群馬郡の有馬の郷を立て日の入合（＝夕刻、19時前後をイメージか）に三条室町に付けれり」（巻七「上野国勢多郡鎮守赤城大明神の事」。群馬・京都間二時間はリニア新幹線並）と記される多胡郡在住の足早の者の伝承であった。

この特性は八束小脛に受け渡されるが、信頼していた国家による裏切り、ずば抜けた技術力・特殊な力が見事なまでに描かれている。多胡碑の「給羊」の「羊」を人名と見る説を根元で支えてきた伝承である。

しかし、羊太夫伝承に過大の史実性を期待することには慎重でありたい。確実に遡れる史料がないことも一つだが、江戸という新しい時代を迎えて、自らが拠って立つ歴史の解釈と地域再生の神話として、羊太夫伝承がまとめられた可能性が高いからである。

そう考える参考例に、但馬（たじま）地域に伝わるアメノヒボコ伝承のありようがある。

新羅の王子・アメノヒボコの伝承は『古事記』（応神天皇の段・天之日矛）『日本書紀』（垂仁天皇の条・天日槍）に詳しく載せられている。『古事記』は渡来理由に、『日本書紀』は持参の神宝に話の中心が置かれるという違いがあるが、どちらも新羅から渡来して但馬国（出石（いずし））に定着した事と彼の後裔系譜を記している。

それに対して、地元・出石（兵庫県豊岡市出石）で地域の人々が共有しているアメノヒボコ伝承はいささか事情を異にしている。地域での伝承だから当然かもしれないが、出石地方でのアメノヒボコ伝承は、瀬戸の岩戸を切り開いて洪水対策を進め豊かな国土を開いた英雄伝承である。『古事記』『日本書紀』のいわば後日談こそが地域の伝承となっている。典型的な例が但馬一宮出石神社（豊岡市出石町宮内）の『出石神社由緒略記』である。

> 御祭神天日槍命は新羅の王子でありましたが、東方の国に聖皇（ひじり）の君いますと聞き、その徳を慕って自分の国を弟の知古（ちこ）に授けて一族を率い、日本海の荒波を超え、垂仁天皇三年春三月、播磨国宍粟邑（しさわむら）に上陸、日本の国に帰

化し、天皇より播磨国宍粟邑及び淡路の井浅邑（いでさわむら）の二つの村を賜りましたが、命は我が心にかなう地を賜えと願って勅許になり、遍路の旅に出て菟道川（うじがわ）（宇治川）を遡り近江国吾名邑（あなむら）に至り居を定めておられましたが、暫くしてここを発し若狭の国より但馬に入り定住されました。

幾辛酸をへてようやくたどり着かれた但馬の国も未だ開けず、洪水逆行して民の居るべき平地もなく、一面の泥海は蛇竜悪蝎の住み家で、人民に危害を加え、五穀を植える田畑も無い不毛の地でありました。命は、この未開の地を開いて産業を興し民万人を安んじようと、ついにここに永住の決心をされ、国土開発に着手されました。

この国は地殻変動によって円山川（まるやまがわ）河口付近が隆起したため、周囲の山々より流れ出ずる川水は、はけ口が無く、ために泥、砂、水は国中に充満して一大泥海となっていました。命は河口の岩石を切り開く事によって泥水を海中に放ち、耕地を開き得ることを察し、ここに一大開削工事を起されました。鑿などの鉄器の製作には出石の南端で丹波国境の床ノ尾（とこのお）と称する但馬五山の一つに数えられる山脈中鉄鈷山（かなとこやま）より、砂鉄を採り山麓の畑区（豊岡市但東町）で工具を鍛造して、また人夫を徴し、従え来った工人を督励して自ら指揮に当たり、幾歳月を要してついに岩山を開削して泥水を海中に放ち、砂を流して平野を現出、農を興し、杞柳の栽培を教え、須恵器を製して殖産に多大な功績を遺し、兵庫の穀倉といわれる但馬耕地の基礎を築かれました。

「幾辛酸」以降が出石でのアメノヒボコ伝承の核となっている。由緒略記を載せる出石神社のウエブサイト（www.izushi-jinjya.com/）では「命は河口の岩石を切り開く事によって泥水を海中に放ち、耕地を開き得ることを察し、ここに一大開削工事を起されました。」を赤字で記して、地域独自の伝承であることを強調しているほどである。

出石地方の洪水対策・開削事業が何時いかに行われたかの実像はともかく、それをアメノヒボコに仮託しながらも、彼の神通力ではなく、彼の指導のもと、地域の人々の力により地域の資源を活用して行われたと記しているあたりに地域再生神話の趣が色濃い。

戦国・織豊期の大混乱を抜けて徳川幕藩体制が確立していく中で、多くの地域で、自らを育んできた地域の歴史や地誌に対する解釈を施して帰属意識を高め、地域に生きる主体性・自主性を培おうとする神話あるいは物語が書かれたのではなかろうか。

羊太夫伝承は、その最も優れたものの一つと見られるが、一方で、一四世紀の段階で、羊太夫と呼ばれる足早の者が多胡庄におり都との連絡に携わっていたという伝えがあったことは、多胡碑が良く知られ、かつ多胡碑の「羊」を早くから人名と見なしていた可能性を示唆しているようにも見受けられる。

佐野三家・片岡郡・法隆寺

多胡郡は甘楽郡四郷と片岡郡山名郷・緑野郡武美郷とから新設された。多胡郡の新設が、白猪屯倉に由来する美作国の新設と類似するとすれば、山ノ上碑・金井沢碑立地の山名郷に関わる佐野三家、武美郷に関わる緑野屯倉についての検討を加えておくことは、多胡郡の性格を考える上で有益であろう。

山名郷は、多くの論者が指摘しているように、元「山部郷」であったが、延暦四年（七八五）五月、桓武天皇の諱(いみな)山部を避けて「山郷」とされ、後「山字（山名）郷」とされたと見られる。正倉院宝物の揩布屏風袋の墨書も、赤外線写真版では「多胡郡山那郷」ではなく「山部郷」と見える。

山（部）郷として考えると、『古事記』応神天皇段の「此の御世に海部(あまべ)、山部、山守部(やまもりべ)、伊勢部を定め賜ひき」や『日本書紀』顕宗天皇元年四月条の「（来目部小楯(くめべのおだて)を）山官(やまのつかさ)に拝(め)して改めて姓を山部連(やまべのむらじ)とす」などの記載が目につく。『日本書紀』は続けて皇子殺害に連座したものを「陵戸(みささぎのへ)に充て、兼ねて山を守(も)らしむ。籍帳(へのふみた)を削り捨てて山部連に隷(つ)けたまふ」と記し、山部連の部の民となることは刑罰・隷属の扱いであったことを示唆している。その一方で『日本書紀』応神天皇五年八月条は「諸国に令（のりごと）して海人（あま）及び山守部を定む」とあるが、山部の記載はないなど、山部の実態は分かりにくいが、一般農民ではない、山林部での生産・供給に関わった人々であることは確かだろう。

あるいは、法隆寺に残された幡などから、法隆寺の再建・維持・管理に平群郡の山部連が大きく関わった可能性が指摘されているが、食封とされた上野国の山部郷の関与も小さくはなかったと思われる。

そう考えて片岡郡山部郷を見直した時、一体何が特別の生産・供給なのだろうか。山名の丘陵は、木材、土器や瓦の焼成に必要な薪・炭の供給の場ではあろうが、他の里山に比べて際立った特徴を持つとは言えない。むしろ、この地が関東平野の尽きる所で、ここから丘陵・森林が始まるとともに、多くの河川が集まる場であることに意味があったのではないか。緑野（みどの）も、その表現が沃野を想わせるが、立地性は山部郷と全く同じである。「水処野」の表記がよりふさわしい。「津」の記載などを拾うことが出来ないので憶測でしかないが、佐野三家も緑野屯倉も、その背後で生み出される木材、薪・炭、土器・瓦、染・織、糸・紙、あるいは各種金属製品などの集荷・搬出の場であった可能性を想わずにはいられない。ミヤケに由来する片岡・緑野両郡から割かれた二郷は、ハイテク産業都市・多胡郡における流通拠点の役割を果たしたのではなかろうか。

天平十年（七三八）、播磨国揖保（いぼ）郡林田郷（兵庫県揖保郡太子町及び姫路市北西部）、但馬国朝来（あさご）郡枚田郷（朝来市和田山町）、相模国足下（あしのしも）郡倭戸（しづへ?）郷（小田原市）と並んで山名郷が法隆寺の永年食封（じきふ）（＝荘園）とされたのに際して（天平十九年『法隆寺伽藍縁起 并（ならびに）流記（るき）資財帳』）、それぞれの地域を吟味された松田猛氏は「法隆寺の食封となったこれら三つの地域は、早くから交通の要衝として開けた場所であり、山部郷との共通点を認めることができる」とされた（松田猛『日本の遺跡36　上野三碑　古代史を語る東国の石碑』同成社　二〇〇九年）。交通の要衝とは流通拠点に他ならない。

片岡郡と法隆寺との関係でさらに興味深いことは、山ノ上碑に記された「放光寺」と同じ寺号を持つ寺が、法隆寺に近く片岡と呼ばれた奈良県北葛城郡王寺町に所在することである。片岡王寺・片岡僧寺とも呼ばれ、法隆寺蔵の銅板造像記（重文・先述）に「甲子年三月十八日　鵤（いかるが）大寺（＝法隆寺）徳聡法師片岡王寺令弁法師（以下略）」とあり、甲午年（六九四）の実在が確認される。法隆寺の建つ斑鳩の西隣、大和川が河内へと抜ける直前の地の立地である。

一四世紀初頭に成立した同寺の『放光寺古今縁起』は、本尊が光り輝いたがゆえに「放光仏と名づけ、寺銘を放光寺と号した」と記し、敏達天皇の娘の片岡姫の宮を寺に改めたのが始まりとする。片岡王寺跡とみなされる地点での出土瓦などから、敏達朝はともかく、七世紀前半創建の四天王寺形式の寺と見られている。『法隆寺伽藍縁起并流記資財帳』には、戊午歳、播磨佐西の地五十万代（しろ）の水田を、伊河留我（いかるが）本寺（法隆寺）、中宮尼寺（中宮寺）、片岡僧寺に分賜したとある。資財帳は「戊午歳」を聖徳太子の法華経講説にかけて五九八年のこととするが、戊午歳条直前記事が六四八年戊申歳条なので、六五八年（斉明天皇四年）と見るべきだろう。出土瓦と矛盾しない年代観でもある。

寺号を同じくするには、それなりの理由があるはずである。全国の寺の数は、『日本書紀』が推古天皇三十二年（六二四）のことと記す「四十六寺」は、相当に上回っていただろうが、まだそう多くない。現に上野国内で七世紀末までに遡り得る寺院数は四前後と見られている。その中での寺号の一致である。とくに山ノ上碑建立の二年前、天武天皇八年（六七九）四月寺院の食封を決めるとともに「諸寺の名を定」める詔が出されている。寺の名は王権によって定められたのである。この時同時に二つの寺が「放光寺」とされた可能性が高い。放光寺という寺名はそう一般的とは見られない。しかも、両地が片岡の名を共有しているとすれば、両者の関係を考えない方が不自然だろう。

これまでの検証でも、法隆寺と東国（あづまのくに）に金石文が多く残されていることが意識させられたが、法隆寺及び法隆寺を支えた人々と東国、とくに多胡郡周辺とは、考えている以上に深い繋がりが予想される。

現に蘇我臣入鹿（そがのおみいるか）の命を受けた巨勢徳太臣（こせのとくたのおみ）らの襲撃を受けた厩戸皇子（聖徳太子）の息子、山背大兄王（やましろのおおえのみこ）一族が法隆寺と共にあった斑鳩宮（いかるがのみや）から逃げ出した際、三輪文屋君（みわのふみやのきみ）が「東国（あづまのくに）に詣（いたり）て、乳部（みぶ）を以て本として、師（いくさ）を興（おこし）て還（かえり）て戦はむ」（原漢文。『日本書紀』皇極天皇二年十一月条）と勧めたと伝わることも、関係の深さを物語る。法隆寺と佐野三家を中心とする東国との関係は、放光寺問題と合わせて後考を期したい課題である。

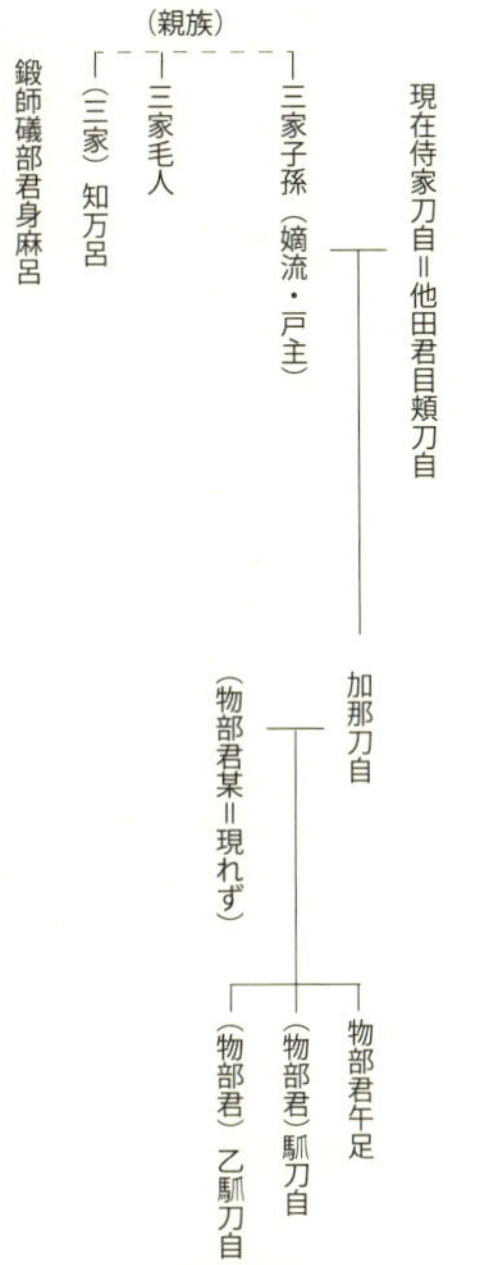

図10　知識結の系譜関係

知識結―金井沢碑を読む

多胡碑に次いで、養老元年（七一七）の超明寺碑（滋賀県大津市）と養老七年（七二三）の阿波国造碑（徳島県名西郡石井町、写真）が建てられた。しかし、超明寺碑は「養老元年十月十日石柱　超明僧」と刻まれ、梵字が加えられているが、それ以外の文字は不明で、碑としての評価は難しい。

阿波国造碑は土製の墓碑で次のように刻まれており、釈文もほぼそのままである。

【阿波国造碑】【写真3】

（正面）**阿波国造**
名方郡大領正□位下
粟凡直弟臣墓
（側面）**養老七年歳次癸亥**
年立

写真３　阿波国造碑

［釈文］

（正面）阿波国造名方郡大領正□位下粟凡直（あわおおしのあたい）弟臣（おとおみ）の墓

（側面）養老七年歳次癸亥の年立つ

続く存在が神亀三年（七二六）の金井沢碑（高崎市山名町金井沢）となる。語り伝えられる発見事情から、本来の建立地は現在地からやや離れていたと見られるが、九行一一二字を刻む。

【金井沢碑】【写真４／口絵ⅰ参照】

上野國群馬郡下賛郷高田里
三家子孫為七世父母現在父母
現在侍家刀自他田君目頬刀自又児加
那刀自孫物部君午足次馸刀自次乙馸
刀自合六口又知識所結人三家毛人
次知万呂鍛師礒部君身麻呂合三口
如是知識結而天地誓願仕奉

写真４　金井沢碑拓影

石文
神亀三年丙寅二月廿九日

先祖供養のために「知識」と呼ばれる講を結んだ入信表白の碑で、□で囲んだ文字の磨滅が進んでいるが、全体が「倭文体」で書かれていることは一目瞭然である。

磨滅が進んでいる文字のうち三行目の他を私は長く「池」と読んできたが、レーザー実測図に従う限り「他」の可能性の方が高い。私が「池」に拘ったのは「他田君」という氏族の上野国での存在に疑問を持っていたからである。しかし正倉院宝物の黄色の絁（あしぎぬ）の調布に「上野国新田郡淡甘（読み未確定）郷戸主矢田部根麻呂調黄壹□　長六丈廣一尺九寸　天平勝寶四年十月主當　國司正六位上行介阿倍朝臣息道　郡司擬少領无位他田部君足人」とあり、他田部君が確認されることから「他田君（おさだのきみ）」説に従うこととしたい。『万葉集』巻二十の上野国防人の歌「ひなくもり碓日（うすひ）の坂を越えしだに妹が恋しく忘らえぬかも」（四四〇七、原万葉仮名表記）の読み手として「他田部子磐前（こいわさき）」が確認できることも、この説を支持している。

二行目の孫については、私は、従来通り孫と思うが、「子孫」

の意味ではなく個人の名の一部とする説には魅力を感じる。読みはともかく、個人名として解釈したい。そう考えると、次のように読むことができる。

［釈文］
上野國群馬郡下賛郷高田里の三家子孫（読み未確定）七世の父母、現在の父母の為に、現在侍る家刀自の他田君目頬刀自、又、児の加那刀自、孫の物部君午足、次いでの（＝次の孫）𩣺刀自、次いでの乙𩣺刀自、合せて六口、又、知識を所結人、三家毛人、次いでの知万呂、鍛師礒部君身麻呂、合せて三口、如是知識を結而天地に誓願し仕え奉る石文　神亀三年丙寅二月廿九日

郡は「こおり」、郷は「おおざと」、里は「こざと」、現在は「まさか」、天地は「あめつち」、誓願は「のみこい」と読む方が正確かもしれないが、意味は通ずる。

佐野三家の嫡流・戸主と見られる三家子孫が、現在侍家刀自と記される正妻の他田君目頬刀自、彼女との間に生まれ物部君と結婚した見られる加那刀自、加那刀自の息子の物部君午足と娘の𩣺刀自・乙𩣺刀自姉妹を合わせた六人（六口）で、三家七世の父母（＝祖先）・現在の父母の追善を発願して知識（講）を率い、それに三家子孫の親族（兄弟？）と見られる毛人・知万呂と鍛師と記される礒部君身麻呂の三人（三口）が預かって知識（講）が結ばれたので石文を記したという内容である【図10】。

知識を率いる六人については発願に主を置き、知識に預かる人々が出て初めて「知識所結」「如是知識結而」と「知識結」の表現を重ねるなど、知識がどう作られたかも示してくれる構文となっている。

字句に説明を加えれば、群馬は「くるま」の読みが本来で、承平年間（九三一～八）に編まれた百科事典『和名類聚抄』

は「久留末」と読みを付け、藤原京出土木簡は「上毛野国車評」と書いている。「ぐんま」に読みが固定されるのは明治以降のことである。「下賛」の「賛」は「佐野」の一字表記と見られ、「しもさぬ」ではなく「しもさの」で良いだろう。しかし『和名類聚抄』編纂段階には、この郷名は消えており、所在地は不明である。郡郷里の表現が見られ、「里」が「郷」に改められ、その下に「里」が設けられた時代の表現である。その時代は霊亀元年（七一五）から天平十二年（七四〇）と見られているので、その間に位置する金井沢碑の郡郷里の表現は金井沢碑の史的価値を高めている。

他田君については前述したが、物部君・磯部君は、子午足らへの賜姓記事で紹介したように、『続日本紀』天平神護元年（七六五）十一月条に「上野国甘楽郡人中衛物部蜷淵(になぶち)ら五人に物部公(きみ)の姓を賜う」、同二年十二月条に「上野国甘楽郡外大初位下(げだいそいげ)磯部牛麻呂ら四人に物部公の姓を賜う」と記されている。また多胡郡内の矢田遺跡からは「物部郷長」と記された紡錘車が、上野国分寺跡からは「山（郷）物部乙万呂」「山字（郷）物部子成」などと記された瓦が、高崎市矢中村東遺跡からは「物部私印」と刻まれた銅印が見つかっている。上野国西南部に物部を氏(うじ)の名とする人々が勢力を張っていたことは確かである。

正倉院宝物の調布の墨書銘から、他田部君は上野国東南部の新田郡の郡司であったことが知られるから、（佐野）三家を介在として上野国の東と西とが繋がることになる。郡域を越えての地域形成の証左としても、金井沢碑は一つの価値を持つ。なお、その徴候が山ノ上碑にすでに見られたことは先述の通りである。

鍛師は金属加工あるいは金属を用いての石材加工の職能を表す言葉であろう。多胡郡のハイテク産業都市としての性格を知らせる記載でもある。

「如是(かく)知識を結而(むすびて)天地に誓願し仕え奉る」は仏教概念を凝縮した「倭文体」の本領発揮と言える箇所である。文字の並びが「倭文脈」であることは言うまでもないが、「如是」は経文冒頭の「如是我聞」からの応用と見られ、定着していく。

特に注目したいのは「誓願」の用例である。誓願は「仏・菩薩が衆生を救おうと願って立てた誓い」そのものに連なるが、この時代の日本の造像銘には誓願の用例が多い。六二八年の法隆寺蔵戊子年銘釈迦三尊像光背銘に早くも現れ、六九〇年前後以降の追記・後刻と見られる丙寅年銘河内野中寺弥勒菩薩像台座銘・丁卯年銘法隆寺金堂薬師如来像光背銘、七〇二年と見られる壬歳攝提格銘豊前長谷寺観音菩薩像台座銘（大分県中津市）の四つが挙げられる。六二八年から七〇二年にかけての造像銘は長谷寺法華説相図を入れても十四（法隆寺金堂の四天王像銘文も二点と数えた）だから三割近い使用頻度である。法隆寺幡（東京国立博物館法隆寺献納宝物及び染色室保管上代裂）でも銘文がほぼ完全に読める幡七本のうち二本に「誓願」の文字を確認することができる〈壬辰年銘〈六九二年〉平絹残欠・己未年銘〈七一九年〉平絹残欠〉。

三家子孫たちは、大乗仏教が重視した「誓願」思想・概念をしっかりと受け止めて「知識」を結び、碑を刻んだのである。

「知識」の用例は、六九〇年前後以降の追記・後刻と考えられる丙寅年銘河内野中寺弥勒菩薩像台座銘と製作年代評価の難しい癸未年銘法隆寺金堂釈迦如来像光背銘に現れている。前者は「栢寺智識之等……友等人数一百十八」とあるので、本像造像に際して知識が結ばれた可能性が高い。後者は「乗斯微福信道知識現在安穏出生入死随奉三主紹隆三寶遂共彼岸」とある。「斯の微福に乗(よ)りて信道の知識、現在安穏、出生入死、三主に随い奉りて三寶を紹隆し遂に彼岸を共にせんことを。」と読めるから、知識の元の意味であった善知識（仏道修行者）を指す使い方と見られる。

逆に、「知識」の文言は使われていないが、六八六年と見られる法華説相図は「道明、捌拾許（八十ばかり）の人を率引(そついん)して飛鳥清御原大宮治天下天皇（＝天武天皇）の奉為(おおんため)に敬造す」（原漢文）とあり、丙寅年銘河内野中寺弥勒菩薩像台座銘と同様の人々の組織化がうかがえる。

こうした例と比べて、金井沢碑は、天皇や国家とは全く切り離された所で地域の人々が自主的・主体的に知識を結んだ様子が刻まれている。

そこに碑としての一つの価値があるが、知識を結んで石碑に追善供養の意思を刻んだだけとは思われない。河内・和泉などの他地域の知識は造寺・造仏・写経に止まらず、貧者や病者の救済、道普請や架橋などの社会事業に及んでいる。むしろ、それらとセットとなっている点に知識結の本領があったことを考えると、三家による知識結は背後に大きな事業展開が想定される。その様子が間もなく多胡郡隣接の緑野郡を中心に立ち現れてくる。

地から湧く大乗菩薩僧

やや時代は下るが、奈良時代の終わりから平安時代の初めにかけて緑野郡の浄法寺（浄土院・緑野寺とも。藤岡市浄法寺）、下野国都賀郡の大慈寺（小野山寺とも。栃木県下都賀郡岩舟町）、武蔵国比企郡の慈光寺（埼玉県比企郡ときがわ町）を三つの核として、仏者のネットワークが広く東国を覆っていた。

リーダーは道忠・広智の師弟で、両人ともに生没年不詳だが、道忠は武蔵国出身で上野国緑野郡の浄法寺を本拠としたと伝わり、最澄入寂の翌年、弘仁十四年（八二三）にまとめられた最澄の伝記『叡山大師伝』には「東国化主道忠禅師という者あり。是は此れ大唐鑑真和上持戒第一の弟子なり。伝法利生、常に自ら事と為す。遠志に知識し大小経律論二千余巻を助写す」（原漢文）と記されている。元亨二年（一三二二）臨済僧・虎関師錬により上梓された日本初の仏教通史『元亨釈書』も「（道）忠は鑑真の神足（＝高弟）なり」と記し、鑑真（六八八〜七六三、七五三年来日）の思想と実践を最もよく継承した人物と評されている。

特に注目すべきは鑑真その人との酷似で、鑑真もまた来日以前の揚州で「化主」と呼ばれていた。二十年以上前に吉田靖雄氏が『日本古代の菩薩と民衆』（吉川弘文館　一九八八）で指摘されたように、「利他行の実践ということと活動の広範囲であったことの二点は、菩薩と称された僧の行動面と一致しており、『化主』と『菩薩』とは、同じ内容を持った異称で、（中略）鑑真―道忠―広智の師弟は、たんに戒律という法脈に連なるということばかりでなく、民衆に対する菩薩利他行の実践という点で一貫して連なって」いた。

『叡山大師伝』に言う「遠志」は、一切経五千巻を書写して比叡山上に置くことを志した最澄の願いを指すが、そのうちの二千巻は道忠が助写し贈ったものだった。そのありさまを「知識し」と書いていることは、「知識」が志を共有しての協力・事業であったことを指し示すとともに、助写には道忠門下の東国の仏者たちが関わった可能性が示唆される。現に第二代天台座主（ざす）となったのは、二千巻の経を持って東国から比叡山に登った道忠の弟子・円澄（七七二～八三七）その人であった。

円澄は、『元亨釈書』によれば、武蔵国埼玉郡の人で本姓壬生（みぶ）氏。延暦六年（七八七）十八歳をもって道忠に師事、菩薩戒と法鏡行者の名を授けられ、延暦十七年、写した二千巻の経を持って叡山に至る。「伝教（＝最澄）に従い落髪」し、最澄より「澄」の一字を分け与えられて円澄となる。それまでの九年間、いわば俗体のまま、道忠より授けられた菩薩戒に立って、道忠とともに写経や利他行に携わっていたと見られる。

円澄よりやや年上と見られる広智は、その弟子・円仁（七九四～八六四）の卒伝（『日本三代実録』貞観六年正月十四日条）に、円仁生誕の頃には大慈寺に居て下野国人に広智菩薩と称されていたと記された人物であった。

最澄は、一切経写経で道忠教団に支えられたことに続いて、庇護者・桓武天皇死後の不安を東国の仏者たちの菩薩行の実践で解消していく。浄法寺・大慈寺の安東・安北両塔の完成に合わせての最澄の東国巡錫は、その極みであった。半世紀以上も前に薗田香融先生が論じられたように、東国知識集団の実践が最澄に大乗戒の独立を準備させ、道忠・広智教団からは、第二～第四代天台座主となる円澄・円仁・安恵はじめ多くの仏者が最澄の弟子となっていく【図11】。

それを受けて最澄は、東国巡錫の翌年、弘仁九年（八一八）『山家学生式（さんけがくしょうしき）』と呼ばれる上表文を著し、独自の僧侶養成制度の創設を図るとともに、独自の大乗戒壇を設立し、自誓（じせい）受戒の菩薩戒によって僧侶たりうることを求める行

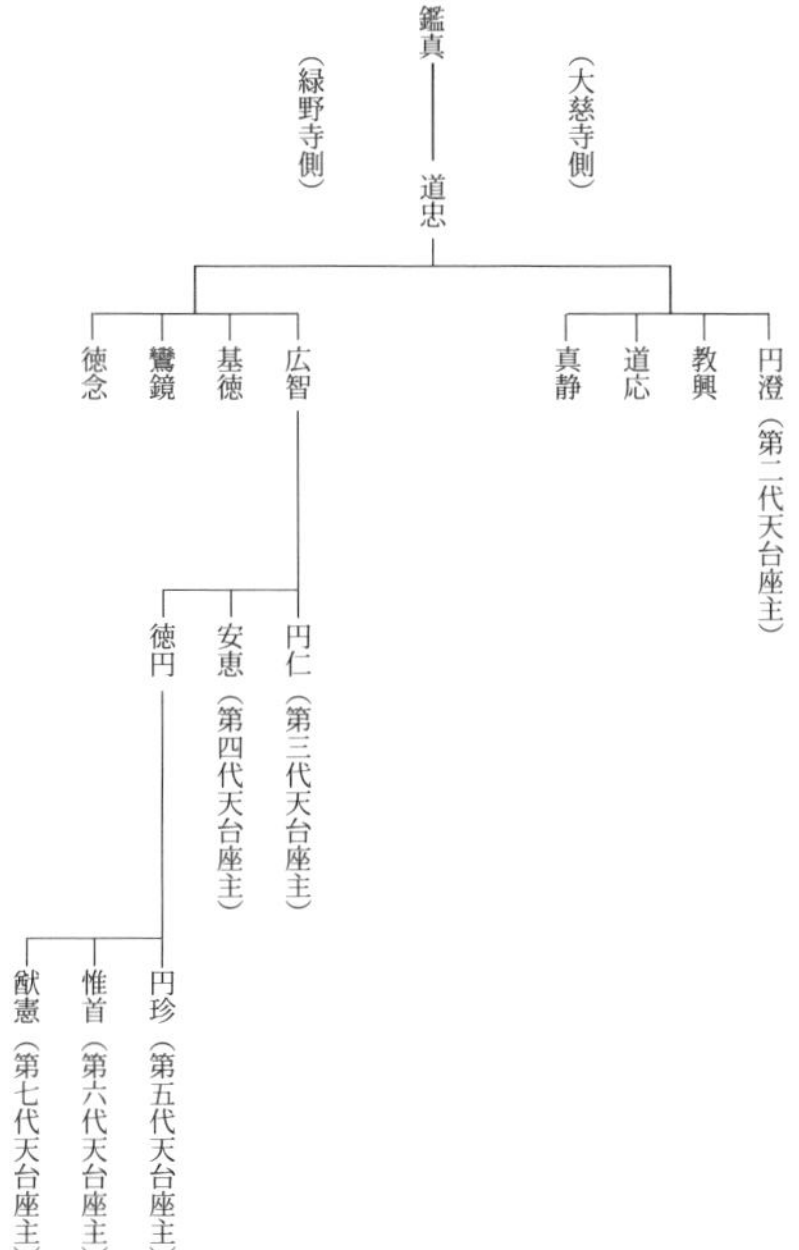

図 11　道忠・広智教団の法脈と日本天台宗

動に出たのである。

詳細は略すが、そうした道忠・広智教団の社会像としては次の四点が指摘できる。

1　円仁の俗姓は壬生公で、壬生氏は円澄の俗姓でもあった。

2　緑野寺に一切経があることは広く知られており、全国から注目されていた。

3　幾つもの寺院を建立し一切経を書写できるだけの経済的基盤を有していた。

4　菩薩戒に立った利他行を活動の中心にしていた。

壬生公（朝臣）は上毛野朝臣・下毛野朝臣の関係氏族で、上野国甘楽郡・群馬郡、下野国都賀郡を主たる勢力圏としていた。姓は異なるが、壬生の氏名を共有する武蔵国の壬生吉志の社会的地位も良く似ていた。彼らは横渟屯倉の設置と共に移住した渡来系氏族と見られ、横渟屯倉が置かれた横見郡から比企郡・男衾郡へと勢力を伸ばし、壬生吉志福正は武蔵国分寺七重の塔を再建し、二人の息子の一生涯に及ぶ調庸を前納するという巨大な経済力と技術・人間の動員力を持っていたことが知られている（『続日本後紀』承和十二年〈八四五〉三月二十三日条、『類聚三代格』に収められた承和八年〈八四一〉五月七日付太政官符）。

壬生公（朝臣）・壬生吉志及び彼らと同じ社会階層に属す人々は、氏姓を異にしながらも、民衆に密着した地域有力者として地域の開発や民衆済度に身を尽くしたと見られる。大乗仏教の菩薩行・利他行こそが彼らの行為を支える思想に他ならなかった。そして、それは知識結を通して具現された。現に華厳経・梵網経は、化主・菩薩と呼ばれた僧侶の行った架橋・造寺・衆僧供養・病患者の治癒・飢者への施食・寒者への給衣を福田つまり菩薩行の内実としている。

しかも福田・菩薩行は勝れて技術的な内容を持ち、彼らの中に多様な技術・学識の蓄積と動員力のあったことが示唆される。多胡郡の持つハイテク産業都市としての性格や佐野三家・緑野屯倉の流通拠点性は、その一端を物語る。道忠・広智教団に結集し知識を結んだ人々は、国家建設に身を砕く人々でもなければ、律令国家の収奪と軍国の体制からただ逃れようとした人々でもなかった。手工業生産などの産業技術をもって自立性と組織性を高めようとした人々であった。だからこそ進んで、その中から多くの菩薩僧を出して中央—世界の最高の学問を吸収させようとし、自ら一切経を備えたのである。

金井沢碑は、そのことを記す最初の碑である。そして、それを引き継いだ道忠・広智教団は地湧の菩薩（『法華経』従地湧菩薩品）を髣髴とさせる集団であった。

彼らには知識結による写経と経塔建立を頻繁に行った形跡がうかがえる。最澄東国巡錫時の緑野寺と大慈寺の法華経塔建立は一つの極みであり、延暦二十年（八〇一）の銘を持つ山上多重塔（桐生市新里町山上）は、序章であった。山上多重塔は三層の石塔で左回りに文字が刻まれている。

【山上多重塔】（重文）

（上層）如法経坐奉為朝庭神祇父母衆生含霊
（中層）小師道輪延暦廿年七月十七日
（下層）為愈无間受苦衆生永得安楽令登彼岸

「如法経」とは、特別な宗教的条件を整え、定められた方式に従い、敬虔な気持ちで書写した経を指す。法華経の場合が多い。如法経書写は天長十年（八三三）の円仁の行為が最初とされるが、円仁は下野出身の僧であり、広智の弟子であった。当時広智が菩薩と呼ばれて下野から上野にかけての地域で仏者・民衆を率いていたとすれば、山上の地で法華経が書写され納められたとしても無理はない。塔身部にうがたれた穴が法華経八巻を納めるのに適した大きさであることは、その可能性を強めている。

法華経自体が「まさに一心に受持・読・誦・解説・書写して、説の如く修行すべし」（如来神力品）と主張し、受持・読・誦・解説・書写は五種法師の行として重視されていた。塔と言うと、釈迦の遺骨とされる舎利を納める舎利塔（ストゥーパ＝stûa）を考えがちだが、経塔（チャイトヤ＝caitya）の存在も忘れてはなるまい。

経塔の可能性の高い山上多重塔は、各層ごとに次のように読むことができる。

［釈文］

（上層）如法経（＝式に則って書写した法華経）の坐（＝安置する経塔）なり。朝庭（＝朝廷）、神祇、父母、衆生、
含霊の為に奉る。

（中層）小師道輪　延暦廿年七月十七日

（下層）无間（＝地獄）に苦を受く衆生を愈し、長く安楽を得て彼岸に登らしむる為に

文体は七世紀半ばの造像銘の伝統を引き継ぐ日本漢文だが、時代は国家・国語の確立から地域独自の歩みへと大きく変わっていた。

金石文に刻まれた時代精神

金石文からの再整理

以上、時代の第一次資料である金石文に即して、国語と国家が誕生・確立される過程を検証してきた。予想以上に、その重なりは強く、両者が絡み合って、今日の日本社会の基礎を作り出していく様子が確認できた。

このように、国家が国語と共に誕生したことは、国民も同時に誕生したことを知らせている。国家は国土・国民・国法から成り立つが、国民は、上からの法的・強制的な力だけで成立するものではない。国家を共にするという認識、帰属意識が内的に熟成されて初めて国民も成り立つ。

そのためには、社会に飛び交うことばを共通の表現形式に治め、誤解のない意思疎通が国土全域にわたって成り立つ必要がある。それが国語である。為政者と国民の権利と義務を定め、それに則って国家が運営される国法も、国民の間に国語が共有されてこそ実効性が担保される。

金石文を中心に、いま一度、その過程を整理しておきたい。

【第一段階】

列島社会で書かれたことが確実な金石文は、五世紀後半から六世紀初頭にかけての鏡・剣に始まる。その表記法は、固有名詞を借音書きする漢文体で、中国諸王朝への上表文などから考えて、当時の公用文は、対外的のみならず国内的にも漢文だったと見られる。

その後、六世紀代から七世紀前半にかけての一世紀以上の間、検証に値する長さを持った金石文は、今のところ見られない。発掘事情もあろうが、金石文を通して国家・国語・国民の成立を考えるには残念な状況にある。

【第二段階】

七世紀半ばに造像銘を中心として突如、爆発的に金石文が増えてくる。その表記法は、列島社会に飛び交っていたことばをそのままに表現しようとする志向が強く、漢字あるいは漢字熟語を訓読した後に組み合わせ、今日の日本語表記に近い語順で並べる表現が求められた。公用文はなお漢文だったと思われるが、今日の日本語表記に連なる大いなる一歩が踏み出された。

山ノ上碑に見られるように、六八〇年前後に、その傾向は強まり、対象も石碑・墓誌・木簡等に確実に広まっていった。宣命体や万葉仮名表記もすでに現れており、多様な表記方法が模索されていたことが知られる。

六九〇年前後からは、今日の日本語表記に近い文体と、日本独自の漢文世界とが同時並存的に深められるが、歴史意識の目覚め、高まりを受けて、追記・後刻の例さえ現れてくるようになる。傾向としては、中央の官界・仏教界では日本独自の漢文世界展開の志向が強く、地方においては今日の日本語表記に近い文体が求められ続けた。那須国造碑は、その両者を併せ持つ碑で、この時代の特色を雄弁に物語る。

この過程での多様な試みが今日の日本文化の豊かさを生み出す源泉となったと言えるが、その動きは、大宝律令と日本国号を一つの到達点とする我が国古代国家成立過程と見事なまでに重なり合う。大宝律令制定・施行の七〇一年、日本国号公認の七〇三年には、日本語を日本語として書き表す表記法はほぼ確立したと見られ、七世紀後半、とくに、白村江の戦いと壬申の乱という未曾有の敗戦と内乱を克服する戦後復興の四半世紀こそ、国家のみならず、国語・国民の成立においても最も劇的な時代だったことが理解される。

ただし、日本国号の使用実態や「和」用例の吟味等から、この過程の表記法を和文体・和文脈と呼ぶことは適切ではなく、あえて言えば「倭文体」「倭文脈」が当てはまるが、列島社会に飛び交っていたことばをそのままに表現しようとする営みとして、日本語（やまとことば）表記法確立過程と呼ぶのがふさわしいと見られることは、強調したとおりである（なお、この列島社会に飛び交うことばをそのままに表現しようとした文体を簡便に示すため「倭文体」「倭文脈」を仮に使用していることを許されたい)。

【第三段階】

大宝律令体制をもって確立された我が国古代国家は「日本」を対外的国号としたが、「日本」は今そこにある国家の実像と言うよりも、「諸蕃と夷狄の上に立つ小中華の国」を目指す国家目標であったことが、文献史料のみならず金石文からもうかがえた。現に、唐の金石文には「日本」の文字が記されているのに、今のところ「日本」を記す古代前期の金石文は列島社会の中からは見出すことができていない。

八世紀に入っての金石文は、大きく三種類に分かれる。

第一は墓誌で、葬喪令立碑条に準じた形で、具官・姓名を記した日本漢文が主流であった。為政者たらんとする貴族・官人層の自己組織化、自意識の表れと見ることができる。

第二は「諸蕃と夷狄の上に立つ小中華の国」日本という国家目標を現実の国土の上に目に見える形で表そうとする営み、より具体的に言えば、諸般の事情で列島社会に渡来した人々を日本の民として戸籍に付し、「夷狄」地とみなした地域を内国化するための国・郡新設に関わる立碑である。

そのような政策意図を持った国・郡新設は、和銅・霊亀・養老年間（七〇八〜七二三）と天平宝字年間（七五七〜七六四）に集中したが、まさに和銅四年（七一一）立碑の多胡碑と天平宝字六年（七六二）立碑の多賀城碑は、そうした国家意思と地域との関係を刻み込む碑として、著しく重要な意義を有する。

さらに多胡碑と多賀城碑が極めて対照的であることが理解された。漢文体の太政官符を地域の目線で解体して「倭文体」の撰文とした多胡碑と、徹頭徹尾為政者からの目線のもと日本漢文で書かれた多賀城碑の違いである。

第三は仏教関係で、造像由来を記す形が多かった前代に比べ、経文を記す例が増えてくる。文体を云々することは難しい例も多いが、主流は日本漢文あるいは仏教漢文であった。

その中で、「倭文体」で書かれた金井沢碑は特異な光を放っていると言える。多くの碑が何らかの形で国家や天皇との関係を背後に持つのに対し、それらと全く切り離された所で地域の人々が自主的・主体的に知識を結んだ様子が刻まれているからである。詳細に見てきたように、金井沢碑を引き継ぐ人々は、国家建設に身を砕く人々でもなければ、律令国家の収奪と軍国の体制からただただ逃れようとした人々でもなかった。手工業生産などの産業技術をもって自立性と組織性を高めようとした人々であり、時代は国家・国語の確立から地域独自の歩みへと変わっていった。以後、日本語を日本語として表記する方法は磨きをかけられ、日本独自の漢字書風や女手（ひらがな）、カタカナの登場と相まって、一〇世紀前半には「和文」と読んでよいものが確立し、一一世紀初頭には『源氏物語』を生み出すに至るが、それは決して宮中の奥深くでのみ行われたことではない。むしろ、列島各地で多様な人々がそれを支え模索し続けた結果であることを忘れてはならない。

第二段階の残された課題・天皇号の成立

時代を引き戻せば、国号「日本」は大宝令で確定し、唐（厳密には周）の長安三年（七〇三年、日本の大宝三年）に公認されたが、国内的にはなかなか定着しなかった。開元二十二年（七三四）唐土に客死した井真成の墓誌には「日本」と記されているのに、今のところ古代前期のわが国金石文に「日本」用例は見当たらず、強い為政者視線のもと、対外的関係をも意識した藤原恵美（えみ）朝臣朝獦の多賀城碑にも「日本」の文字はない。追記・後刻を含めて、金石文に「天皇」表記が頻出しているのとは対照的である。

そのことは詔書式にも表れている。詔書五式のうち、「天皇」は一番簡単な「詔旨」以外の四式に見られるのに対し、「日本」が見えるのは、隣国（唐）と蕃国（新羅）に大事を伝える際に用いる最高位の詔書「明神御宇日本天皇詔旨」だけである。これらの事実は、「日本」は「天皇」とは切り離された概念で、かつ後発だったことをうかがわせる。では「天皇」という概念は、いつ、どのような考えに基づいて我が国王権の中枢を指す言葉となっていったのであろうか。

先にも記したように、現在のところ最古と見られる「天皇」資料は飛鳥池遺跡出土木簡の「天皇聚露弘寅□」である。この木簡自体には年次記載がないが、同時に発見された木簡に六七七年と見られる「丁丑年」の記載があることから、天武朝（六七二〜六八六）のものと見られている。

次に確実な例は持統天皇三年（六八九）四月に亡くなった皇太子・草壁皇子（日並（ひなめし）皇子尊）の殯宮（もがりのみや）で柿本人麿が詠んだ挽歌（ばんか）である（『万葉集』巻二・一六七）。

【日並皇子尊殯宮之時　柿本人麿作歌一首】

天地之　初時　久堅之　天河原尓　八百萬　千萬神之　神集　集座而　神分　分之時尓　天照　日女之命（一云、
指上日女之命）天乎婆　所知食登　葦原乃　水穂之國乎　天地之　依相之極　所知行　神之命等　天雲之　八重
搔別而（一云、天雲之八重雲別而）神下　座奉之　高照　日之皇子波　飛鳥之　浄之宮尓　神随　太布座而　天
皇之　敷座國等　天原　石門乎開　神上　上座奴（一云、神登座尓之可婆）吾王　皇子之命乃　天下　所知食世
者　春花之　貴在等　望月乃　満波之計武跡　天下（一云、食國）四方之人乃　大船之思憑而　天水　仰而待尓
何方尓　御念食可　由縁母無　眞弓乃岡尓　宮柱　太布座　御在香乎　高知座而　明言尓　御言不御問　日月之
数多成塗　其故　皇子之宮人　行方不知毛（一云、刺竹之皇子宮人帰邊不知尓為）

典型的な非略体表記である。次のように読み下されている（岩波日本古典文学大系本）。

［読み下し］

天地の初めの時　久堅の天の河原に八百萬千萬神の神集ひ　集ひ座して神分り　分りし時に天照す日女の命（一云、さしのぼる日女の命）天をば知らしめすと　葦原の水穂の國を天地の依相の極知らしめす神の命と　天雲の八重搔き別きて（一云、天雲之八重雲別きて）神下し座せ奉りし高照す日の皇子は　飛鳥の浄の宮に神隨　太布き座して　天皇の敷き座す國と　天の原　石門を開き　神上り　上り座しぬ（一云、神登り座しにしかば）吾ご王皇子の命の天の下知らしめしせば　春花の貴からむと　望月の滿しけむと　天下（一云、食す國）四方の人の大船の思ひ憑みて　天つ水仰ぎて待つに　何方に御念めせか　由縁も無き眞弓の岡に宮柱太布き座し　御在香を高知り座して　明ごとに　御言問はさぬ日月の数多く成りぬる　其故に　皇子の宮人　行方知らずも（一云、刺竹の皇子の宮人帰邊知らにす）

反歌の部分は省略したが、長歌は全文を引用した。それには二つの理由がある。

第一は、「天皇」が、音ではなく、「すめろき」と読まれている点。実は公式令でも「天皇」は「すべら」と読まれており、『令集解』儀制令の解説には、天皇は書記（＝書く場合）の用例で、通常は「須賣楽美御徳」あるいは「須賣彌麻乃美己等」と称すとある。この表現は、唐からの国書の例としてよく挙げられる張九齢（六七八〜七四〇）『唐丞相曲江張先生文集』所収の開元二十四年（七三六＝天平八年）の国書「勅日本国王主明楽美御徳」の用例とも一致する。

唐に対しても「主明楽美御徳」を称していたことは重要で、「すめろき」「すめらみこと」「すめみまのみこと」「すべら」と、幅のある読みとなってはいるが、今日のような音読みではなかった点は強く意識しておきたい。その点では、「日本」が「やまと」と読まれ続けたことと似ている。

第二は、歌の中の「天皇」は、母であり、代わって即位する持統天皇を指すと見る見方も有力だが、「天照す日女(ひるめ)の命」の命により、この国を治め続ける（＝天の下を知らしめす）ことが天地の初めから定まっている王者、いわゆる皇統全般を指していると見ても文意は通り、天孫降臨神話の一つの原像がうかがえる点。つまり「天皇」は、皇統による「天下所知」神話と不可分の関係で成り立った可能性が示唆される。

以後、「藤原宮御宇天皇代　高天原廣野姫天皇（＝持統天皇）」の「過近江荒都時、柿本朝臣人麿作歌」の中に「淡海(あふみ)國乃　楽波(ささなみ)乃　大津宮尓　天下所知食兼天皇之(しらしめしけむすめろき)　神之御言(みこと)（＝尊）能(の)」（巻一・二九）、「或本、従藤原京遷于寧楽宮時歌」の冒頭の「天皇乃(おほきみ)　御命畏美(みことかしこみ)」（巻一・七九）、「霊亀元年（七一五）歳次乙卯秋九月、志貴親王薨時作歌」（『万葉集』巻二・二三〇）の「天皇(すめろき)之神之御子(みこ)之御駕(いでまし)之」と続くが、『万葉集』の「天皇」用例は、どの御代の歌かを示す編纂段階での書き入れと見られる詞書には頻出するものの、歌の中での用例は多くない。

國學院大學デジタルミュージアム（http://k-amc.kokugakuin.ac.jp/DM/）万葉集神事語辞典によれば『万葉集』歌中の「天皇」用例は十二例に過ぎず、「すめろき」の読みが五例で過去の天皇を指し、「おほきみ」の読みが七例で現在の天皇を指すとしている。「すめろき」「おほきみ」の読みと過去・現在がそれほど厳密に対応しているかは疑問がないわけではないが、「おほきみ」の文字には「天皇」以外に「皇」「大王」「王」が当てられている例も多く、天皇以外の皇親全般に広く用いられている。「天皇」用例は、今日の私たちが思うほどには安定していなかったと言ってよい。

その点で興味深いのは、六九〇年前後の追記・後刻と見られる丁卯年銘法隆寺金堂薬師如来像光背銘の「小治田宮治天下大王天皇」という書式である。「大王」を「天皇」に書き直せなかった例と見ていたが、銘文を記した段階の歴史認識として、用明天皇は過去の天皇だから「池邊大宮治天下天皇」と書くが、推古天皇は「丁卯年」当代の天皇だから、それを強調するために「大王天皇」という書式を選んだという積極的な理由が浮上するからである。

追記・後刻以外で「天皇」用例が確実な金石文は長谷寺法華説相図である。十干の「戊」を「降婁」と表現する一方で十二支を表現していないため、六八六年説と六九六年説とがある。天皇を含む主意「奉為飛鳥清御原大宮治天下天皇敬造」の内容を考えた時、六八六年であれば病床にある天武天皇の回復を祈る意味が見込める。しかし、六九六年では持統天皇のために態々説相図を造る積極的な理由は見当たらず、かつ、六九四年に藤原宮に遷都しているから、持統天皇を指すには「藤原宮治天下天皇」の方がふさわしいと見られる。六八六年説が妥当だろう。

つまり、木簡用例の年次はなお不確定だが、金石文と『万葉集』による限り、「天皇」号は六八〇年代の半ば、天武天皇治世下後半からの採用と見られる。

そこで『日本書紀』を見ると、六八四年に当る天武天皇十三年十月の「八色之姓」制定と天武天皇の和風諡号「天渟中原瀛真人天皇」の重要性が浮かび上がる。道教理論によれば、瀛州は東海三神仙境の一つであり、「天皇大帝」は道教の最高神格、真人は天皇大帝に仕える神仙世界の高級官僚を指す言葉だからである。

周知の通り「八色の姓」は最高位を「真人」とし、近い世に臣籍降下した「公姓」氏族に与えられた。多治比真人がその例である。次が「朝臣」で藤原・石上（物部）・上毛野・阿倍などの主要な氏族が賜姓された（大伴だけが第三位の宿禰姓となるが、待遇は朝臣姓の優勢氏族と同等であった）。

重要なことは、道教哲学で理論づけられる天皇・真人・瀛州がセットで現れている点にある。加えて、故・福永光司先生のご教示によれば、天皇の居所を紫（微）宮とし鏡・剣を神璽とするのも道教哲学に基づく。

「天皇」周辺概念が全体として現れる六八〇年代半ばを「天皇」号採用の時点としてよいのではなかろうか。

さらに「天皇」を王者の称号とするに際しては、唐朝において武皇后が、皇帝と皇后は同格として顕慶五年（六六〇）から皇帝を「天皇」、皇后を「天后」と改称した前例も参考となったと見られる。

藤原京が、他の宮都と異なって、中央に宮室を置く形としたのは、『周礼』考工記に基づくと考えられるが、それも、周代の復古を意図した武則天の統治理念を意識した可能性が高い。

第三段階の金石文と時代精神

だが、藤原京が京として完成したと見られる慶雲元年（七〇四）の三年後、早くも平城京遷都の議論が始まる。地質の問題などが挙げられているが、周朝においてさえ宮室を北辺に置く形に都城を作っており、護国宗教の重心が道教から仏教に移っていたことを目の当たりにした遣唐使の報告に基づくものであろう。この変化が、大宝令施行・遣唐使派遣を挟んで起こっていることは興味深く、第二段階と第三段階の違いの底流を形づくる。

第二段階自体も、大臣さえおかず天皇自身による神聖政治を図った天武朝と、宗教的求心性を高めながらも貴族・官人層を積極的に登用しての法の支配を図った持統朝では統治理念は異なっていたと見られるが、第三段階は、後者の傾向を一層強めると共に、「諸蕃と夷狄の上に立つ小中華の国」日本を目標とした国民と国土の形成に力を注いでいったことは検証してきた通りである。

第三段階の終わりを明示する境界は見出しがたいが、平安遷都の延暦十三年（七九四）を目安として年表にまとめると表18になる。表18からは二つの特色が見出せる。

第一は金石文の素材・内容の大きな変化である。表に明らかなように、第三段階の金石文は墓誌（墓碑・骨蔵器を含み現在一三点）が中心で、国・郡設置に関係する碑（多胡碑と多賀城碑）と仏教関係が加わる。

国・郡設置に関係する碑が第三段階固有であることは、ここまでの検証で明らかにできたと思うが、墓誌も第三段階固有の金石文である。貴族・官人が墓碑・墓誌を書くようになるのは、葬喪令によって墓には具官（歴任した官職・位階）・姓名を刻んだ墓碑を建てることが規定されたからである。実際は氏族の社会的地位に依拠し制約されているも

表18　八世紀の金石文

西暦	年号	墓誌・墓碑を除く金石文	金石文のうち墓誌・墓碑	関連する主な出来事
701	大宝元年			大宝令制定
702	二年	豊前長谷寺観音像		大宝律令頒布、持統太上天皇崩
703	三年			日本国号公認される、七道に使い派遣
704	慶雲元年			遣唐使帰国
705	二年			
706	三年			
707	四年		文祢麻呂墓誌・威奈大村骨蔵器	文武天皇崩、元明天皇即位
708	和銅元年		伊福吉部氏骨蔵器・下道国依母骨蔵器	和銅発見、出羽郡設置
709	二年			
710	三年			平城遷都
711	四年	多胡碑		多胡郡設置
712	五年			『古事記』撰上、出羽国設置
713	六年			丹後・美作・大隅国設置、丹取郡設置
714	七年		佐井寺僧道薬墓誌	大隅、陸奥・出羽への移民始まる
715	霊亀元年			元正天皇即位、席田郡設置
716	二年			和泉監設置、高麗郡設置
717	養老元年	超明寺碑		
718	二年			能登・安房・石城・石背国設置
719	三年			
720	四年			『日本書紀』撰上、藤原朝臣不比等没
721	五年			元明太上天皇崩
722	六年		山代真作墓誌	多治比真人三宅麻呂流罪
723	七年		太安萬侶墓誌・阿波国造碑	三世一身の法
724	神亀元年			聖武天皇即位、多賀城設置か
725	二年			
726	三年	金井沢碑		
727	四年			
728	五年			
729	天平元年		小治田安萬侶墓誌	長屋王の乱
730	天平二年		美努岡萬墓誌	
731 ～ 750	天平三年～天平勝宝二年	この 20 年間金石文なし、諏方・和泉・安房・能登廃止		749 孝謙天皇即位
751	天平勝宝三年	竹野王多重塔		『懐風藻』撰上
752	四年			大仏開眼
753	五年	薬師寺仏足石・薬師寺仏足跡歌碑？		
754	六年			
755	七年			
756	八年			聖武太上天皇崩
757	天平宝字元年			仲麻呂紫微内相、能登・安房・和泉の再分立
758	二年			淳仁天皇即位、新羅郡設置
759	三年			新羅戦準備始まる（結局は沙汰止み）
760	四年			
761	五年			
762	六年	多賀城碑	石川年足墓誌	
763 ～ 775	天平宝字七年～宝亀六年	この 13 年間金石文なし		764 恵美押勝の乱、766 子午足らに吉井連賜姓
776	宝亀七年		高屋枚人墓誌	
777	八年			
778	九年	宇智川磨崖碑		
779 ～ 783	宝亀十年～延暦二年	この 5 年間金石文なし		781 桓武天皇即位
784	延暦三年		紀吉継墓誌	長岡京遷都
785 ～ 789	四年～八年	この 5 年間金石文なし		786 蝦夷征討準備を始める
790	九年	浄水寺南大門碑		801 浄水寺灯籠竿石・山上多重塔

のの、貴族・官人が、属する氏族によってではなく、個々の能力によって国家の役割を得る律令体制の可視化である。それは、大宝令によって初めて形となったと言えよう。現に、第二段階に追記・後刻の墓誌二例を挙げたが、小野毛人墓誌は明らかに第三段階での追記・後刻であり、墓誌が原則第三段階固有の金石文であることを証明している。

仏教関係も、前代は造像銘ばかりだったが、七〇二年と見られる豊前長谷寺観音菩薩像台座銘を最後に造像銘は消え去り、経文や図像を含んだ造立縁起が増え多様化してくる。第二段階に分類した長谷寺銅板法華説相図や竹野王多重塔（七五一年）・宇智川磨崖碑（七七八年）は典型例と言えるが、磨滅が激しいものが多く、経典を活用しているため、解読は困難を伴う。その中で金井沢碑がかなり特異な性格を持つことは論証してきた通りである。なお書き加えれば、造像銘だけでなく鏡・剣も見られなくなる。

第二の特色は、金石文の書かれる時期と書かれない時期とがはっきりと分かれる点。

表18に明らかなように、大宝年間から天平初年にかけての三十年間は墓誌を中心に金石文が数多く検出されている。

一方、天平三年（七三一）から天平勝宝二年（七五〇）にかけての二十年間は一例の金石文も検出されていない。その後、竹野王多重塔（七五一年）と薬師寺仏足石・仏足跡歌碑（七五三年）はあるものの、天平宝字六年（七六二）の多賀城碑と石川年足墓誌まで他の金石文は見られない。その後の三十年ほどの間でも墓誌が二点、仏教関係が二点見出せるだけである。

これは決して発掘事情等の偏りによるものではない。関係する主な出来事の欄を設けたように、大宝年間から天平初年、より厳格に言えば、養老年間までは国・郡の新設を中心として「諸蕃と夷狄の上に立つ小中華の国」日本の可視化あるいは律令体制の徹底が図られた時期であった。その時期に金石文が集中していることは偶然ではない。諏方・安房・能登が再併合された時期を中心とする天平三年から天平勝宝二年にかけての二十年間に金石文が一つも検出されていないことは、逆の面から、それを裏付ける。

竹野王多重塔と薬師寺仏足石・仏足跡歌碑という律令体制推進とは直接に繋がらない金石文を除けば、天平三年以降三十年以上の空白の後、天平宝字六年（七六二）に多賀城碑と石川年足墓誌が登場するのも、独善的とはいえ律令体制の徹底を図ろうとした仲麻呂政権の意思を反映する。

その後、称徳・道鏡政権の元ではまた金石文は姿を消し、光仁・桓武政権の登場と共に再度姿を現す中に、金石文と国家意思との関係が髣髴と浮かび上がる。

このように、我が国古代の金石文は、国家・国語・国民の形成を見事なまでに刻み込むものであった。

第三章　韓半島金石文と国語表現

―大きく異なる高句麗・百済と新羅―

高句麗に始まる韓半島金石文

漢文を内外の公用文体とした高句麗

前二章を通して、我が国古代金石文は、国語・国民・国家の形成を見事なまでに刻み込んでいることを確認することができた。

国語は、国家・国民の形成といわば同時並行的に成り立ってきたと言えそうである。

そして七世紀最後の四半世紀から八世紀最初の四半世紀にかけての五十年間が、国語・国民・国家形成史の上で最も劇的な時代であり、金石文こそ史実を刻む第一級の史料であることが確認された。

同時に、古代国家日本は、新羅を中心とする韓半島諸国との複雑な関係の中で成り立つとともに、我が国における国語形成の過程に韓半島諸国から渡来した人々の多様な関与が感じられた。

考えてみれば、日本語と韓国語は非常に良く似たことばである。とくに構文規則、作文にあたっての単語の並べ方はほぼ同一と言ってよい。両国共に、中国冊封体制・中華世界システムの中で、構文規則が全く異なる文字の超大国・中国から漢字・漢文を導入し漢文を内外の公用文とせざるをえなかった。そこから民族固有の構文規則と文字を作り出し、国家としての自立、独自の地位の確立を達成した歴史を持つ。金石文（木簡等を含む）に刻まれた列島・半島両地域の国語・国民・国家形成史を比較したくなるのは当然だろう。

恥ずかしいことに、私は、古代韓半島諸語はもとより、現代韓国語さえほとんど解せない。しかし字音を別とすれば、両国は、漢字を訓読した上で類似の構文規則に従って並べ換えて文となしてきた。そこに立脚すれば、半島社会の金石文を、列島社会の金石文と同じ形式で理解することができそうである。

表19 日韓両国の金石文一覧

	高句麗	百済	新羅	倭
357	安岳三号墳墨書墓誌			
369(?)		石上神宮七支刀		
4 世紀末	牟頭婁塚墨書墓誌			
408	徳興里古墳墨書墓誌			
414	好太王碑			
415	乙卯年銘青銅製壷杅			
451	延寿元年銘銀製合杅			
471				埼玉稲荷山古墳鉄剣銘
5 世紀後半				江田船山古墳鉄刀銘
480 年代	高句麗中原碑			
501			辛巳年銘浦項中城里碑	
503			癸未年銘迎日冷水里碑	隅田八幡神社人物画像鏡
520		武寧王妃銀釧		
524			甲辰年銘蔚珍鳳坪碑	
525・529		武寧王陵買地券		
536			丙辰年銘永川菁堤碑	
539	延嘉七年銘金銅如来立像			
545+ α			赤城碑	
551			明活山城碑	
552 ~ 561			(城山山城木簡)	
555 年頃			北漢山巡狩碑	
561			昌寧巡狩碑	
563	癸未年銘金銅三尊像			
568			黄草嶺真興王巡狩碑	
568			磨雲嶺真興王巡狩碑	
560 年代	平壌城壁刻書			
567		昌王十三季舎利龕		
571	辛卯年銘金銅三尊像			
577		丁酉年銘舎利函		
~ 578			慶山林堂遺跡出土古碑	
578			戊戌年銘塢作碑	
591			南山城新城碑	
608			(戊辰年銘二聖山城木簡)	
610		(庚午年銘羅州伏岩里木簡)		
628				法隆寺金堂釈迦三尊像光背銘
639		舎利奉安記		
650 推定				法隆寺広目天・多聞天像銘
651				法隆寺献納宝物金銅観音像台座銘
654				法隆寺献納宝物釈迦像如来台座銘
654 推定		砂宅智積造堂塔碑		
658				旧観心寺蔵阿弥陀如来像光背銘
666				法隆寺献納宝物菩薩半跏像台座銘
672 推定			壬申誓記石	
673			癸酉年銘全氏阿弥陀仏三尊四面石像	
673			癸酉年銘三尊千仏碑像	
678			戊寅年銘蓮花寺四面石仏	
680 年前後				(宣命体・万葉仮名木簡で始める。 柿本人麻呂歌集略体歌・非略体歌)
680 年前後以降				(法隆寺命過幡)
680			調露二年銘宝相花文塼	
681			龍朔元年銘文武王陵碑片	山ノ上碑
689			己丑年銘阿弥陀仏及諸佛菩薩像	
690 年前後以降				追記・後刻の造像記・墓誌の登場 丁卯年銘法隆寺薬師如来像光背銘 癸未年銘法隆寺釈迦如来光背銘？ 丙寅年銘河内野中寺弥勒菩薩像光背銘 戊辰年銘船王後墓誌 丁丑年銘小野毛人墓誌
692				出雲鰐淵寺観音菩薩台座銘
694				法隆寺銅板造像記
695 推定			金仁問碑	
698 推定				長谷寺法華説相図
700				那須国造碑
702				豊前長谷寺観音菩薩台座銘
706			神龍二年銘皇龍寺跡石塔金銅舎利函	
707				文弥麻呂墓誌 以後、墓誌は 8 世紀を通して陸続と造られる
711				多胡碑
712				(『古事記』)
717				超明寺寺碑
719			開元七年銘甘山寺石造阿弥陀如来光背	
720				(『日本書紀』)
723				阿波国造碑
724			開元十二年銘石刻	
725			開元十三年銘上院寺梵鐘	
726				金井沢碑
751				竹野王多重塔・(『懐風藻』)
753				薬師寺仏足石・仏足跡歌碑？
758 ？			天宝十七年銘葛項寺三層石塔造塔記 (785 以降の追記・後刻の可能性大)	
762				多賀城碑
766			永泰二年銘石塔	
771			聖徳大王神鐘	
778				宇智川磨崖碑
790				浄水寺南大門碑
801				山上多重塔

いささか乱暴かもしれないが、列島と半島との国語・国民・国家の形成と両地域の交流の歴史を明らかにする一歩を踏み出したい。

そこで、韓半島諸国での自国語あるいは民族のことばを書き表す経緯を、倭国の例も加えてみると、表19が得られる。四・五世紀代は高句麗中心で、末になって倭国の資料が見え始め、六世紀代は新羅資料だけが充実している。ところが七世紀に入ると倭国に重心が移る。資料発見の偏りを差し引いても、この揺れは意味があると見られる。その理由を考えることが本章の一つの目的となる。

現在のところ、楽浪・帯方の中国官人によるものではない、韓半島諸国・諸地域の人々により書かれたと見られる金石文は、東晋永和十三年（三五七）銘高句麗安岳三号墳墨書墓誌から始まる。

高句麗牟頭婁塚墨書墓誌も紀年銘は確認できないが四世紀末と見られており、五世紀に入っては高句麗好太王永楽十八年（四〇八）銘徳興里古墳墨書墓誌、好太王碑（四一四）、乙卯年（四一五）銘青銅製壺杅、延寿元年（四五一）銘銀合杅、中原高句麗碑（四八〇年代？）と続く。

泰和四年銘石上神宮七支刀（倭国伝世品だが銘文から百済製作と見られる）の「泰和」が東晋年号の太和であれば三六九年となって一団に加わることになるが、それでも高句麗偏重は否めない。いまのところ四～五世紀の新羅金石文はない。

順に見ていこう。まずは安岳三号墳墨書墓誌である。北朝鮮（朝鮮民主主義人民共和国）にあるため、私は実見できていないが、次のように採字されている。

【永和十三年銘安岳三号墳墨書墓誌】（三五七年。朝鮮民主主義人民共和国黄海南道安岳郡。北朝鮮国宝七四号）

永和十三年十月戊子朔廿六日
癸丑使持節都督諸軍事
平東将軍護撫夷校尉樂浪
[相]昌黎玄菟帯方太守都
郷侯幽州遼東平郭
都郷敬上里冬壽字
□安年六十九薨官

永和十三年は東晋の年号で三五七年。次のように読み下すことができる。明らかに正格漢文である。

［釈文］
永和十三年十月戊子朔廿六日癸丑、使持節都督諸軍事、平東将軍、護撫夷校尉、樂浪[相]、昌黎・玄菟・帯方太守、都郷侯。幽州遼東（郡）平郭（県）都郷敬上里の冬壽、字（あざな）は□安。年は六十九。薨官。

没時ないし墓誌記載時の年月日に続いて武官・文官としての地位ないし経歴が記される。幽州遼東（郡）平郭（県）都郷敬上里は冬壽なる人物の本籍地を指すと見られる。一一世紀後半編纂の歴史書『資治通鑑（しじつがん）』には冬壽（佟壽）は前燕から高句麗への亡命者とある。官僚に任じた主体を高句麗と見るか、年号から東晋と見るかは議論の分かれるところだが、中国からの亡命官人であれば、墓誌銘が漢文であるのは当然だろう。

続く徳興里古墳墨書墓誌は、ちょうど半世紀下るものだが、類似の文を刻む。

【徳興里古墳墨書墓誌】（四〇八年。朝鮮民主主義人民共和国平安南道大安市）

□□郡信都縣都郷□甘里
釋迦文佛弟子□□氏鎮仕
位建威将軍國小大兄左将軍
龍驤将軍遼東太守使持
節東夷校尉幽州刺史鎮
年七十七薨焉以永樂十八年
太歳在戊申十二月辛酉朔廿五日
乙酉成遷移玉柩周公相地
孔子擇日武王選時歳使一
良葬送之後富及七世子孫
番昌仕宦日遷位至侯王
造壙萬功日煞牛羊酒宍米粲
不可盡掃旦食監鼓食一椋記
之後世寓寄無彊

私の力量では読み下せない箇所もあるが、おおむね次のように読み下せる。

［釈文］

□□郡信都影（「彰」と採字されているが、文意から「縣」がふさわしいと見られる）都郷□甘里の釋迦文佛弟子□□氏鎮、仕う。位、建威将軍・國小大兄左将軍・龍驤将軍・遼東太守・使持節東夷校尉・幽州刺史の鎮、年七十七にて薨焉。以て永樂十八年太歳在戊申十二月辛酉朔廿五日乙酉に成りて玉柩を遷移す。周公（旦）、地を相、孔子、日を擇び、（周の）武王、時を選び（がごとく。次の「歳使一良」の読み方が私にはわからない）葬送之後、富、七世の子孫に及び、番昌、仕宦の日、位、遷りて侯王に至る。壙（土蔵と読んだらどうだろうか）を造り功を萬める日、牛羊を煞（＝殺）し、酒宍米粲（＝白米）、盡きるべからず。旦食を擂し、鼓（＝味噌）食を監（以下の「一椋記」の読み方が私にはわからない）之後、世の寓寄彊無し。

鎮という人物の墓誌である。鎮の本籍地に続いて、彼が仏教徒であることが明示され、具官を記した後、七十七で薨去、日と所を選んで埋葬と記す。そして、その埋葬によって、七世つまり未来永劫に子孫は栄えて侯王（＝一国の君主）にまで至り、富貴を得るであろうと結ばれている。全体は漢文体で、人名・地名も中国語だが、「國小大兄」は高句麗固有の官職である。

鎮が使えた王者が好太王（広開土王。在位三九一〜四一三）であった。その好太王の事跡を顕彰した碑が有名な好太王碑である。中国吉林省集安市にある。幸運にも私は、まだガラスケースで覆われない段階の碑を実見することができたが、あまりに大きく、仰ぎ見て感慨に耽ったことを思い出す。

【好太王碑】（四一四年。中国吉林省集安市、中国全国重点文物保護単位）

好太王碑は、好太王没後一年、四一四年、彼の後を継いだ長寿王により建立された。四面一八〇〇字にも及び、①高句麗建国の神話・好太王に至る由来・建碑の意義、②永楽五年から二十年（三九五〜四一〇）に至る好太王の事跡・武勲、③守墓人・烟戸の規程と禁制が記されている。

事跡、中でも倭との関係には多くの議論があるが、ここでは、先行する安岳三号墳・牟頭婁塚・徳興里古墳の墨書が全て墓内に封じ込まれて人の目に触れないのに対し、人々に読ませ続けるために碑としたことに注目したい。

その文体が漢文であったことが重要である。国内でも公用文は漢文で、かなりの層が漢文に習熟していたことが想定されるからである。漢文による国民形成が図られていたと言ってよいであろう。

新羅「属国」視の中で揺らぐ文体

続く乙卯年銘壺杅にも好太王の名が見える。壺杅とは蓋付きの器のことで、慶尚北道慶州市の路西洞古墳群の壺杅塚から出土した。次のように刻まれていた。

【乙卯年銘青銅製壺杅】（四一五年。韓国国立中央博物館蔵）

乙卯年國罡上廣開土地好太王壺杅十

壺杅塚は、一九四六年、大日本帝国の植民地支配から独立を達成した直後の大韓民国が韓国人の事業として最初に行った発掘調査案件としても重要な案件である。調査責任者は韓国考古学の父のひとり韓国国立中央博物館初代館長・金載元先生。その調査を支え続けられたのが有光教一先生であった。

有光先生は総督府時代から朝鮮総督府博物館に在職して多くの調査を真摯に進めて成果を上げられたばかりでな

く、韓国文化財を戦火から守り抜いた方であった。韓国での人望を集め友情を深められた。解放後も、連合軍からも韓国政府からも信頼され、壺杅塚等の現地調査が終わるまで韓国に止まることを命じられ、調査の「指導」に当たられた。金先生と有光先生との友情は永く続いた。こうした学史や日韓両国の友好の歴史をしっかりと把握し直しておくことも大切なことであろう。

「國罡上廣開土地好太王」と記されてはいるが、乙卯年は四一五年にあたる。好太王碑建立の翌年である。好太王を追悼・顕彰して長寿王が造らせたものと見るのが妥当だろう。それが高句麗の主領土ではなく、慶州つまり新羅の王都となる地の古墳群から出土していることに意味がある。新羅の王・貴族層に下賜されたと見ざるをえないからである。

文は短く、正格漢文からの揺れを議論できるほどの状態ではないが、「岡」の異体字「罡」が使われていることは注目される。この字体は多胡碑に継承されていくからである。

実物を実見した際、同道された方から、中に何を入れて、どう使われたのかと問われた。「分からない」と答えるしかなかったが、実（み）の底に文字が刻み込まれていることを考えると、何かを入れてどこかに置いたとは考えにくい。好太王の分霊を封じ込んだ宝器として新羅の王・貴族層に下賜されたのではなかろうか。

延寿元年銘合杅も同様の性格を持つと見られる品である。蓋の内部と外底に、それぞれ次のように刻まれていた。

【延寿元年銘銀合杅】（四五一年。韓国国立中央博物館蔵）

（蓋の内部）延寿元年太歳在卯三月中太王教造合杅用三斤六両

（蓋の外底）延寿元年太歳在辛三月[中]太王教造合杅用三斤

「延寿」は長寿王の年号で、元年は干支から四五一年となる。この器は、延寿元年辛卯に銀三斤六両を用いて長寿王が造らせたものであることを記している。乙卯年銘壺杅同様、慶州路西洞古墳群から出土し、出土古墳は瑞鳳塚（ソボンチョン）と名づけられている。合杅（ごう）は壺杅同様、蓋付きの器のことで、長寿王代に好まれた宝器の形であろうか。

銘文中の「教」を「敬」と見る見方もあるが、文意からすると、「教」がよりふさわしいと見られる。「教」の用例は好太王碑文に既出し、中原高句麗碑、新羅の辛巳年銘浦項中城里碑（ポハンチュンソンリ）・癸未年銘迎日冷水里碑（ヨンイルネンスリ）に継承される文言である。

また、「三月中」の「中」は「半ば」とか「月の間」という意味ではなく、時格を表す表現「○○に」と見られている。中原高句麗碑の「五月中」や六世紀半ばの新羅赤城碑（チョクソン）（韓国忠清北道（チュンチョンブクド）丹陽郡（タニャングン））冒頭の「□□□□月中」に、列島では埼玉稲荷山鉄剣銘文冒頭の「辛亥年七月中記」や江田船山鉄刀銘文の「八月中」に継承される独特な表現と言ってよい。「新羅文体」への匂いが感じられる金文である。

「新羅文体」を意識した中原高句麗碑

三十年ほどの後、中原高句麗碑が建てられる。好太王碑からは七十年ほどが経つ。いまのところ、この間に碑は見つかっていないが、この間に一つの兆しが生まれてくる。

一九七八年発見の中原高句麗碑は四面からなる碑で、磨滅が激しい。現在前面とされている面（実際は第三面の可能性が高い）はかなり採字され、左面（最終面の可能性が高い）は全体の三分の一程度が読まれているが、後面（第一面の可能性が高い）と右面（第二面の可能性が高い）はほとんど判読不能である。異論も少なくないが、前面・左面はおおむね次のように採字されている。

【中原高句麗碑】（忠清北道忠州（チュンジュ）市。韓国国宝二〇五号。韓国国立清州（チョンジュ）博物館に拓本展示）

（前面）五月中高麗太王祖王令□新羅寐錦世世為願如兄如弟
上下相和守天東夷之寐錦忌太子共前部太使者多兮桓
奴主簿□□□□□□□□去□□到至跪営之太子共語
尚□上共看節賜□□□□□□東夷寐錦之衣服建立處
用者賜之隨□節□□奴客人□教諸位賜上下衣服教東
夷寐錦遝還来節教賜寐錦土内諸衆人□□□□王國土
大位諸位上下衣服來受教跪営之十二月廿三日甲寅東
夷寐錦上下至于伐城教来前部太使者多兮桓奴主簿□
□□□境□募人三百新羅土内幢主下部抜位使者補奴
□□奴□□□□盖盧共□募人新羅土内衆人□□□□

（左面）□□□忠□□于抜城不□□村舎□□□□味□沙□□
□□□□□□□□剌功□□射□□□□□節人剌□□
□□□□□□辛酉年□□□□□□□□□太王國土□
□人□□□□□□□□□□黄□□□□□□□安□□
□□□□□□□□□上有□辛酉□□□□東夷寐錦土
内□□□□□方祖故□沙□斯色□太古鄒加共軍至于
抜城丙子□古牟婁城守事下部大兄⿰耳召□

不明な点が多いが、五月中、十二月二十三日甲寅、辛酉年の三回、高麗太王が「東夷寐錦」と記される新羅王らに命令を下した、つまり属国と遇したことが主意と見られる。

「五月中」の内容は、新羅王らを営（＝軍営または営宇＝宮殿）に跪かせて高句麗を兄（＝主）、新羅を弟（＝従）とする盟約を結ばせ衣服を下賜して高句麗の衣服制に従わせる命令。衣服制は主従・上下の典型的な可視化であり、新羅を高句麗国制の中に東夷として組み込んだことを意味する。

「十二月二十三日甲寅」の内容は于抜城に新羅王らを参集させ三百人を集めて新羅駐屯の高句麗幢主の指揮下におくことの命令であろう。「辛酉年」は古牟婁城に関することと見られるが、よく分からない。

「十二月二十三日甲寅」と「辛酉年」の記載が石碑建立年代の目安となる。「十二月二十三日甲寅」の年は、当時の暦・元嘉暦で四四九年と四八〇年、「辛酉年」は四二一年と四八一年が当たる（四二一年は厳密には景初暦使用時だが、景初暦でも元嘉暦でも四二一年は辛酉）。碑文記載の流れから四八〇年・四八一年と見る説が最も有力である。私も、それに従いたい。

より積極的に言えば、中原高句麗碑は四八〇年代の建立として良いのではなかろうか。

碑の記述内容は高句麗からの視線である。五世紀を通して新羅が高句麗の勢力下にあって属国扱いを受けていたことは史実と見ざるをえない。現に『三国史記』高句麗本紀は、長寿王十二年（四二四）条に「春二月、新羅、使を遣わし、修聘（＝修好）す。王（＝長寿王）労慰（＝慰労）特厚（＝厚遇）す。」（原漢文）と書き（新羅本紀も同様の記載）、高句麗本紀・新羅本紀は、四五〇年・四六八年にも高句麗と新羅の間で紛争があって、高句麗優位で事態が収拾されたと記している。

全体の文脈は漢文と見られるが、「五月中」の表現が採られ、「教」「賜」が多用されている。「教」が主として新羅金石文に、「賜」が主として倭国金石文に継承されていくことを考えれば、中原高句麗碑は、「新羅文体」（さらには「倭文体」）を意識した分岐点に立つ碑と言えるであろう。

六世紀以降、減少する高句麗金石文

しかし六世紀に入ると、状況ががらりと変わる。五世紀代の金石文が確認できていない新羅に石碑が頻出し出すのに対し、高句麗の金石文は減っていく。今のところ、高句麗金石文は平壌城壁刻石五点と仏像造像銘三点が確認されているだけである。

平壌城壁刻書は、城壁工事の担当者が職位と施工区間、施工時をそれぞれに刻み込んだものである。文字のある石五点は次のように採字され、己丑は五六九年、丙戌は五六六年、丁亥は五六七年と見られている。

【高句麗平壌城壁刻書】（五六〇年代後半）

（第一石）**己丑年五月廿八日始役西向十一里小兄相夫若侔利造作**
（第二石）**己丑年五月廿一日自此下向東十二里物𡨴小兄俳須百頭作節矣**
（第三石）**丙戌十二月中漢城下後卩**（＝部）**小兄文達節自此西北行涉之**
（第四石）**丁亥年八月全部小大使者於九婁治六百八十四間**
（第五石）**掛婁蓋切小兄加群自此東廻上□里四尺治**

いわば業務報告書と言えるものである。正格漢文からの揺れが指摘されているが、そう明確ではない。むしろ注目したいのは「部」を表すのに「卩」という省略形を用いている点である。「卩」は後に倭国でも一般的に使われるよ

うになる。自国語ないし民族の言葉を書く工夫として、文体だけでなく書体も考慮される。大きく捉えれば、半島の吏読（イド）・한글（ハングル）、列島の女手（ひらがな）・カタカナへの最初の一歩と見ることができる。

造像銘は延嘉七年銘金銅如来立像（五三九年。五九九年説もある）・癸未年銘金銅三尊像（五六三年）・辛卯年銘金銅三尊像（五七一年）の三点がある。これらの仏像は、一部に百済製作説があるが、定説通り全て高句麗製作と見て良いと思う。文字の確定や字義・文脈に不明な点が残るが、次のように採字されている。

【延嘉七年銘金銅如来立像】（五三六年。伝慶尚南道宜寧郡（キョンサンナムドウィリョングン）出土。韓国国立中央博物館蔵。韓国国宝一一九号）

延嘉七年歳在己未高麗國樂良
東寺主敬弟子僧演師徒卌人共
造賢劫千佛流布第廿九回現歳
佛比丘法穎所供養

【癸未年銘金銅三尊像】（五六三年。ソウル市・澗松（カンソン）美術館蔵。韓国国宝七二号）

癸未年十一月一日
寶華為亡父趙□人造

【辛卯年銘金銅三尊像】（五七一年。伝黄海道谷山郡（ファンヘドコクサングン）出土。ソウル市・湖巌（ホアム）美術館蔵。韓国国宝八五号）

景四年在辛卯比丘道須
共諸善知識那婁
賤奴阿王阿据五人
共造无量壽像一軀
願亡師父母生生心中常
値諸佛善知識等値
遇彌勒所願如是
願共生一處見佛聞法

一見して分かるように、文体や内容は、倭国の七世紀前半から半ばにかけての造像銘に類似している。先行形態と考えて間違いない。さらに言えば、辛卯年銘金銅三尊像には「善知識」や「如是」の言葉が見られ、金井沢碑に典型的な、列島七世紀後半以降の信仰形態に継承されていく。

そして七世紀に関しては、管見の範囲では高句麗金石文は見つかっていない。

漢文体に終始した百済

百済最古の金石文は倭国伝世の七支刀

百済金石文はどのような性格を示すだろうか。今のところ、百済金石文は、磚（レンガ）や瓦の短文を除くと、比較的数が少なく、時代も飛び飛びである。それも、他国での伝世品と近年発掘資料に集中している。

発見の偏りという点もあろうが、百済滅亡時に唐・新羅軍に破壊された可能性も否定できない。扶余定林寺（ブヨチョンリンサ）五層石塔（韓国国宝九号）初層の「大唐平百済國碑銘」（篆書体）が唐の将軍蘇定方によるものであることは、その可能性を示唆する。

確実と見られる最古の百済金石文は、倭国伝世品として知られる七支刀である。石上神宮神宝「六叉鉾（ろくさほこ）」として伝世されてきたが、明治六年（一八七三）石上神宮大宮司に就任した歴史家・菅政友（かんまさとも）（一八二四〜一八九七）により金象嵌銘文が発見されたという経緯を持つ。

高句麗金石文が新羅領内から陸続と発見されていることを考えれば、倭国伝世も不思議ではないが、『日本書紀』神功皇后五十二年条に百済からの献上品と記される「七枝刀」との関係を中心に多くの議論がある。ここでは解釈には踏み込まず、文体を見ておきたい。

【石上神宮七支刀】（推定三六九年。奈良県天理市石上神宮神宝。国宝）

（表）泰[和]四年五月十六日丙午正陽造百練[鉄]七支刀出辟百兵宜供供侯王[永][年][大][吉][祥]

（裏）先世以来未有此刀百滋王世子奇生聖音故爲倭王旨造傳示後世

筆画が不明瞭な表面二字目は採字の議論が長く続いてきたが、今のところ撮影済みの精密写真やX線写真などから「和」説が有力である。ところが泰和という中国年号はない。そこで百済私年号説も出されたが、泰は太と同音通用の例が多いことから泰和＝太和説が提起された。四年以上続いた太和年間には魏（二二七〜二三二）、東晋（三六六〜三七一）、北魏（四七七〜四九九）の三つがある。このうち魏・北魏説は百済・倭両国と中国との関係から否定され、東晋説が定説となっている。

表面最後の五文字も長く判読不能とされてきたが、現在では「永年大吉祥」の採字が有力となっている。それなら文意も通りやすい。

採字での異論は少ないが解釈が分かれているのが裏面の「奇生聖音」である。不明にして私には断案はないので、字義不明に留めて読みたい。裏面の「旨」も、倭王の名とする説、東晋の「詔旨」とする説などがあるが、「嘗」の元字として「ためし」と読みたい。

年次を定説に従えば、次のように読める。

［釈文］

（表）（東晋）泰（＝太）和四年五月十六日丙午正陽、百練（＝錬）鉄の七支刀を造る。出でては百兵を辟く。供供（＝恭恭）たる侯王に宜し。永年大吉祥なり。

（裏）先世以来未だ此の刀有らず。百濨王の世子（＝世継ぎ）、奇生聖音。故、倭王の爲に旨し造る。後世に傳示せよ。

東晋太和四年となれば三六九年に当る。そこで五月十六日が丙午かと言うと、景初暦でも元嘉暦でも干支が合わず、「五月丙午正陽」は夏の最も夏たる日時という慣用句・吉祥句と見られている。表面最後の文言を含めて、鏡・剣によく用いられた漢文慣用句・吉祥句に彩られた刀である。

製作地にも議論があるが、少なくとも裏面は百済での作文であり、文体は明らかに漢文体である。また、その歴史解釈はともかく、百済王世子から倭王に贈られた刀であることは確かで、中国王朝に対してばかりでなく、百済・倭国間外交も漢文だったことが知られる。さらに刀を国内・後世に示すことを考えれば、百済・倭支配層の多くは漢文を理解し常用していた可能性が高い。

中国史書は、遅くとも後漢代の一世紀には高句麗、韓・倭の諸国・諸地域は中国冊封体制・中華世界システムの構成員となっていることを示しているから、四世紀第Ⅳ四半期に百済・倭が漢文を公用語として共有していたとしても不思議ではないだろう。

なお、七支刀銘文の「和」を「始」と読んで宋の泰始四年（四六八）と見る有力な異説が、著名な中国史家、故・宮崎市定先生から提起されている。宋の泰始四年の五月十六日は確かに夏の最中の日、夏の最も夏たる日丙午で、武寧王陵買地券との時間差も半世紀に縮まる。魅力的な異説である。

簡潔な漢文体・武寧王陵買地券

七支刀に次ぐ百済金石文は、公州宋山里（コムジュソンサンリ）五・六号墳排水溝工事に伴い一九七一年発見された武寧王（ムリョンワン）陵の買地券（五二五年・五二九年）と同陵出土の王妃銀釧（くしろ）（五二〇年）である。七支刀を三六九年の作とすれば、一世紀半の開きをもっての登場である。発掘調査資料だけに第一級の同時代史料である。

【武寧王陵買地券】（五二五年・五二九年。韓国国立公州博物館蔵。韓国国宝一六三号。）

王・王妃の崩日と埋葬日が記され墓誌石と見られる金石文だが、王夫妻の陵を営むため、銭一万文で土王（＝地主神）から土地を買った証がこの石であることを記しており、買地券と呼ばれる。

（第一石表面）**寧東大将軍百濟斯**

麻王年六十二歳癸
卯年五月丙戌朔七
日壬辰崩到乙巳年八月
癸酉朔十二日甲申安厝
登冠大墓立志如左

（第一石裏面）十干十二支のうち戊・己・庚・辛と申・酉・戌を除く十五文字が組み合わされて時計回りに刻まれている。買地券の性格を表す刻字と見られ、空格となっている「申・酉」は、第二石に武寧王・王妃それぞれが眠る土地として現れている。

（第二石表面）丙午年十二月百濟國王大妃壽
終居喪在酉地己酉年二月癸
未朔十二日甲午改葬還大墓立
志如左

（第二石裏面）錢一万文　右一件
乙巳年八月十二日寧東大将軍
百濟斯麻王以前件錢訟土王
土伯土父母上下衆官二千石
買申地為墓故立券為明
不従律令

文体は簡潔な漢文である。日本語訓読で読み下せば、次のように読める。

（第一石表面）**寧東大将軍百濟斯麻王、年六十二、歳(ほしはやどる)癸卯年五月丙戌朔七日壬辰崩。乙巳年八月癸酉朔十二日甲申に到り登冠**（地名であろうか?）**大墓に安厝**（＝安置）**す。志を立つこと、左の如し。**

（第二石表面）**丙午年十二月百濟國王大妃壽終(つき)、居喪**（殯(もがり)ないし第一次埋葬地であろうか）**は酉地に在り。己酉年二月癸未朔十二日甲午に大墓に改めて塟**（＝葬）**還す。志を立つこと、左の如し。**

（第二石裏面）**銭一万文　右一件。乙巳年八月十二日寧東大将軍百濟斯麻王**（埋葬）**以前に件の銭を土王・土伯・土父母・上下衆官二千石**（＝地主神一統）**に訟(うった)え申地を買い墓と為す。故に券**（この石のことを指すと見られる）**を立て明**（＝証）**と為す。律令に従わず。**

文体・書体ではないが、王も王妃も崩御後二十六カ月経って正式な埋葬が行われている。一世紀半以上後のことだが、倭国・天武天皇の崩御後埋葬までの期間と一致している。葬送儀礼・思想の共有・継承がうかがわれる。

また、ここに見られる「不従律令」の律令は法律という意味ではなく、陰陽師が呪文の最後に加えた「急急如律令」と同じく、土王（＝地主神）一統への確認の呪文であろう。

【武寧王妃銀釧(くしろ)】（五二〇年。韓国国立公州博物館蔵。韓国国宝一六〇号）

庚子年二月多利作大夫人分二百卅主耳

庚子は五二〇年、「二百卅主」は銀の分量と見られる。庚子年の二月に、多利なる人物が、大夫人（＝王妃）の分として、銀二百卅主を用いてこの釧（＝腕輪）を作ったということであろう。七十年前の高句麗長寿王の合杅銘と類似した文体である。

なお、国語・国民・国家の形成史を金石文の中に検証する過程からはやや外れるが、後に上野三碑を生み出す上毛野国の古墳からは、武寧王陵出土品と非常に良く似た遺物が出土している。写真・図・表で整理したように、鏡・托盞（蓋と承盤の付いた杯）・銅鋺・飾履（飾り履）の四種類である【口絵ii〜iv参照】。

いずれも銅を中心とした金属製品で鍍金品も含まれる。それぞれの類例は他地域にも見られるが、鏡・托盞・銅鋺・飾履が同一地域に集中して見られるのは、今のところ、上毛野国だけである。それも今日の市町村で言えば全て高崎市に含まれるが、高崎市は上野三碑の立地地点でもある。

それだけに、銘文の存在を期待せずにはいられないが、残念ながら、武寧王陵出土品側にも上毛野国の古墳出土品側にも銘文はない。

最後まで漢文体を貫いた理由と結果

武寧王陵金石文に続くものとしては、昌王十三季（＝年）銘舎利龕（仏舎利＝仏様の御骨を治める石製の器）が知られている。昌王は武寧王の孫で二代後の王。諡は威徳王。当年称元法の『三国史記』の治世年は五五四年から五九八年の四十五年に及んでいる。

舎利龕は、一九九三年、百済王陵群と見られている忠清南道扶余郡（百済最後の都・泗沘）の陵山里古墳群の一画から発見された寺址（陵山里寺址）からの出土品である。同寺址は金銅製百済大香炉（韓国国宝二八七号）の出土でも名高い。

【昌王十三季銘舎利龕】（五六七年。韓国国立扶余博物館蔵。韓国国宝二八八号。）

百済昌王十三季太歳在
丁亥妹兄公主供養舎利

「妹兄公主」は昌王の妹の「兄公主」と見られるが、「兄」の字をどう読むか。ここでは韓国国立扶余博物館図録の「인（イン）」に従っておきたい（漢字での表記はないが「允」と読んでいるものと見られる）。非常に簡潔な漢文体である。

［釈文］
百済昌王十三季（＝年）太歳丁亥に在り。妹の兄公主、舎利を供養す。

この舎利龕発見の十四年後、同じ扶余郡（泗沘）の王興寺（ワンフンサ）と伝わる寺址から青銅製の函・銀製の壺・金製の壺の三重構造からなる舎利容器が発掘され、外側の青銅製の函に漢字二十九文字が刻まれていた。年代は同じ昌王の丁酉（＝五七七年）のものである。

【丁酉年銘舎利函】（五七七年。韓国国立扶余博物館蔵）

丁酉年二月
十五日百濟

王昌為亡王
子立刹本舍
利二枚葬時
神化為三

［釈文］
丁酉年二月十五日、百濟王昌、亡き王子の為に刹（＝寺）を立つ。本舍利二枚。葬時、神化して三と為す。

早世した王子を弔うため寺（＝王興寺）を建て、舎利を収めようとした時、仏の力で二枚の舎利が三枚になったと記している。仏の力を「神化」と書いていることは面白く、また舎利を粒ではなく枚で表現していることも注意を引く。文体は簡潔な漢文体である。

これに驚いていたところ、二〇〇九年には全羅北道益山市（チョルラプクドイクサン）の弥勒寺（ミルクサ）址から「舎利奉安記」が発見された（韓国国立扶余博物館蔵）。金製で一九三文字を刻む。発表資料によれば、この奉安記によって弥勒寺の創建者は武王の王后（佐平沙宅積徳の女）で創建時期は己亥年（六三九）正月廿九日であることが判明し、伝承されてきた弥勒寺創建縁起との齟齬が議論となっている。扶余博物館で実見する機会を得た。私の力量不足で採字を確認するまでには至らなかったが、漢文体である。

現在のところ最後の百済金石文は六五四年と推定される砂宅智積（サテクチヂョク）造堂塔碑である。全五行と見られるが、五行目は剥落していて、四行目までしか読めない。

【砂宅智積造堂塔碑】（推定六五四年。韓国国立扶余博物館蔵。韓国国立中央博物館に拓本展示）

甲寅年正月九日奈祇城砂宅智積
慷身日之易往慨體月之難還穿金
以建珎堂鑿玉以立寶塔巍巍慈容
吐神光以送雲峩峩悲狠含聖明以
（五行目剥落）

仏教の無常観と造堂塔の意思が、対句表現を徹底したリズミカルな漢文体で刻まれている。次のように読める。

［釈文］
甲寅年正月九日、奈祇城の砂宅智積、身(み)の日に往(い)き易くを慷(なげ)き、體(からだ)の月に還(かえ)り難きを慨(うれ)う。金を穿(うが)ちて以て珎（＝珍）堂を建て、玉を鑿(き)りて以て寶塔を立つ。巍巍(ぎぎ)たる慈容、神光を吐きて以て雲を送り、峩峩(がが)たる悲狠（＝懇）聖明を含みて以て（以下文字剥落）

今のところ、確実な百済金石文は以上である。概観して、まとめてみよう。
まず気づくことは、最初の七支刀（推定三六九年）と最後の砂宅智積造堂塔碑（推定六五四年）は広く他人に知らせることを意識していたと見られるが、他の金石文は土中深く封じ込められていた発掘資料である。人の目に触れないことが前提にあった。仏教関係が多いこととも関係しようが、百済金石文の一つの特色と言える。武寧王陵買地券も、道教に基づくと見られるが、土中の神への意思表示である。

さらに重要なことに、最初から最後まで漢文体であった。これは、百済金石文が王権の外交や、王権内での宗教行事（葬送・寺院等の建立）に関わるものが大半であったことと密接に関わると見られる。

このように、百済においては、国民に意思を伝える、あるいは国民形成のために金石文が書かれることはなかったようである。

そうであれば、国際公用文であり特権階級の証明でもある漢文の自由な扱いを高らかに記すだけでよかったのかもしれない。

確かに百済は、高い文明と先進性を有した国家であったが、最後に半島統一競争に敗れた原因の一つは、ここに根ざしているかもしれない。

六世紀は新羅石碑の世紀

頻出する新羅石碑、三つの特色

金石文が激減する高句麗などに対し、新羅では、六世紀だけで二十点を超える金石文が見つかっている。城山山城（ソンサン）・二聖山城（イーソン）などからは木簡もかなりの量検出されている。

なぜ、この時代、新羅に金石文が頻出するのか。そこで新羅資料を取り出したのが表20である。点数は多いが、鏡・剣銘も造像銘もなく石碑ばかりである。なぜ六世紀代東アジアの金石文は新羅石碑に集中するのかと問うことが正確な問いとなろう。

個々の石碑から文体を考える前に全体を通観すると、三つの大きな特色が見出せる。

501	辛巳年銘浦項中城里碑	智證麻立干
503	癸未年銘迎日冷水里碑	
524	甲辰年銘蔚珍鳳坪碑	法興王
536	丙辰年銘永川菁堤碑	
545+ α	赤城碑	真興王
551	明活山城碑	
552～561	（城山山城木簡）	
555 年頃	北漢山巡狩碑	
561	昌寧巡狩碑	
568	黄草嶺真興王巡狩碑	
568	磨雲嶺真興王巡狩碑	
～578	慶山林堂遺跡出土古碑	真智王
578	戊戌年銘塢作碑	
591	南山城新城碑	真平王
608	（戊辰年銘二聖山城木簡）	

表 20　新羅金石文一覧

第一に、ほとんどの石碑において王権との関わりが強く出ている。内容は、①訴訟に対する王裁定の遵守、②王の命を受けての地域での堤などの修造、③王による国土拡張先端部の視察・巡狩と城の建設の三つに整理できる。

第二に、後段で見るように、当初から正格漢文ではなく「新羅文体」に強く傾斜した文体となっている。当時中国冊封体制の外にあったと見られることと、王権の命を地域に伝え具現化するという性格が強かったためであろう。

四八〇年代と見られる中原高句麗碑は「新羅文体」への展開を予想させたが、二〇年ほど経った新羅で「新羅文体」に強く傾斜した文体が次々と生み出されていったことは注目に値する。見てきたように、今のところ、高句麗・百済では多少の揺らぎがあるとはいえ、漢文体の資料ばかりで、「倭文体」の登場も七世紀半ばになってのことであった。

新羅の特異性が浮かび上がる。

第三に、人名が大量に出てくる。山ノ上碑は六名、金井沢碑は九名と、他の碑に比べれば登場人物は多いが、新羅の石碑には二十名、三十名の名前が記されている。そのため、文は長くなっている。

以上の点を念頭において、幾つかの石碑を見ていきたい。

王裁定を「新羅文体」で表現―智證麻立干代

まずは、二〇〇九年発見された最古例の辛巳年銘浦項中城里新羅碑（ポハンチュンソンリ）である。おおおむね、次のように採字されている。

【辛巳年銘浦項中城里新羅碑】（五〇一年。慶尚北道（キョンサンブクド）浦項市。韓国宝物）

辛巳□□□只折蘆葛□□□
喙部習智阿干支沙喙斯徳智阿干支
教沙喙尓抽智奈麻喙部本智奈麻本牟子
喙沙利夷斯利白伝争人喙評公斯弥沙喙夷須牟旦
伐喙斯利壹伐皮末智本波喙柴干支弗乃壹伐金評
□□干支祭智壹伐使人奈蘇毒只道使喙念牟智沙
喙鄒須智世令于居伐壹斯利蘇豆古利村仇鄒列支
□干支沸竹休壹金知那音支村卜岳干支走斤壹金知
珍伐壹昔云豆智沙干支宮日夫智宮奪尓今更還
牟旦伐喙作民沙干支使人果西牟利白口若後世更
導人者与重罪典書与牟豆故記
沙喙心刀里

一行目に見られる「只折蘆葛□□」は、次に挙げる癸未年銘迎日冷水里（ヨンイルネンスリ）新羅碑の「至都盧葛文王」の異字表記で、『三国史記』に智大路・智度路・智哲老と記される智證麻立干（チジュンマリッカン）（智證王）のことを指すと見られる。異論は少ない。

『三国史記』は智證麻立干の即位を五〇〇年と記しているので、その前後で辛巳年・癸未年を探すと五〇一年と五〇三年が当てはまる。両碑は即位直後の智證麻立干の事跡を記している碑となり、重要性を高めている。

新羅では建国神話起源の六部と称す政治集団が王権を支えていたが、碑に記される喙部（喙評）・沙喙・牟旦伐喙・本波喙・金評は『三国史記』の六部、梁部・沙梁部・牟梁部（漸梁部）・本波部・習比部に当たると見られる（漢祇部に対応するものは見当たらない）。

また、この碑では一般的でない「這」という文字が使われている。字典類では「道」に同じとあり、説・解釈の意としているので、文意から「いう」と読んでおきたい。

人名が大変多い例があると述べたが、最たる例の一つである。登場人物は三一名に上ると見られる。そのため長文化しているが、次の構造となっていると見られる。

A　王及び有力者による「教（＝全体命令）」

B　訴訟提起者による争人（＝訴訟関係者）の伝の「白（＝提起）」

C　使人を通じた裁定の「令（＝発令）」

D　関係者の「云（＝証言）」による裁定内容

E　使人を通じた「白口（＝追加命令）」

F　典書・故記と記される職位者による記録

以上の分析の上で、日本語で読み下せば、ほぼ字順のまま次のように読むことができる。

内容ごとに箇条書きとしたが、固有名詞は新羅漢字音ないし韓国漢字音で読むべきと思われるのでルビはふらないこととした。以下同。

［釈文］

A　辛巳年□□□、只折蘆（＝至都盧）葛文王□（＝智證麻立干）、喙部の習智阿干支、沙喙の斯徳智阿干支、教る。

B　沙喙の尒抽智奈麻、喙部の本智奈麻・本牟子・喙沙利・夷斯利が白し伝える争人は喙評の公斯弥、沙喙の夷須、牟旦伐喙の斯利壹伐・皮末智、本波喙の柴干支・弗乃壹伐、金評の□□干支・祭智壹伐。

C　使人の奈蘇毒只道使、喙の念牟智、沙喙の鄒須智世、令す。

D　于居伐の壹斯利、蘇豆古利村の仇鄒列支□干支・沸竹休壹金知、那音支村の卜岳干支・走斤壹金知、珍伐の壹晋が云うに、豆智沙干支宮、日夫智宮が奪尒を、今更牟旦伐喙の作民沙干支に還す。

E　使人の果西牟利、白口。若し後の世に更導う人者重罪を与う。

F　典書は与牟豆。故記は沙喙の心刀里。

要は、智證麻立干は、他の有力者と共に、関係者の訴えを聞いた後で、牟旦伐喙作民の財産は不当に奪われていたから返されるべきと裁定した。一事不再議、王の名で裁定したから再論は禁ずる。再論する者（＝導人）は重罪に処すと命じたと刻まれている。

頭から、ほぼ字順のままに読めたように、「新羅文体」による碑である。この裁定を知らせるべき人々に分かる言葉で示そうとする姿勢と王権の強い意思がうかがえる。逆に言えば、そう読める人々がいたということである。続く癸未年銘迎日冷水里新羅碑（一九八九年発見）も、類似した文体・内容を刻む。次の通り採字されている。

【癸未年銘迎日冷水里新羅碑】（五〇三年。慶尚北道浦項市。韓国国宝二六四号）

（前面）斯羅喙斯夫智王乃智王此二王教用珍而
麻村節居利為証尓令其得財教耳
癸未年九月廿五日沙喙至都盧葛
文王斯德智阿干支子宿智居伐干支
喙尓夫智壹干支只心智居伐干支
本波頭腹智干支斯波暮斯智干
支此七王等共論教用前世二王教
為證尓取財物盡令節居利得之教耳
別教節居利若先死
後令其弟兒斯奴得此財
教耳別教末鄒斯申支
此二人後莫更噵此財
（後面）若更噵者教其重罪耳
典事人沙喙壹夫
智奈麻到盧弗須仇
休喙耽須道使心訾公
喙沙夫那斯利沙喙
蘇那支此七人蹑跪所白了
事煞牛拔誥故記

（上面）村主叟支干
文須支壹
今智此二人世中
了事
故記

四ヶ所「教（用）〜教耳」という形で、引用文を挟み込む書式が作られていることが注目されている。「詔（のりたまう）〜詔（のる）」という宣命体への継承性を指摘される方もいるほどである。

「用」「耳」を「教」と一体の付属語的表現とは断定できないだろうが、韓国語の吏読（イドゥ）、日本語のテニヲハの前身の可能性がある。「教（用）」で「おしえるに」、「教耳」で「おしえる」と読んでおくこととしたい。

二ヶ所「為證尓」という文字列が出てくる。「證尓（あかし）と為（な）し」と読めば文意が通りやすいと考えられる。あるいは「尓」は吏読の前身の可能性もあろう。

字義不明なところもあるが、ほぼ字順のままに次の構造になっていると見られる。

A　前二王による既裁定内容
B　現王たちによる前王裁定の確認
C　前二王裁定内容への付記（条件変更）
D　一事不再議とそれに反した場合の処置
E　裁定確認の事後処理（内容的に三つ）

日本語で読み下せば、次のように読める。

［釈文］

A　（前面）斯羅（＝新羅）喙（部）の斯夫智王・乃智王、此の二王教用珍而麻村の節居利を證尓と為し、その財を得さしむと教耳。

B　癸未年九月廿五日、沙喙の至都盧葛文王（＝智證麻立干）斯徳智阿干支・子宿智居伐干支、喙の爾夫智壹干支・只心智居伐干支。本波の頭腹智干支・斯波暮斯智干支、此の七王等、共に論じ教用前世二王（＝斯夫智王・乃智王）の教を證尓と為し取て、財物は尽く節居利に得さしむと教耳。

C　別て教えるに、節居利、若し先に死せば、後、その弟の児、斯奴に此の財を得さしむと教耳。

D　別て教えるに、末鄒・斯申支、此の二人、後に更此の財を導うこと莫。（後面）若し更に導う者は、教に、それ重罪とす。

E1　典事人は沙喙の壹夫智奈麻・到盧弗・須仇休、喙の耽須、道使の心訾公、喙の沙夫那利、沙喙の蘇那支の此の七人。

E2　跟跪く所に白す。事了りて煞（＝殺）牛、拔（神に）誥す。故に記す。

E3　（上面）村主の臾支干支・須支壹今智、此の二人、世に中り事了りて故に記す。

このように、近年相次いで発見された六世紀初頭の二つの碑はいずれも智證麻立干による裁定を刻み込んだ碑であった。即位直後の智證麻立干は、こうした裁定によって求心力を高め、王権の強化、国土の統合を推進したと見られる。『三国史記』新羅本紀が智證麻立干の時に初めて国号を新羅に、尊称を新羅国王に定めたと記していることは、かかる事態を反映した表現と考えられる。

もっとも『三国遺事』巻一の智哲老王（＝智證麻立干）条は「謚を智證と曰う。謚号、此に始まる。又、郷に王を称して麻立干と為す。此の王より始まる。」（現漢文）と記しており、智證王代に新羅国王という王号が成立したかは疑問がある。智證麻立干の時から王は突出した存在となり「麻立干」と称され出したというのが実際ではなかっただろうか。

智證麻立干代（五〇〇～五一四）の碑は以上二つだが、高句麗による東夷＝属国扱いから脱して、国としての自立、王権の確立が本格化し始めたことを刻む碑と言ってよい。

この智證麻立干の時代から新羅石碑は頻出し始める。しかも、見てきたように、正格漢文ではなく、当時の新羅に飛び交っていたことばをそのままに治めようとする文体であった。

倭国にあって碑が建てられ文体が選ばれるには国語・国民・国家成立史の流れの中で理由があったと述べてきたが、新羅の場合もやはりそれだけの理由があったのである。

中国遣使後も「新羅文体」を維持―法興王代

続く法興王（ポップンワン）代（五一四～五四〇。『三国史記』は当年称元法のため前王の最終年と現王の即位年が重なる）には甲辰年銘蔚珍鳳坪（ウルチンポピョン）碑（五二四年）、丙辰年銘永川（ヨンチョン）菁堤碑（五三六年）が見つかっている。

甲辰年銘蔚珍鳳坪碑は一九八四年偶然発見された。研究者の意見が一致している部分を元に、意見の分かれる文字は写真版などに当って採字してみた。□は多くの研究者が判読不能としている文字、■は意見が分かれ、かつ写真版では何とも判定できなかった文字、□で囲んだ文字は、意見の分かれている中で、可能性が高いと見られた文字である。

【甲辰年銘蔚珍鳳坪碑】（五二四年。慶尚北道蔚珍市。韓国国宝二四二号）

甲辰年正月十五日喙部牟即智寐錦王沙喙部從夫智葛文王本波部□夫智
干支岑喙部異斯智干支沙喙部而粘智太阿干支吉先智阿干支一毒夫智
一吉干支喙勿力智一吉干支
慎宍智居伐干支一夫智太奈麻一尒智太奈麻牟心智奈麻沙喙部十斯智
奈麻悉尒智奈麻等所教事
別教令居伐牟羅男弥只本是奴人雖是奴人前時王大教法道狭阼隘尒■
■城失大遶城利大軍起若有
者一行■之■■■□王大奴村■共値■■其餘事種種奴人法
新羅六部煞斑牛□□□事大人喙部内沙智奈麻沙喙部一登智奈麻莫次
邪足智喙部比須婁邪足智居伐牟羅道
使卒次小舎帝智悉支道使烏婁次小舎帝智居伐牟羅尼牟利一伐弥宜智
波旦組只斯利一全智阿大兮村使人
奈尒利杖六十葛尸条村使人奈■利■□尺男弥只村使人翼□■■於即
斤利杖百悉支軍主喙部尒夫智奈
麻節書人牟珍斯利公吉之智沙喙部■文吉之智刻人喙部述刀小烏帝智
沙喙部牟利智小烏帝智
立石碑人喙部博士于時教之若■■■於天居伐牟羅異知巴下干支辛日
智一尺世中字三百九十八

				501	503	524	545+ α	568	578	591	
骨品	等級	京位	別名等	浦項中城碑	迎日冷水碑	蔚珍鳳坪碑	赤城碑	黄草嶺碑	塢作碑	南山新城碑	外位
真骨	1	伊伐飡	角干・舒発翰			□夫智干支					
	2	伊尺飡	伊飡			異斯智干支	伊干支				
	3	迊飡	蘇判					迊干			
	4	波珍飡	海干				波珎干支				
	5	太阿飡				太阿干支	大阿干支	大阿干			
六頭品	6	阿飡		阿干支	阿干支	阿干支	阿干支		阿尺干		
	7	一吉飡	乙吉干		壹干支	一吉干支					嶽干
	8	沙飡	薩飡								術干
	9	級伐飡	及伏干		居伐干支	居伐干支	及干支	及干			高干
五頭品	10	大奈麻				太奈麻			黄干		貴干
	11	奈麻		奈麻	奈麻	奈麻		奈麻		選干	選干
	12	大舎	韓舎				大舎	大舎		大舎／上干	上干
	13	舎知	小舎	干支	干支	小舎帝智		小舎／干	干	干	干
四頭品	14	吉士	吉次	壹伐		吉之智／一伐		吉之	一伐	一伐	一伐
	15	大烏	大烏知	壱金知？	壱今智？	一尺／一全智？	大烏		一尺		一尺
	16	小烏	小烏知								彼日
	17	造位	先沮知				阿尺			阿尺	阿尺

表21　新羅位階と碑に見られる位階

文体は浦項中城里碑・迎日冷水里碑を継承する「新羅文体」である。助詞等の表現が出来ていないため文の切れ目が分かりにくいが、行替えを使って全体を四つの部分（A～D）に分けて記載していると見られる。

第一の部分（A）は一～三行目で構成され、王から貴族・官人への命令のあったことが記されている。等官を示す表現となっており、□夫智干支は第一等官の伊伐飡、異斯智干支は第二等官の伊尺飡、太阿干支は第五等官の太阿飡、阿干支は第六等官の阿飡、一吉干支は第七等官の一吉飡、居伐干支は第九等官の級伐飡、太奈麻は第十等官の大奈麻の異字表記と見られ、奈麻は第十一等官の奈麻そのものである【表21】。

牟即智寐錦王は法興王を指すが、法興王は諡（おくりな）である。「寐錦」は中原高句麗碑にも王号として現れていて「麻立干」の異字表記と見られるから、「牟即智」が王の実名と考えられる。『梁書』諸夷伝新羅条が、法興王代のことを「普通二年（五二一）、王の姓は募、名は秦。始めて使（つかい）す。使、百済に随い、方物を奉献す。」（原漢文）と記す「募秦」は「牟即智」の中国側の音借だったのではなかろうか。

喙部・沙喙部・本波部は新羅六部の梁部・沙梁部・本彼部と直接に対応している。岑喙部は「岑」と「漸」の音が似ていることから漸喙部のことであろう。

そこで問題となるのは主部をどこまでと見るかである。助詞表現がないので文の構造自身では分からない。二十年ほど前の迎日冷水里碑では至都盧葛文王（＝智證麻立干）は単独では裁定・命令せず七王の合意によっていたことが改めて意識に上がってくる。

碑文を見ると、王の称号を持つ者が二名見られ、第一等官・第二等官の伊伐飡・伊尺飡の異字表記と見られる□夫智干支・異斯智干支を帯びる二名には名が記されていないことに気づく。第五等官の太阿飡（＝太阿干支）以下は名前が記されていることと対照的である。

法興王を喙部牟即智寐錦王と記していることを考えると、避諱（＝王実名を避けて表さない）とは考えられないので、喙部牟即智寐錦王、沙喙部の従夫智葛文王、本波部の□夫智干支、岑喙部の異斯智干支の四名が命令の主体と見る方がよいのではなかろうか。異論もあろうが、その考えで読んでみたい。

［釈文A部］

甲辰年正月十五日、喙部の牟即智寐錦王（＝法興王）、沙喙部の従夫智葛文王、本波部の□夫智干支（＝伊伐飡）、岑喙部の異斯智干支（＝伊尺飡）が、沙喙部の而粘智太阿干支・吉先智阿干支・一毒夫智一吉干支・喙（部の）勿力智一吉干支・慎宍智居伐干支・一夫智太奈麻・一尓智太奈麻・牟心智奈麻、沙喙部の十斯智奈麻・悉尓智奈麻等（ら）に所教（おしえし）事。

第二の部分（B）は四・五行目で構成され、王権の決定・命令事項が記されている。沙喙部の而智粘太阿干支以下が施行しなければならないことである。しかし判読不能・判読不定の文字が多く、確実に読めるのは「道狭阼隘」までと最後の「種種奴人法」である。

推測を交えて整理すれば、居伐牟羅と男弥只（村）は「奴人」の地だが、前時に王が教えた道の維持・管理の法に従って事を進めよということが書かれていると推定される。
分かる範囲で読めば次の通りだが、「雖是奴人」のような漢文表現を利用しての構文が行われていることも注目される。

［釈文B部］
別(わ)きて教令(おしえしむる)に居伐牟羅・男弥只（村）は本是(もとこ)れ奴人。是れ奴人と雖も前時に王、大いに教(おしえ)し法、道狭く阼隘(のぼりけわ)し……種々奴人の法（……部分は判読不能・判読不定の文字が多く、私の力量では読み下せない）。

「奴人」というのは、その地がもと高句麗領で、高句麗の辺境・南端として、高句麗から夷狄地とみなされ、新羅にとっては進出の新疆という意味であろうか。そこでは新羅中心部とは異なる「法」が行われているが、それを踏まえながらも、新羅の法に移行・統一させようとする王権の意思がうかがえる。

第三の部分（C）は六～九行目で構成される。内容は、①王権を構成する新羅六部が斑牛(まだら)を煞（＝殺）つまり犠牲として第二の部分で定められた通りの法執行が行われたかを問い、②違反者に杖打ちの刑を定め、③それを記録したということである。

①の部分では鍵となる文字が三字剥落しているので解釈が難しい面もあるが、牛を犠牲にしている点は、迎日冷水里碑にもうかがえ、重要な盟約や裁定に不可欠の儀礼だったと見られる。神意あるいはそれを受けた王の意思として事を実施するということであろう。

①と②の分かれ目は、文の構造自身からは分からないが、登場人物のうち、有位者が①参加の「大人」、無位者が②の受刑者と見るのが妥当ではなかろうか。「悉支軍主」以下が③に当る。おおむね、次のように読み下せよう。

［釈文C部］

新羅六部、斑牛（まだら）を煞し（三字剥落だが「神意・王意を受けて」という内容が含まれていると見るのが妥当と思われる）、大人の喙部の内沙智奈麻、沙喙部の一登智奈麻、莫次那足智（那足智の相当位は大舎〈韓舎〉と見られるが不詳）、喙部の比須婁那足智、居伐牟羅道使の卒次小舎帝智（＝京位第十三等官の舎智）、悉支道使の烏婁次小舎帝智は（決した）。

居伐牟羅の尼牟利一伐弥宜智波旦組只斯利一全智（どこで区切るか明確ではないが、次の阿大兮村使人の人名が三字なのと「利」「智」で終わる名が多いことを目安に、尼牟利・一伐・弥宜智・波旦組・只斯利・一全智の六名に読んでみたい）、阿大兮村使人の奈尓利に杖六十、葛尸条村使人の奈■利■□尺（同じく奈■利・■□尺の二名と読んでみたい）、男弥只村使人の翼□■■於即斤利（同じく翼□■■・於即斤利の二名に読んでみたい）に杖百（の刑を加える）。

悉支軍主は喙部の尓夫智奈麻、節書人は牟珍（＝牟喙＝漸梁部の異字表記と見ておきたい）の斯利公吉之智（＝京位第十四等官の吉士）・沙喙部の■文吉之智、刻人は喙部の述刀小烏帝智・沙喙部の牟利智小烏帝智。

軍主・道使・村使人・節書人・刻人など、多くの官職名が記されている。道使は早くも浦項中城里碑・迎日冷水里碑にもうかがえ、使人自体は同様だが、位との対応性（原初的な等官相当制）が明確化している点に注目したい。碑の記載に従えば、軍主＝奈麻（第十一等官）、道使＝小舎帝智（＝舎知・第十三等官）で、下級貴族に数えられよう（後の日本で言えば五位相当）。節書人は吉之智（＝吉士・第十四等官）、刻人は小烏帝智（＝小烏・第十六等官）で、官人と見られる（後の日本で言えば六位相当）。刑を受けたので碑面に見られる村使人は無位だが、本来は、吉士・小烏相当の外位（王都以外の者が受ける等官）者ではなかっただろうか。

こうした制度が整い始めたことは、王権が国家に向けての段階を一つ上げた証拠と言える。『三国史記』新羅本紀が法興王七年（五一八）「春正月、律令を頒示し、始めて百官の公服、朱紫之秩を制す」（原漢文）と記す内実を示していると見てよいだろう。とくに中原高句麗碑、浦項中城里碑・迎日冷水碑と比べることで、新羅王権の成熟と拡大、国家への急成長がうかがえる。本碑の持つ意義は極めて高い。

第四の部分は、そうした内容を碑として建てたことの意義を再確認する部分である。最後に字数を書き込むことで改竄を防止することまで図られている。確かに碑文は三百九十八字である。情報セキュリティ・ロックのかけられた碑である（中国に前例）。

また、かねて指摘されているように「居伐牟羅異知巴下干支辛日智一尺世中字三百九十八」の部分は文字が大きく、建碑の主体性が明確となっている。

[釈文D部]

立石碑人、喙部博士の于時、教之（おしえる）。（続く「若■■■於因」は剥落及び判読の分かれる文字が続き字義不明だが、浦項中城里碑・迎日冷水里碑から見て一事不再議ないし再度の違反への警告が記されたと見られる）

居伐牟羅の異知巴下干支（＝外位第十三等官）と辛日智一尺（＝外位第十五等官）、世に中（あた）り字（数）は三百九十八。

続く永川菁堤碑は飛び飛びに剥落があり読み下しにくいが、塢（＝堤・貯水池）を修造した記念碑である。一世紀半後の貞元十四年（七九八）に修復されたことが裏面に刻まれるほど、人々に大切にされた堤だった。そして、裏面の碑銘から「菁堤」と名づけられていたことが知られる。文体が蔚珍鳳坪碑に類似していることを確認するため、採字のみ記しておきたい。

【丙辰年銘永川菁堤碑】（五三六年。慶尚北道永川市。韓国宝物五一七号）

丙辰年二月八日□□□大
塢□□□□鄧九十二□□
廣□二□□□将上三将作人
七千人□二百八十方
使□□□尺□□大舍第
□□小舍第述利大烏第
□□小烏未□小烏一支
□人□□尒利乃利□丁□
使□人只弥巴伊即刀
衆□村只□□□干支□尒利

蔚珍鳳坪碑が刻んだように、法興王代は新羅建国史の上で一つの画期を示すと見られるが、対外関係でも大きな一歩が踏み出された。

中国王朝への遣使朝貢の再開である。

『晋書』四夷伝東夷辰韓条は二八〇年代に馬韓・辰韓が西晋に遣使、方物を献じたと記し、『太平御覧』夷部東夷新羅条は前秦の建元十八年（三八二）新羅国王樓寒が遣使したと記すが、五世紀に入ると、高句麗・百済・倭が東晋・宋・南斉から冊封を受け続けたのに対し、新羅は遣使さえしていない。高句麗「属国」の位置に置かれていたためであろう。

『梁書』武帝紀によれば遣使朝貢の再開は梁の普通二年（五二一）十月であった。法興王八年に当る。『太平御覧』の記載とは一世紀半近い開きがある。

中国諸王朝との関係が薄かったことは、『梁書』諸夷伝新羅条が「（新羅）王の姓は募、名は秦。始めて使す。使、百済に随い、方物を奉献す。」（原漢文）と記していることにも明らかである。

現にこの時、百済王餘隆（＝武寧王）は「行都督百済諸軍事鎮東大将軍百済王」から「使持節都督百済諸軍事寧東大将軍百済王」へと爵号を進められているが、新羅王への除爵はなかった。

冊封はなかったけれど、中国に対して独立した国として遣使した意義は大きい。智證麻立干代から法興王代にかけての王権の強化、求心性の高まり、高句麗「属国」からの脱却を証明していると言ってよいだろう。

先に強調したように、遣使朝貢の直前に「頒示律令。始制百官公服・朱紫之秩」（『三国史記』新羅本紀法興王七年条）と記される法整備（いわゆる律令ではなく、ある種の成文法発布と捉えるべきだろうが）と目に見える形での原初的な等官相当制を施行している。遣使後、国力はさらに増強され、法興王十九年（五三二）加羅諸国の強国・金官加羅国を吸収し、『三国史記』新羅本紀は、二十三年（五三六）には年号を称するまでに国家体制を整えたと記す。

蔚珍鳳坪碑（五二四年）・永川菁堤碑（五三六年）は、その過程での碑だが、漢文知識が活用されているとはいえ、文体は、智證麻立干代の文体の踏襲であった。国際公用文である漢文体に「回帰」していないことに注目しておきたい。除爵を受けない（受けられない）ことと対応していると言ってもよい。

漢文体「回帰」を梃に洗練された「新羅文体」

真興王赤城碑—漢文体への接近

状況が変化してくるのは次の真興王代（五四〇～五七六）である。真興王代には、赤城碑を嚆矢に、次々と城の建設に関わる碑と巡狩（＝王巡行）碑が建てられ、同時代には城山山城木簡も残される。理解を進めるために、表22に真興王代を中心に新羅の石碑と対外関係史を整理した【表22】。

赤城碑は一九七八年発見された。残存部分の文字の残りは良く、二十字×二十二行で記されたと見られるが、上部がかなり欠けているため全文は不明である。研究者の合意を元に採字すれば次の通りである。

【赤城碑】（五四五年＋α。忠清北道丹陽郡丹陽面。韓国国宝一九八号）

□□□□月中王教事大衆等喙部伊史夫智伊干
□□□□豆弥智波珎干支喙部西夫叱智大阿干
□□□夫智大阿干支内礼夫智大阿干支高頭林
□□□□等喙部比次夫智阿干支沙喙部武力智
□□□鄒文村幢主沙喙部導設智及干支勿思伐
□□□□部助黒夫智及干支節教事赤城也尓次
□□□□中作善□懐懃力使□人是以後其妻三
□□□□□□□□□□□許利之四年少女師文
□□□□□□□□□公兄鄒文村巴珎婁下干支
□□□□□□□□□者更赤城烟去使之後者公
□□□□□□□□□異□耶國法中分与雖然伊
□□□□□□□□□子刀只少女烏礼兮撰干支
□□□□□□□□使法赤城佃舎法爲之別官賜

□□□□□弗兮女道豆只又悅利巴小子刀羅兮
□□□□□合五人之別教自此後國中如也尒次
□□□□□□懐懃力使人事若其生子女子年少
□□□□□□□兄弟耶如此白者大人耶小人耶
□□□□□□□□□部奈弗耽郝失利大舍鄒文
□□□□□□□□□勿思伐城幢主使人那利村
□□□□□□□□□人勿支次阿尺書人喙部
□□□□□□□□□人石書立人非今皆里村
□□□□□□□□智大烏之

文の構造は蔚珍鳳坪碑に類似しているが、行列の整えを優先し、行替えによる文の構造化は図られていない。中華風を意識したと考えられ、文体も漢文体への接近が見られる。

上部が欠けていることとこの形式化のため、文意は取りにくいが、蔚珍鳳坪碑を参考とすると、全体が四つの部分に分かれることが推測される。冒頭から六行目の「及干支」までが第一部、「節教事」から十五行目の「別教」の前までが第二部となる。以下が第三部と第四部になるが、剥落が多く、その境目は分からない。また私の力量では、釈文として読めるのは、第一部だけである。

［第一部の内容と釈文］

第一部では、蔚珍鳳坪碑同様、王による高官への命令のあったことが記される。しかし赤城碑では「王教事大衆等

表22　五～七世紀の新羅と倭の外交関係

新　羅		倭
	421～478	宋に度々遣使朝貢・冊封を受ける
	471	埼玉稲荷山古墳鉄剣銘
	5世紀後半	江田船山古墳鉄刀銘
辛巳年銘浦項中城里碑	501	
癸未年銘迎日冷水里碑	503	隅田八幡神社人物画像鏡
百済に伴われて梁に初めて遣使・冊封を受けず	521	
甲辰年銘蔚珍鳳坪碑	524	
丙辰年銘永川菁堤碑	536	
赤城碑	545+α	
梁使沈約新羅着・仏舎利を届ける	549	
明活山城碑	551	
（城山山城木簡）	552～561	
北漢山巡狩碑	555年頃	
昌寧巡狩碑	561	
北斉、使持節東夷校尉楽浪公新羅王に冊封	565	
陳に度々朝貢・冊封を受けず	568～	
黄草嶺真興王巡狩碑	568	
磨雲嶺真興王巡狩碑	568	
慶山林堂遺跡出土古碑	～578	
戊戌年銘塢作碑	578	
南山城新城碑	591	
隋、上開府楽浪郡公新羅王に冊封	594	
	600	以後、隋に遣使・朝貢。冊封を受けず
（戊辰年銘二聖山城木簡）	608	
唐、柱國楽浪公新羅王に冊封、以後王代替わり毎に冊封	624	
	628	法隆寺金堂釈迦三尊像光背銘
	630	以後、唐に遣使・朝貢。冊封を受けず
唐より正朔（年号）と衣服を与えられる。650年より唐年号使用	648・649	
	650推定	法隆寺広目天・多聞天像銘
	651	法隆寺献納宝物金銅観音像台座銘
	654	法隆寺献納宝物釈迦像如来台座銘
	654推定	
	658	旧観心寺蔵阿弥陀如来像光背銘
新羅・唐連合軍、百済を滅ぼす	660	
	663	白村江の戦い（百済救援軍、新羅・唐連合軍に大敗）
唐、新羅王を鶏林州大都督左衛大将軍新羅王に封じ韓半島を唐領化	666	法隆寺献納宝物菩薩半跏像台座銘
高句麗滅ぶ。対唐統一戦争本格化。	668	遣唐使中断。遣新羅使、頻繁となる。
壬申誓記石	672推定	
癸酉年銘全氏阿弥陀仏三尊四面石像	673	
癸酉年銘三尊千仏碑像	673	
唐、韓半島から撤退。新羅による韓半島統一なる。	676	
戊寅年銘蓮花寺四面石仏	678	
	680年前後	（宣命体・万葉仮名木簡出始める。柿本人麻呂歌集略体歌・非略体歌）
	680年前後以降	（法隆寺命過幡）
調露二年銘宝相花文塼	680	
龍朔元年銘文武王陵碑片	681	山ノ上碑
己丑年銘阿弥陀仏及諸佛菩薩像	689	
	690年前後以降	追記・後刻の造像記・墓誌の登場
唐（周）、新羅王輔国大将軍行左豹韜大将軍鶏州大都督に冊封	692	出雲鰐淵寺観音菩薩台座銘
	694	法隆寺銅板造像記
金仁問碑	695推定	
	698推定	長谷寺法華説相図
	700	那須国造碑
	701	（大宝律令）
	702	豊前長谷寺観音菩薩台座銘　遣唐使再開・日本国号を伝える。

……」と書き始められ、王が単独で主体たることが鮮明となっている。蔚珍鳳坪碑から二十年ほどで王の突出性が確定されたことを意味する。

王から教を下された「大衆等」は、『三国史記』新羅本紀法興王十八年（五三一）条に、「摠知国事」のため、最上位官「上大等」を初めて置いたと記していることを参照すれば、一般大衆という今日的な使われ方ではなく、高位の官名ないし高官群を指すと見られる。

その高官たちは、等官や音通から、伊史夫智伊干□は『三国史記』新羅本紀真興王条に見える伊飡異斯夫（『三国史記』の記載は等官・人名の順で、碑の記載とは逆、以下同）、□□夫智大阿干支は大阿飡居柒夫、武力智□□□は阿飡武力に比定される。文脈から想定できる文字や後段の固有名詞を参照すると、剥落の部分もほぼ埋めることができる。「大衆等」が伊史夫智伊干□一人にかかるのか、名が挙げられた全員にかかるのかは議論があろうが、「□月中」という伝統的な文脈を用いる一方で、「王教事大衆等……」は「王、事を大衆等……に教る」と読むことが望ましいと見られ、漢文体であることも注目される。それ以前の碑の文体とは明らかに異なっている。

推定を加えれば、次のように読むことができる。

□□年□月中、王（＝真興王）、事を大衆等（＝王臣高官）の喙部の伊史夫智伊干支（＝第二等官の伊飡異斯夫）、□□□豆弥智波珎干支（＝第四等官の波珍飡）、喙部の西夫叱智大阿干支、居柒夫智大阿干支（＝第五等官の大阿飡居柒夫）、内礼夫智大阿干支、高頭林□□□等、喙部の比次夫智阿干支、沙喙部の武力智阿干支（＝第六等官の阿飡武力）、鄒文村幢主の沙喙部の導設智及干支（＝第九等官の級伐飡）、勿思伐城幢主の喙部の助黒夫智及干支に教る。

［第二部の内容と検討］

第二部は、命令の内容が示され、赤城の名や赤城烟・赤城佃舎法などの文言が現れる本当に重要な箇所である。しかし半分の文字が読めない。残された文言から中身を推測するしかない。

赤城碑発見の地は忠清北道丹陽郡丹陽面で、赤城面が隣接する。新羅王都慶州からは北北西の位置にあり、直線距離でも二〇〇キロメートル以上離れている。蔚珍鳳坪碑とはほぼ同緯度で、小白山（ソーベクサン）を挟んで西に一五〇キロメートルほどの位置となる。高句麗領であった。『三国史記』自体には明言がないが、周辺の古地名の対比から、『三国史記』雑志地理四・高句麗条掲載の牛首州赤山縣が該当する可能性が高い。

後述するように、真興王代は国土が大きく広げられ、記念する碑が陸続と建てられた時代だった。そのうち、赤城碑は、現在のところ最初に現れる碑である。新羅北進最初の城と考えられる。

「節教事」に続く「赤城也尓次」の「也尓次」は第三部にも現れる人名で、四字剥落の後「中作善□懐懃力使□人」と続いている。懐懃（＝勤）という熟語は一般的ではないが、忠勤を意味すると見られ、「作善」と重ねると、也尓次は、新羅による赤城築城ないし奪取に大きな貢献を果たした人物と考えられる。

その後の文脈は剥落が多いが、也尓次の功績の顕彰と彼の一族への厚遇が第二部の主要決定内容と見られる。その決定が「國法中分与」の「赤城佃舎法」ではなかろうか。

［第三部・第四部の内容と検討］

第三部は「別教」に続いて「自此後國中如也尓次（六字欠）懐懃力使人事」と始まる。「如也尓次」とあるので、也尓次のような「作善」「懐懃」を奨励する命令であろう。加えて、「自此後」「如也尓次」とあるように、漢文体が用いられている。

それ以上の詳細は剥落が多く分からないが、等官や職名を記す「□部奈弗耽失利大舎（＝第十二等官）」「鄒文村幢主使人（以下剥落）」「勿思伐城幢主使人」「那利村（以下剥落）」「□人勿支次阿尺（＝外位大十七等官）」「書人喙部（以下剥落）」「□人」「石書立人非今皆里村（以下剥落）」「□智大烏（＝第十五等官）」は命令事項の証人・立碑主体と見られる。ここが第四部に当たる。

［赤城碑の全般的考察と推測］

このように、赤城碑文の構造は浦項中城里碑・迎日冷水里碑以来の形式を踏襲する一方で、蔚珍鳳坪碑に比べても、漢文熟語や漢文体の応用・組込が多用されている。正格漢文に接近していると言ってよい。

倭国金石文では、正格漢文がまずあって、訓読の後に「倭文体」が刻まれることが確認されたが、新羅では「新羅文体」が当初から現れ、ついで正格漢文への接近が図られたと考えられる。この違いは興味深い。

倭国が、比較的早くから中国冊封体制・中華世界システムに参加し、その中での自立を求めたのに対し、新羅は、高句麗「属国」の位置から出発し、自立・強国化を進め、遅れて中国冊封体制・中華世界システムに参加したためであろう。梁への遣使朝貢が浦項中城里碑・迎日冷水里碑と蔚珍鳳坪碑・赤城碑との間であることは象徴的である。

赤城碑が正格漢文にいっそう接近しているのはどうしてだろうか。時間の積み上げと言えばそれまでだが、赤城碑の年代には微妙な問題がある。碑冒頭が剥落しているため五四五＋α年という年代が与えられているが、この時期、梁への遣使朝貢に次ぐ大きな事件が起こっている。

梁使沈湖（しんこ）の新羅訪問である。

『梁書』には記載がないが、『三国史記』新羅本紀は真興王「十年春。梁、使と入学僧覚徳を遣わし仏舎利を送る。王、百官を使わし興輪寺の前路に奉り迎える。」（原漢文）と記し、『三国遺事』巻三・前後所将舎利条は「国史に云う。

真興王大清三年己巳、梁使沈湖、舍利若干粒を送る。」（原漢文。原宗興法厭髑滅身条に類似記載）と記している。真興王十年、梁の大清三年はともに五四九年である。赤城碑と重なる年代である。梁使沈湖の新羅訪問が、赤城碑が正格漢文にいっそう接近した原動力の一つとなったのではないか。

そう憶測する根拠は赤城という名にある。赤城碑発見の丹陽郡は旧・高句麗赤山県と見られるが、丹陽の「丹」は赤土あるいは朱の原料となる硫化第二水銀を指すから、赤城と呼ばれることは不思議ではない。しかし、赤山城ではなく赤城とされた裏に、沈湖によってもたらされた「赤城」という中国聖地との重ね合わせが考えられないだろうか。

赤城という名が上野三碑を生み出した上毛野国の霊山・赤城山に連なることから、前著『古代東国の王者』でも指摘したように、中国の赤城は道教・仏教共有の聖山である。所在地は浙江省天台山系の一角。東晋の文人官僚・孫綽（三二〇～三七七）は「天台山に遊ぶ賦一首ならびに序」で次のように歌っている（原漢文）。

霊仙の窟宅（＝住み家）する所……理は隠るとして彰れざるはなく、二奇を啓いて、もって兆を示す。赤城は霞のごとく起えて標を建す。瀑布飛び流れて、もって道を界す。……羽人は丹丘に仍い、不死の福庭を尋ぬ。

孫綽のこの賦は梁武帝の皇太子昭明太子らによってまとめられた『文選』収録を通して韓・倭の諸国・諸地域に伝わったと見られる。時代は下るが、日本の奈良時代以降の貴族・官人の教科書の第一は『論語』と『文選』であった。沈湖が、仏舎利と共に編纂間もない『文選』を新羅にもたらした可能性は高い。

新羅北進最初の城が赤土の丘に建てられたとしたら、その彼方により豊かな新天地（＝福庭）を夢見て、真興王は、その城に心を尽くして「赤城」の名を与えたと考えられないだろうか。

以上はなお憶測の域を出るものではないが、赤城碑・赤城山城が建つ忠清北道から一九九〇年発見され、韓国国立清州博物館に収蔵されている銅冠と、実によく似た金銅冠が、上毛野国の赤城山の麓、前橋市山王町の金冠塚古墳（上陽12号墳）から出土していることは憶測をたくましくする。

金冠塚古墳出土金銅冠は、従来、新羅王都慶州の王陵と見られる古墳（金冠塚(クムガンチョン)）出土の金冠と比較されてきたが、形状・材質・製法等、清州博物館収蔵品の方がはるかによく似ているからである。赤城と銅冠をセットで考えるとすれば、忠清北道と上毛野国（群馬）との関係を思わずにはいられない。

漢文体で刻まれた真興王巡狩碑

いささか憶測が羽を伸ばし過ぎたかもしれない。話を新羅石碑に戻すと、真興王は、引き続いて、明活山城碑(ミョンハル)（辛未年＝五五一年。一九八八年王都慶州の雁鴨池(アナプチ)〈月池〉跡から出土。韓国国立慶州博物館蔵）、昌寧(チャンニャン)巡狩碑（辛巳年＝五六一年。慶尚南道昌寧郡。韓国国宝三三号）、北漢山(プッハンザン)巡狩碑（五五五年頃。ソウル市。韓国国宝三号。韓国国立中央博物館蔵）、黄草嶺(ファンチョリョン)巡狩碑（戊子年＝五六八年。朝鮮民主主義人民共和国咸鏡南道利原郡(ハンギョンナムドリウォン)）、磨雲嶺(マウンリョン)巡狩碑（戊子年＝五六八年。朝鮮民主主義人民共和国咸鏡南道栄光郡(ヨングワン)）を建てていく。城山山城(ソンサン)（慶尚南道咸安郡(ハマン)）出土木簡もこの時期のものである。

資料は多いが、磨滅・剥落もあり、黄草嶺巡狩碑を代表例として採り上げ検討したい。碑自体は北朝鮮内にあって実見・検証することは難しいが、幸い古い拓本や研究の蓄積があり、文言酷似の磨雲嶺碑の拓本・研究蓄積を参考におおむね次のように採字されている（写真版及び拓本から若干の私見を加えた）。

【黄草嶺真興王巡狩碑】（五六八年。朝鮮民主主義人民共和国咸鏡南道利原郡）

□□□□□歳次戊子八月廿一日癸未眞興太王巡狩管境刊石銘記也
□□□□□則世道乖眞玄化不敷則耶爲交競是以帝王建號莫不修己以安百姓然朕
□□□□仰紹太祖之基纂承王位兢身自愼恐違乾道又蒙天恩開示運記冥感神祇應

□□□□斯四方託境廣獲民土隣國誓信和使交通府自惟忖撫育新古黎庶猶謂道化
□□□□未有於是歳次戊子秋八月巡狩管境訪採民心以欲勞賚如有忠信精誠才超
□□□□□為國盡節有功之徒可加賞爵物以章勲效　廻駕顧行□□月十四日□□
□□□□□□□□□□□□者牟　于時隨駕沙門道人法藏慧忍　太等喙部居柒夫
□□□□□□□□□□□□□知迊干喙部服冬智大阿干比知夫知及干未知大奈末
□□□□□□□□□□□□□□□□兮大舍沙喙部另知大舍衆内從人喙部沒兮次
□□□□□□□□□□□□□□□□□人喙部與雖大舍薬師沙喙部篤兄小舍奈夫
□□□□□□□□□□□□□□□□□□典喙部夫法知吉之衆公欣本小舍□末買
□□□□□□□□□□□□□□□□□□□□喙部非知沙干□人沙喙部伊知奈末

一行目五字以降を「歳次戊子」としたのは後段の記載に基づくが、八月廿一日が癸未となるのは、前後では戊子年しかない。

そこから進んで、『三国史記』新羅本紀の記載に従って冒頭四文字を新羅年号と言われる「大昌元年」と読む説もあるが、直前の五六五年、新羅は北斉から最初の冊封を受けているので、「大昌元年」説には慎重でありたい。確かにこの四文字は年号が入る蓋然性が高いが、北斉の天統四年の可能性もある。

全体は、この碑文が銘であることを示す第一行を除けば、大きく三つの部分に分かれる。

第一の部分は二行目から五行目第六字の「未有」までで、王道一般論に寄せながら、国土を広げ他国との関係も優位に進めてきた自負が謳い上げられている。

第二部は「於是」から七行目第十四字の「者牟」までで、八月から始めた巡狩管境の内実を示す。

続く第三部は、従った人々の一覧である。
全体が正格漢文で書かれていると見てよいであろう。
剥落部分や採字に説の分かれる所もあるが、ほぼ次のように読み下せる。

［第一部の釈文］

□□□□（年号が入ると見られる）歳次戊子八月廿一日癸未の眞興太王の管境巡狩を石に刊み銘記也□□□□□（五字剥落。好ましくない状況が描かれると見られる）、則、世道、眞に乖う。玄化（＝徳化）敷ざれば、則、耶（＝邪）交競う。是以、帝王、號を建つ。己を修めずして百姓を安んずること莫れ。然るに朕、（四字剥落）仰ぎみて太祖之基を紹ぎ王位を纂承す。身を兢め自ら愼む。乾道（＝天道）に違うを恐れる。又、天恩を蒙り運記を開示す。冥く神祇を感じ應に（四字剥落）斷れ四方に境を託せ、廣く民土を獲、隣國と信を誓い和使交通す。府（＝俯）て自ら惟忖い、新古の黎庶（＝黎元＝黎民＝人民）を撫育す。猶道化（＝徳化）と謂うといえども（四字剥落）未だ有らず。

［第二部の釈文］

是に歳次戊子の秋八月、管境を巡狩し訪ねて民心を採み、以て忠信精誠才超有るが如きを勞賚さんと欲す。（五字剥落）國の爲に節を盡す有功之徒、賞・爵・物を加えて以て勲効を章にすべし。（空格一文字分あり）駕（＝王の載る車。転じて王）廻りて顧ね行く。（続く「□□月十四日□□□□□□□□□□□□者牟」の部分は剥落が多く字義不詳）

［第三部の検討と釈文］

法蔵慧忍という高僧と太等喙部居柒夫以下の高官や官人の名前が列挙されるが、「太等喙部居柒夫」は、赤城碑に「居柒夫智大阿干支」と記される高官と同一人物であろう。八年後の五七六年、真智王即位に伴って最上位官の「上大等」に任じられ「国事」を委ねられている。その時の等官は第二等官の「伊飡（＝伊尺飡）」と記されるが、本碑では居柒夫の後に第三等官の「迊干（＝迊飡）」を帯びる者が見られるので、すでに本碑段階で少なくとも第三等官の迊飡には登っていたと見られる。こうしたことを知らせてくれる点でも本碑の真実性と重要性が浮かび上がる。

さらに、高官たちの前に、前後に空格を置く形で高僧の名が記されることは、当時の新羅の宗教事情や国制を理解する視点を提供する。

剥落部分が多いが、次のように読み下せる。

時に随駕は、沙門道人法蔵慧忍、太等（＝上大等の一つ下の職位であろう）の喙部の居柒夫（十三字剥落）知迊干（＝第三等官の迊飡）、喙部の服冬智大阿干（＝第五等官の太阿飡）、比知夫知及干（＝第九等官の級伐飡）未知因奈末（＝第十一等官）、（十六字剥落）兮大舍（＝第十二等官）、沙喙部の另知大舍、衆内従人の喙部の沒兮次（十七字剥落）人の喙部の與難大舍、薬師（くすし）の沙喙部の篤兄小舍（＝第十三等官の舎知）、奈夫（十八字剥落）典の喙部の夫法知吉之（＝第十四等官の吉士）、衆公欣本小舍、□末買（二十字剥落）喙部の非知沙干（＝第八等官の沙飡ではなく第十三等官対応の外位「干」であろう）□人の沙喙部の伊知奈末。

かくして、「新羅文体」で始まった新羅金石文は、蔚珍鳳坪碑・赤城碑を経て黄草嶺碑・磨雲嶺碑で正格漢文に「回帰」する。

度々強調してきたように、高句麗「属国」からの自立・強国化、中国冊封体制・中華世界システムへの参加が「回帰」の原動力となったと見られる。

とくに真興王は、国土拡張に尽力した武の王者であると共に、『三国遺事』巻三・弥勒仙花未尸郎真慈師条に「一心に仏を奉じ、広く仏寺を興し、人を度して僧尼となす。…天性風味、多く神仙を尚ぶ」（原漢文）と記されるように中華文明に対する強い憧れと受け入れ、普及を図った文の王者でもあった。彼の代に、彼自身の言葉で記された巡狩碑が正格漢文であったことは象徴的である。碑の主体と内容、文体には選ばれる理由がある。

地域で進められた「新羅文体」の磨き上げ

真興王による正格漢文への「回帰」は、一見倭国における金石文の流れと逆の方向に見える。しかし、続く戊戌年銘塢作碑（五七八年。真智王（チンチワン）代）・南山新城碑（ナムサンシンソン）（五九一年。真平王（チンピョンワン）代）には洗練された「新羅文体」が再び現れる。時代は六世紀後半と早いが、倭国（日本）が、七世紀後半から八世紀前半にかけて、日本漢文と「倭文体」とを並存させ、洗練していった過程と実によく似ている。

戊戌年銘塢作碑・南山新城碑を見ていこう。

なお、戊戌年銘塢作碑にやや先行すると見られる金石文に慶山林堂（キョンサンイムド）遺跡出土古碑（慶尚北道慶山市）があるが、磨滅が激しく文字も少ないので、存在を示すに止めておきたい。

戊戌年銘塢作碑は、不明な部分や意見の分かれる部分もあるが、おおむね次のように採字されている。

【戊戌年銘塢作碑】（五七八年。大邱（テグ）市。慶北大学校博物館蔵）

戊戌年四月朔十四日另冬里村高□塢作記之此成在□
人者都唯那寶蔵阿尺干都唯那慧蔵阿尺干
大工尺仇利支村壹利刀兮貴干支□上□壹□利干
道尺辰□生之□□村□□大作村毛令一伐奈生一伐
居毛村伐丁一伐另冬里村沙木乙一伐珎得所利村也得失利一伐
烏珎此只村□□尓一尺□立一尺另所□一伐伊叱木利一尺
伊助只彼日此塢大廣卄歩高五歩四尺長五十歩此作
起数者三百十二人功夫如十三日了作事之
文作人壹利兮一尺

都唯那（ついな）は僧侶を指導・監督する役僧を指すと見られ、『三国史記』雑志九・職官下にも「国統一人。一に寺主と云う。真興王十二年、高句麗恵亮法師を寺主と為す。都唯那娘一人阿尼大都唯那一人。真興王、始めるに宝良法師を以て之（これ）と為す。真徳王元年、一人を加う。大書省一人。真興王、安蔵法師を以て之と為す。真徳王元年、一人を加う。」（原漢文）とある。都唯那は、真興王の十二年（五五一）国統（＝寺主）・大書省と並んで置かれた国の官であった。

しかし、都唯那が登場する箇所を漢文原文のままで示したように、区切り方がよく分からない。また、この文では真興王の代に置かれた都唯那が一人なのか二人なのかも分からない。このように、議論あるいは文献批判が必要な条文だが、真興王十二年に、都唯那という、僧侶を指導・監督する官が置かれたことは史実と見てよいだろう。真興王十二年は梁使沈湖が入梁学問僧覚徳と共に新羅に仏舎利を伝えた二年後である。時期も符合する。

阿尺干は、人名の並べ方や都唯那という官職から外位最下位の「阿尺」ではなく、第六等官の阿飡（阿干支）と見るべきだろう。

三行十五字目の□から四行十三字目の作までは剥落が多いが、他は読みやすい。

さらに、現存する日本最古の石碑・山ノ上碑同様、行替えを効果的に使っている。鍵となる文字は「此」という代名詞で、両碑に共通している。「此」の用法は山ノ上碑の発明と思っていたが、淵源は塢作碑のようである。行替えを意識して読めば次のようになる。

［釈文］

戊戌年四月朔十四日、另冬里村に高き□塢（＝堤）を作るを記す之（なり）。此を成し在（たる）□人者（は）都唯那（ついな）（＝僧官）の寶蔵阿尺干（＝第六等官の阿飡）、都唯那の慧蔵阿尺干。

大工尺（工事の総監督と見られる）は仇利支村の壹利刀兮貴干支（＝外位第十等官の貴干）、□上□壹□利干（＝外位第十三等官の干）。

道尺（現場の施工管理者であろうか）は辰□生之□□村□□夫作村（「辰〜村」の区切り等不詳）の毛令一伐（＝外位十四等官の一伐）・奈生一伐。

居毛村の伐丁一伐、另冬里村の沙木乙一伐、弥得所利村の也得失利一伐、

烏弥此只村の□□尓一尺（＝外位十五等官の一尺）・□立一尺・另所□一伐・伊叱木利一尺、

伊助只彼日（この部分字義不明。人名か）。此の塢の大廣（奥行きと見られる）廿歩、高、五歩四尺、長、五十歩。

此を作り起こし（人の）数者（は）三百十二人。功夫如（力を合わせてという意味であろう）田三日にして了作（つくりおえ）し事之（なり）。

文作人は壹利兮一尺。

形式も文体も明らかに「新羅文体」である。

詳細に見ると、一行目の「記之」の「之」、八行目の「事之」の「之」は文の終わりを示す、日本語で言えば断定の助動詞「なり」を表現していると見られ、二行目の「人者」の「者」は、日本語で言えば係助詞「は」に当ると考えられる。

先に挙げた行替えや「此」の活用共々、表現方法の高度化、洗練化と言ってよいのではなかろうか。

さらに、指導者である僧の行いに対して「成在□」と記しており、ある種の敬語表現が始まっていたと見る見方もある。この説に従えば、この形が、新羅自体にあっては天寶十七年戊戌銘の葛項寺造塔記に、倭国（日本）にあっては七世紀後半から八世紀にかけての多くの造像記等に継承されていったと考えられる。

また、この碑文で注目すべきは、地域の人々による撰文・立碑であることである。

塢作の指導者は都唯那という官職と第六等官を持つ二人の僧だったが、他の登場人物は全て外位ないし無位であった。王ないし王権による立碑ではなかった。

真興王自身による撰文・立碑が正格漢文であったのに対し、塢作碑の碑文が「新羅文体」であったのは、地域の人々による撰文・立碑だったためではなかろうか。

ここでもまた、倭国・日本における日本漢文と「倭文体」の並存状況の主体のありようと類似しているということができる。

内容に踏み込めば、一歩の長さは時と所で幅があるが、一・五メートル前後である。これで換算すると、奥行き三〇メートル、幅七五メートル、高さ八〜九メートル、総容量二万トンの堤となる。五〇メートルプール八個分となるから、かなり大きい。

都唯那は官職と見られるが、塢（＝堤）築造の中心が僧であったことも興味深い。僧は、宗教者・学者であるだけでなく、最先端の技術者であったことを示すと共に、こうした行為への参加が成道の方途であると人々に認識されていたのであろう。日本における行基や道忠教団のありようを彷彿とさせる。

続く碑は真平王代の南山新城碑（五九一年）である。南山新城碑は数十建てられ、十基が確認されていると言われているが、現存しているものは六基。うち一基を取り上げよう。

【南山新城碑】（辛亥年＝五九一年。慶尚南道慶州市。韓国国立慶州博物館蔵）

辛亥年二月廿六日南山新城作節如法以作後三
年崩破者罪教事為聞教令誓事之阿良邏頭沙喙
音乃古大舍奴含道使沙喙合親大舍栄沽道使沙
喙□□倣知大舍郡上村主阿良村今知撰干漆吐
□□知尓利上干匠尺阿良村末丁次干奴含村次
□叱祀干文尺□文知阿尺城作上阿良没奈生上
干匠尺阿漆寸次干文尺竹生次一伐面捉上珎巾
□面捉上知礼次面捉上首尓次干石捉上辱厂次
□□受十一歩三尺八寸

王都南の南山に新城を建設するに際して各地から動員された集団が、王命を遵守し違反した場合は罪せられることを宣言した碑文である。当時の王・真平王の権力の大きさや王権と地域集団・住民の関係を知らせてくれる貴重な金石文である。

碑文は、中華風を意識したと見られる二十字八行を基本構成に、受持区間の一行を一字下げて加えた形となっている。書き出しの「辛亥年二月廿六日南山新城作節如法以作後三年崩破者罪教事為聞教令誓事之」は南山新城碑全てで同一で、形式の整えられた石の誓約書と言ってよい。

漢文文体や漢字熟語を活用した箇所もあるが、全体としてはほぼ字順通りに読むことのできる「新羅文体」である。しかし中華風を意識した碑面構成から行替えで文意をまとめるという形式になっていないため、文の区切りが不明な点もあるが、日本文で読み下せば、おおむね次のように読むことができる。

［釈文］
辛亥年二月廿六日、南山の新城を作る節(とき)、如法（「法にしたがい」という熟語ととらえたい）、作る後三年を以て崩破せ者(ば)罪（たる）と教える事と為(な)るを聞き教えら令(れ)る（あるいは「教令」で命令を意味する熟語と捉えることもできる）を誓う事之(なり)。阿良邏頭の沙喙の音乃古大舎（＝第十二等官）、奴含道使の沙喙の合親大舎、栄沽道使の沙喙の□□倣知大舎、郡上村主の阿良村の今知撰干（＝外位第十一等官の選干）、漆吐の□□知尓利上干（＝外位第十二等官）、匠尺の阿良村の末丁次干（＝外位第十三等官）、奴含村の次□叱祀干、文尺の□文知阿尺（＝外位第十七等官）、城作上の阿良の没奈生上干、匠尺の阿漆寸次干、文尺の竹生次一伐（＝外位第十四等官）、面捉上の珎巾□、面捉上の知礼次、面捉上の首尓次干、石捉上の辱厂次。
□□受（＝受持長）は十一歩三尺八寸。

碑が、王命を地域集団・住民の側から書いたものであることは、碑文に王や高官が一切登場せず、第十二等官の大舍を帯びる者が三名確認できる他は、全て王都外の有力者が得る外位で、それも第十一等官相当以下であることからも明らかである。

ここに南山新城碑の最も重要な特色がある。黄草嶺碑に見られたように、真興王の巡狩碑によって漢文体に「回帰」したが、その後も、地域レベル・住民レベルでは、漢文の知識をも取り入れながら「新羅文体」を書き続け磨いていったということである。

それもかなりの数の碑が新羅各地の地域集団が関わる形で書かれたことは、国語・国民形成の一歩として真に重要なことと思われる。

三名の大舎は邏頭・道使の官職を帯びているので地方行政官だろうが、外位を帯びる者は匠尺・文尺・城作上・面捉上・石捉上と記されており、詳細な職掌までは分からないものの、城作りの実務者、現場監督と見られる。戊戌年銘塢作碑に見える「大工尺」「道尺」や本碑の「漆吐」も職掌の一つであろう。そうした職掌が普く地域に成立したことも、国民形成への大きな一歩と見られる。

統一と共に国語の形成に成功した新羅

空白の世紀の中で―壬申誓記石の位置づけ

このように、六世紀初頭から「爆発的」と言ってよいような状態で「新羅文体」の石碑が頻出し、高度化・洗練化されていくところに新羅金石文の特色があった。

高句麗「属国」から脱却して自立し、王権の強化・国土の拡張を進め、中国遣使を再開して中国冊封体制・中華世界システムの正規の構成員になることで、王権周辺では漢文体への「回帰」まで生み出したものの、それさえも梃として、地域と民衆を中心に「新羅文体」は磨き上げられていったのである。

六世紀はまさに新羅石碑の世紀であった。

しかし七世紀に入ると、新羅金石文は、突如としてその姿が見えなくなる。俯瞰すれば、高句麗・百済も七世紀金石文は少なく、両国の滅亡と共に、高句麗語・百済語は、文としての完成を見ずに地上から姿を消していった。それに対して、確実な六世紀金石文がほとんど検出されていない倭国で、七紀半ばから「倭文体」金石文が急増し磨き上げられていく。

なぜ、そのような事態となったのか。全体的な解明は、本書の最後に改めて問うとして、新羅は、五二一年の中国遣使の際も、五四九年の梁使新羅訪問の際も冊封はなかった。新羅を初めて冊封したのは五六五年の北斉である。そして以降は、隋・唐の冊封を受けて、その世界体制の中に組み込まれていく、『三国史記』によれば、新羅は法興王二十三年（五三六）には独自の年号を建てて以降、改元を繰り返したと記すが、真徳王（チンドクワン）二年（六四八）唐に咎められて唐の衣服を用いるようになり、同四年（六五〇）からは唐の年号（＝正朔）を用いるようになる。中国の周辺国として明確に位置づけられた。

当然のことながら、公用文は漢文である。そのことが韓半島統一を成し遂げる基盤となったと見られるが、中国冊封体制の外から中に入る動きを六世紀半ばから始め七世紀代には完全な構成員となったということである。

こうした流れが、七世紀に入って新羅金石文が姿を消す理由として考えられないだろうか。

模式的に言えば、高句麗「属国」からの脱却が「新羅文体」の石碑を生み出し、中国冊封体制・中華世界システムとの接触が漢文体「回帰」と、それを梃とした「新羅文体」の洗練化を生み出すとともに、中国冊封体制・中華世界システムへの深い参入が、独自の年号や衣服制を消滅させたばかりか、新羅金石文をも消す力として働いたのでないかという仮説である。

南山新城碑に続いて確実と考えられる「新羅文体」は、一世紀半以上後の（唐）天寶十七年戊戌（七五七）銘葛項寺（カルハンサ）三層石塔造塔記（ソウル市景福宮（キョンボックン）。韓国国宝九九号）と見られるが、その間に、建碑年の定まらない、実に貴重な金石文がある。壬申誓記石である。

一九三四年発見の壬申誓記石は、明らかな「新羅文体」で、日本語で言えば「テニヲハ」に当る部分は表現されていないものの、非常に洗練された文となっている。類似例が少ないことから「誓記体」という独特の呼び方がされるほどだが、山ノ上碑を知っている立場から見れば、ほとんど同一の文体と言ってよい。壬申誓記石と山ノ上碑の形が似ているのも偶然ではないかもしれない。日本での発見であれば、誰もが躊躇なく山ノ上碑と同時代とみなすほどである。

【壬申誓記石】（慶州市。韓国国立慶州博物館蔵。韓国宝物一四一一号）

壬申年六月十六日二人并誓記天前誓今自
三年以後忠道執持過失无誓若此事失
天大罪得誓若國不安大乱世可容
行誓之　又別先辛未年七月廿二日大誓
詩尚書礼傳倫得誓三年

倭国の石碑と言われても全く不思議でないほど語順通りに日本語で読むことができる。「忠道」「執持」「不安」は熟語としてそのままに読めばよいであろう。「可容」は、「容」を、その本義である「祈りに対する神気の出現から沸々として沸き上がる至誠行動をとるの意」と捉え、この形のままで「なすべき」と読んでみた。また「并」は「ならびに」とも「あわせて」とも読めるが、多胡碑に同じ使い方がされていることから「あわせて」と読んでみた。

［釈文］

壬申の年六月十六日、二人并(あわ)せて誓い記す。天の前に誓う。今自(より)三年以後、忠道を執持し過失无(な)きを誓う。若し此の事を失えば天の大罪を得るを誓う。若し國不安、大乱の世あらば、可容(なすべき)を行うを誓う。

また別に先（＝前年）の辛未の年七月廿日大いに誓う。詩（経）・尚書・礼（記）・（左）傳の倫(みち)を得るを誓う三年。

確かに年代を確定することは難しい。ただ幾つかの推定材料はあると見られる。

第一は、碑作成の主体である。

これまで検討してきた碑は王ないし王権中枢を碑作成の主体とするか、王命を受けての塢や城の修造記念碑であった。実に多くの人々が参加しての建碑であった。それに対して、壬申誓記石は、二人の個人の建碑である。二人は貴族・官人層に属し、かつ国の現状や将来に対する強い使命感を持ってはいるが、王命に基づく集団行動ではない。個人としての決意である。

第二は、碑文の内容である。

これまた、これまでに検討してきた碑は王権による裁定や城・塢の作成に関わるものであった。王権の命令に基づく碑である。それに対して壬申誓記石は二人の個人の行動が基本となっている。そして「詩尚書礼傳」とあるように、儒学の基本を学ぶことが目的となっている。国家を支える官人層の成熟が前提にある。

こうしたことを考えると、五九一年の南山新城碑以後と見るのが妥当だろう。「新羅文体」としての洗練、山ノ上碑との類似性も、それを支持していると見られる。

では五九一年以降の壬申年では何時がふさわしいか。それを考えるには、七〜八世紀の金石文と新羅の置かれていた状況を見ていくことが糸口になると見られる。

そこで金石文を整理すると、確実に七世紀前半と見られるものはなく、百済・高句麗を倒して新羅が半島を統一する六七〇年代から急増する。

列挙すれば、癸酉年（六七三）銘全氏阿弥陀仏三尊四面石像（韓国国立中央博物館蔵。韓国国宝一〇六号）・同三尊千仏碑像（韓国国立公州博物館蔵。韓国国宝一〇八号）、戊寅年（六七八）銘蓮花寺四面石仏（忠清南道燕岐郡蓮華寺蔵）、（唐）調露二年（六八〇）銘宝相花文塼（雁鴨池出土。韓国国立慶州博物館蔵）、（唐）龍朔元年（六八一）銘文武王陵碑片（韓国国立慶州博物館蔵）、金仁問碑（六九五年?。韓国国立慶州博物館蔵）、己丑年（六八九）銘阿弥陀仏及諸仏菩薩石像（韓国国立中央博物館蔵）、（唐）神龍二年（七〇六）銘慶州皇福寺跡石塔金銅舎利函（韓国国立慶州博物館蔵）、（唐）開元七年（七一九）銘甘山寺石造阿弥陀如来像光背（韓国国立中央博物館蔵。韓国国宝八二号。碑文中の最後の紀年は翌年の庚申年）、開元十二年（七二四）銘石刻、開元十三年（七二五）銘上院寺梵鐘（江原道平昌郡五台山上院寺蔵。韓国国宝三六号）となり、（唐）天寶十七年戊戌（七五八）銘葛項寺三層石塔造塔記が続く。

一つ一つの碑文は示さないが、癸酉年銘三尊千仏碑像と葛項寺三層石塔造塔記を除けば漢文体である。とくに、癸酉年銘全氏阿弥陀仏三尊四面石像と開元十三年銘上院寺梵鐘以外は正格漢文と見てよいと思われる。黄草嶺碑・磨雲嶺碑に訪れた「回帰」を継承する形が基本となっている。その後は永泰二年（七六六）銘蝋石製壺（韓国国宝一二三号）、聖徳大王神鐘（七七一年。韓国国立慶州博物館蔵。韓国国宝二九号）と続くが、やはり正格漢文である。新羅と隋・唐との関係を考えれば公用文体を漢文体とするのは当然のことだろう。

また、今後事態は変化するかもしれないが、今のところ、①年代の確実な金石文の再登場は百済・高句麗の滅亡後である。②六八〇年以降はほぼ一貫して唐の年号を使っている。③金石文は王陵碑等の墓碑と仏教関係に集中している。②から考えて壬申誓記石を七三二年と見ることは難しいだろうし、③の主たる流れからは浮いた特異な例であることがますます鮮明となる。特異だからこそ「新羅文体」だったのかもしれない。

答えを求めようとしてますます混乱してしまった感があるが、①の条件を加えると、六七二年の可能性が浮上する。六八一年の山ノ上碑に酷似した文体という直感だけでなく、唐年号ではなく干支を使い「新羅文体」ないし正格漢文からの揺れが見られる金石文が一年後の癸酉年（六七三）銘三尊千仏碑像だからである。

統一新羅の誕生と共に

癸酉年銘三尊千仏碑像を見ておこう。旧・百済領内から発見されていることから百済遺民の手になるとの説もあるが、新羅第十二等官の「大舍」を一文字で表した独特の文字（新羅国字と言ってよいだろう）などを用いており、新羅人の手になると見たい。

【癸酉年銘三尊千仏碑像】（韓国国立公州博物館蔵。韓国国宝一〇八号）

歳在癸酉年四月十五日香
徒釋迦及諸佛菩薩像造
石記　是者爲國王大
臣及七世父母法界衆生故敬
造之　香徒名□彌次乃眞
牟氏大舍上生大舍□仁次小舍□

宣小舎賛不小舎貳使小舎□□
□小舎□□等二百五十八

「新羅文体」として次のように読めると見られる。

［釈文］
歳在（ほしはやどる）癸酉年四月十五日、香徒（＝仏教徒。宗教行事の中心に香を焚くからであろう）、釋迦及び諸佛・菩薩像を造り石に記す。（欠字ではなく空格二字であろう）是者（は）國王・大臣及び七世父母・法界衆生の爲（ため）に、故（かれ）敬造之（す）（「之」は終わりを示す伝統的な「新羅文体」の構文）。（空格一字）香徒の名は□彌次乃眞牟氏大舎（大舎を一文字表記）・上生大舎・□仁次大舎（山舎を一文字表記としているように見えるが、小舎であろう）・□宣小舎・賛不小舎・貳使小舎・□□小舎・□□等（ら）二百五十八。

倭国の六八〇～六九〇年代の造像記に類似した文体・内容である。おさまりが良い。

加えて六七三年という年は、新羅による対唐統一戦争の最中（さなか）に当たる。

百済・高句麗を倒して韓半島の統一を達成するには唐の協力が不可欠だったが、唐が新羅を鶏林大都督府とし、文（ムン）武王（ムワン）を鶏林州大都督に任じて韓半島を実質唐領としようとするに至って、新羅は唐との戦争に立ちあがる。

高句麗・百済遺民をも巻き込んだ八年に及ぶ戦いを通して、六七六年、唐を遼東地方に追い出すことに成功する。

新羅は韓半島の統一、国家としての確立を成し遂げる。

唐とも新しい関係を結んでいく。唐の年号を使い唐から冊封を受けながらも、独立した韓半島唯一の国家としての安定を得るに至る。

そこに至る過程であれば、まさに若い官人たちは「若國不安大乱世可容行誓之（若し國不安、大乱の世あらば、可容(なすべき)を行うを誓）」ったのではなかろうか。

唐の年号ではなく干支を用いたところに独立国家新羅を背負うとする若い官人層の気概を感じるのは、深読みであろうか。

続いて確実と見られる「新羅文体」は天寶十七年戊戌銘葛項寺三層石塔造塔記となる。日本語の「テニヲハ」に当る部分を表現している最古例の一つである。天寶は唐の年号で、次のように採字されている。

【天寶十七年戊戌銘葛項寺三層石塔造塔記】（七五八年。慶尚北道金泉市。景福宮の韓国国立民俗博物館庭内に移設。韓国国宝九九号）

二塔天寶十七年戊戌中立在之娚姉妹三人業以成在之娚者零妙寺言寂法師在弥姉者照文皇太后君妳在弥妹者敬信大王妳在也

語順通り日本語で読むことができる。

［釈文］

二塔は天寶十七年戊戌中(に)立つ在之(なり)。娚（＝兄）姉妹三人の業（＝善業）以(にて)成る在之(なり)。娚者(は)零妙寺言寂法師在弥(なりて)、姉者照文皇太后君の妳（＝乳母）在弥(なりて)、妹者敬信大王の妳在也(なり)。

「中」が伝統的な時格表現、「之」が文の中止、「也」が文の最終止を表すことは、それまでの金石文にも頻出していたが、「在」は日本語で言えば断定の助動詞「なり」の、「以」は格助詞「にて（＝格助詞に＋接続助詞て）」の、「者」は副助詞「は」の、「弥」は格助詞「て」にあたる表現と見られる。

こうした表現は吏読（イド）と呼ばれて定着していく。日本で助詞・助動詞・活用語尾などを書き表す工夫として生まれた仮名書きにあたる。吏読の登場をもって新羅文体はほぼ完成したと言ってよいであろう。

まさに韓半島に飛び交うことばをそのままに治める国語がここに成立したのである。

しかし碑文そのものに戻ると、本碑文の成立を天寶十七年戊戌（七五八）として良いかには二つの疑問がある。

第一は年号表記の問題である。

確かに計算上、戊戌は十七年に当るが、天寶年間は十五年までで、十七年はない。また天寶年間は、正式には年を表すのに際し「年」ではなく「載」を使っている。「載」は天寶・至徳年間（七四一〜七五七）の特徴的な使われ方である。この影響を受けて日本でも天平勝宝年間のうち七〜九年（七五五〜七五七）は「載」を用いたほどである。唐の年号（正朔）を用いた新羅が、ない年号を用いることは考え難い。

第二は、碑文に表れる「敬信大王」「照文皇太后君」という呼び方である。

新羅は、自らを冊封を受けた国、中国王朝の周辺国と位置づけたことから、王者を「帝」ではなく「大王」と称し、国内では王位にある間は諱（いみな）（実名）＋大王で呼ばれていた。「敬信大王」と呼ばれる王者は、七八五年に即位した元聖王（ウォンソンワン）を指す。『三国史記』新羅本紀元聖王条に「立。諱敬信」とある。それ以前に元聖王が敬信と呼ばれていても、大王と呼ばれるはずはない。

さらに元年二月条には「母朴氏を昭文太后に…追封す。」（原漢文）と記している。「昭文」と「照文」は異字表記と見られるので、「敬信大王」「照文皇太后君」という名が現れるのは七八五年を待たなければならない。七五八年にはありえない名前である。

この二つの理由から、本碑文は元聖王（敬信大王）即位の七八五年以後の後刻と見るべきであろう。しかし、それは偽造ではなく、倭国同様、石に刻まれた歴史記録と見るべきだろう。その際、戊戌の年を計算して天寶十七年と書いてしまったのであろうが、一世紀ほどの時間差があるとはいえ、倭国と新羅で同じような事態が生まれていることは何とも興味深い。

韓半島における統一と国語はいかに成立したか

以上検証してきた過程は、次のように整理できる。

1　楽浪・帯方の中国官人によるものではない、韓半島諸国・諸地域における金石文は、四世紀半ばの高句麗墓誌に始まると見られ、四〜五世紀の金石文は高句麗に集中している。とくに五世紀代の高句麗金石文は、墓誌・石碑・蓋付きの器と、多様であった。今のところ、高句麗金石文は六世紀までは確認できるが、造像銘と工事竣工報告である城壁刻書に限定されており、七世紀代の確実な金石文はない。

2　好太王碑（四一四年）に見られるように、高句麗では、かなりの層が漢文に習熟していたことがうかがわれ、漢文体を内外の公用文体としていたと考えられる。独自の官職熟語や書体なども散見できるが、高句麗を中心とする韓半島に飛び交っていたことばをそのままに治めて国語とする動きは弱かった。しかし「属国」視した新羅に対しては、中原高句麗碑（推定四八〇年代）に見られるように、新羅領内に飛び交っていたことばを意識した文体が垣間見える。

3　百済金石文は、磚（レンガ）や瓦の短文を除くと、比較的数が少なく、時代も飛び飛びである。それも、他国での伝世品（石上神宮七支刀・推定三六九年。四六八年とする異説あり）と近年発掘資料（六〜七世紀）に集中している。

4　百済金石文は、最初から最後まで漢文体であった。これは、百済金石文が王権の外交や、王権内での宗教行事（葬送・寺院等の建立）に関わるものが大半であったことと密接に関わると考えられる。百済においては、国民に意思を伝える、あるいは国民形成のために金石文が書かれることはなかったとみられる。

5　新羅金石文は、六世紀の開幕、智證麻立干の即位と共に爆発的に現れる。六世紀だけで二十点を超える資料が確認されているが、鏡・剣銘も造像銘もなく石碑ばかりである。

6　六世紀新羅石碑には三つの特色がうかがえる。第一に、ほとんどの石碑において王権との関わりが強く出ている。第二に、当初から正格漢文ではなく「新羅文体」に強く傾斜した文体となっている。第三に、人名が大量に出てくる。中国冊封体制・中華世界システムの外にあったことと、王権の命を地域に伝え具現化するという性格が強かったためであろう。この過程は、高句麗「属国」からの離脱・自立化、強国化の歩みと軌を一にしており、国家・国民形成と国語形成とが重なり合って進んだ様相が確認できる。

7　智證麻立干に次ぐ法興王代は国制の整備を進め中国への遣使を再開するが（中国史料によれば四世紀に新羅王の朝貢が見えるが、五世紀、高句麗・百済・倭が中国諸王朝に競って遣使しているのに対し新羅は一度の遣使もない）、なお文体は智證麻立干代の「新羅文体」を踏襲しており、国際公用文である漢文体には「回帰」しなかった。正格漢文への「回帰」が見られるのは、次の真興王代（六世紀半ば）で、中国冊封体制・中華世界システムの正規の構成員となったことと符合していると見られる。

8　しかし、ここが一番重要な点と見られるが、真興王代を次ぐ真智王・真平王代には、再び洗練された「新羅文体」が現れる。そして、それらの石碑は、王権によってではなく、地域の人々による撰文・立碑であった。とくに真平王代の五九一年、数十基建てられたと言われる一連の南山新城碑が「新羅文体」で記されたことは、国語・国民形成の一歩として大いに注目される。正格漢文への「回帰」さえをも梃として、「国民」レベルで「新羅文体」の磨き上げと普及・定着が図られたと考えられる。

9　ところが、七世紀に入ると、新羅金石文は、突如、その姿を消す。隋・唐への急接近、漢文の公用文化、唐服制の受容、唐正朔（年号）の採用が、その背景にあると見られる。

10　新羅金石文が再び姿を現すのは、新羅・唐連合軍による百済・高句麗の消滅後の対唐統一戦争の過程からである。私は、幾つかの理由から壬申誓記石を六七二年と推定したが、壬申誓記石と六七三年の癸酉年銘三尊千仏碑像をもって「新羅文体」はほぼ完成し、漢文と洗練された「新羅文体」とが並存する形となっていく。韓半島が新羅によって統一されていく過程で、両文体が並存し熟度を増したことは、韓半島の人々を新羅国民としていく最大の力となったのではなかろうか。新羅の等官を帯びた多くの人物により製作された癸酉年銘三尊千仏碑像が旧・百済領内で発見されていることは示唆的である。

11　新羅と倭国とでは、金石文を書き始める段階では、文体に違いが見られ、中国冊封体制・中華世界システムに占める位置の違いで、時に逆方向に文体の傾向を強めることも見られたが、両国が、韓半島と日本列島とをそれぞれに統一し国家・国民を形成していく七世紀後半から八世紀にかけての過程では、実によく似た形を示したことが確認された。両国ともに、地域に飛び交うことばをそのままに治める文体と漢文とを並存させ、それぞれに洗練させていったからである。このことが、両国が韓半島、日本列島の統一に成功し、以来一三〇〇年を超える日韓両国の国民の歴史・国民の文化の礎になったと見られる。そのことを同時代史料として刻む日韓両国の金石文の価値は本当に高いものがある。

12　なお付け加えれば、倭国との関係が深かったと見られる加羅諸国からは、今のところ、文体を議論できるような金石文は発見されていない。ちなみに、金官加羅国の故地である金海（キメ）鳳凰洞遺跡からは「論語」木簡が発見されているが、同一層位出土の土器から六世紀末から七世紀初のものと見られ、新羅併合後と考えられる。

終章　なぜ日本と新羅は統一国家になりえたのか

国民も国語・国家と共に

日本語誕生の時に出会いたい。真の「国語元年」はいつなのか。古代東国(あづまのくに)の大国・上毛野国(かみつけのくに)に残された国特別史跡・上野(こうづけ)三碑から始めた私の旅も漸く終わろうとしている。歩み始めた時に描いた旅程を遥かに凌ぐ長い旅であった。

この旅を通して、私は、日本列島においても、韓半島においても、発音の多少の違いなどがあったとしても、国土を共有していると考える人びとの間で、地域に飛び交うことばを一意的に誤解なく伝え合う形式に治める、いわば国語が生み出される過程と、統一国家が生み出される過程とは、見事なまでに重なり合っていることを確認することができた。

「はなしことば」だけの国語がないとは言いきれないが、「はなしことば」を「はなしことば」として統一・固定していくことは極めて難しい。井上ひさしさんの「國語元年」が描いた通りである。

「はなしことば」が多少違っていても、場合によれば、話されたままではほとんど通じないとしても、書かれれば通じるという共通理解が背後あるいは背骨としてあって、初めて国語は確固たるものとなる。

「書き言葉」は、単に発音を固定するだけの機能ではない。「書き言葉」となって初めて構文規則、いわゆる文法が固定される。「読み・書き・話し・聞く」が揃って一つの言語宇宙が成立する。

それが、国土を共有していると感じ合う人々の間での共有となれば、その言語宇宙を国語と呼ぶのがふさわしいだろう。

国家も同様で、王権がいかに強力であろうと、それだけでは国家とは言えない。宮中＝内廷に留まる。朝廷という言葉が外朝内廷の省略形であるように、府中＝外朝が備わり、国家統治の法の体系と様々な制度・人員が整って初めて国家となる。

そこに暮らす人々の視点から言えば、国語・国土を共有していると考える人びとが、共通の法のもとに義務と権利を確認しあい、負担と受益が持続的に営まれる制度が整い、対外的な一体感を有した時をもって国家の成立と言うべきだろう。

日本においても、韓国においても、国語の誕生と国家の誕生という、二つの過程が見事なまでに重なり合っていることを確認できたことの意味は大きい。

そこでは同時に第三の存在が成立した。

国民である。

国家は国土・国民・国語・国法が揃って初めて成り立つ。国民のいない国家はない。

だが、国民もおのずからに存在するわけではない。国土・国語を共有し、同じ法のもとに暮らし続けることを選択した時、国民も成立する。それは、上からの、王権からの命令や強制力だけで成立するわけではない。地域に暮らす人々の自発的な選択、帰属意識の醸成によって成立する。それを促し保障するものは明らかに国語である。

国語の成立が同時的に国民も国家も成りたたせると捉えるのが、より正確かもしれない。

その過程を、倭国と新羅の金石文の中に確認することができた。

言い換えれば、なぜ、倭国と新羅が、日本列島と韓半島の統一に成功したのかの理由が、そこにあるように思われる。

新羅と日本が国家統一をなしえた理由

韓半島で、まずは考えてみよう。

国家への熟度から言えば間違いなく高句麗が先行していた。しかも五世紀代には新羅を「属国」としていた。それに続くのは百済であった。

しかし、この両国は、早くから中国冊封体制・中華世界システムの構成員として、一貫して漢文体を公用文体とした。漢文体とは異なる構造をもって韓半島に飛び交っていたことばをそのままに韓半島に暮らす人々の国語として定着させようとした形跡が見られない。

僅かに高句麗は、「属国」として扱った新羅王権に対して、「新羅文体」を意識した文を示したが（中原高句麗碑）、国語としての形成を図ったとは見られない。

逆に新羅は、「属国」扱いされたがゆえに、金石文を書き出す当初から、地域に飛び交うことばをそのままに治めようとする意思が強かった。また多くの人々がその過程に関与することで、遅くとも五〇〇年前後から「新羅文体」の確立を模索していった。その延長線上に新羅文体、今日の韓国語が位置づけられる。

遅れて中国冊封体制・中華世界システムに参加したことも、「新羅文体」の成熟を促したと見られる。

新羅は、中国冊封体制・中華世界システムの構成員となってからも、国際公用文体である漢文体と「新羅文体」との併用を続け、それぞれを洗練させていったからである。

七世紀後半から八世紀にかけて、まさに韓半島が統一される過程で、両文体が並存し熟度を増したことは、韓半島の人々を新羅国民としていく最大の力となったのではなかろうか。旧・百済領域の人々に関わると見られる金石文が漢文体と「新羅文体」の並存と見られることは、示唆的である。

逆に、中国冊封体制・中華世界システムの構成員としての位置を上げることに重点をおき、国民形成・国語形成をないがしろにしたことが、高句麗・百済の滅亡に結果したと言っては言い過ぎであろうか。

他方、倭国は、比較的早くから中国冊封体制・中華世界システムの構成員であったが、六世紀に入ると中国に対する遣使朝貢を止め、再開後も冊封を受けない立場、絶域国の立場に転換した。

新羅が遅れて中華世界システムの中に入り込み周辺国としての位置を確立する求心的な動きを示したのに対し、倭国は中華世界システムから離脱する遠心的な動きを示したのである。そのことが、漢文体から出発しながら、七世紀半ば以降、急速度で「倭文体」を生み出し、漢文体と「倭文体」の並存する状況を生んでいったことと対応する。

倭国は、新羅とは逆に、漢文体の蓄積の中から「倭文体」を生み出し、やがて和文体、日本語へと結晶させていったのである。

倭国は対抗するだけの他の強大な政治勢力を日本列島内に持っていなかったため、統合は比較的楽に進んだと思われるが、その立場を生かして絶域国の選択が行われたのであろう。

倭国と新羅の中国王朝に対する動きには、一時逆行するものがあったとはいえ、両国ともに国語・国民形成をしっかりと位置づけての国家形成を図ったのである。そのことによって、八世紀初頭以降、東アジア世界が唐・(統一)新羅・日本という構造で秩序化されたのではないか。

韓半島の最後的な統一には渤海滅亡後の吸収を経ての高麗の成立、日本列島の最終的な統一は都を京都に移しての東北経営を待たなければならなかったとしても、基本的な枠組みはここに成立したと言ってよいであろう。

その根本的な力は、国語の共有をもって国民形成を図った韓半島・日本列島、それぞれの地域の人々の動きであった。金石文はその確かな証人である。この過程を刻み込む超一級の同時代史料であった。

分けても、その定点とも言える山ノ上碑・多胡碑・金井沢碑からなる上野三碑は、韓国の多くの石碑が韓国国宝であるように、間違いなく我が国至宝中の至宝と言えよう。

あとがきに代えて

群馬県では、いま、上野三碑を世界記憶遺産にという動きが持ち上がっている。二〇一三年の師走、上野三碑の地元・高崎市吉井町在住の二人の先学、横島庄司さん（元NHK解説主幹）と久保信太郎さん（多胡碑記念館初代館長）を会の頭として上野三碑顕彰会が発足した。大澤正明群馬県知事も上野三碑世界記憶遺産登録への意向を議会で表明された。上野三碑が人類の宝として正当に評価・処遇される日が漸くやって来た。

年の瀬に「多胡碑の江戸時代」展を見に多胡碑と多胡碑記念館を訪れた。館の皆さんと話す中で、上野三碑は金石文としては最も長く、かつ最も多くの人々が保存・研究・顕彰の思いを寄せて来た存在であることを改めて思い知らされた。心躍る一日だった。

ささやかでもその一端に連なりたいと迎えた正月、山名八幡宮での初詣から山ノ上碑・金井沢碑へと足を伸ばした。「三碑を読んでみてください。そんな古い碑なんか読めっこないと思わないでください。読めるんです。碑面をじっと見ていると、読めて来るんです。」と言い続けながら、ここ数年、実物に向き合ってこなかったことへの反省を込めた自分なりの「新年」であった。

群馬の冬は冷たい。空っ風に頬が切れるという感覚は大げさではない。だが、里山の中は思いの外に暖かい。山ノ上碑から金井沢碑に至る山道には、地元の信沢克己さんが私費で建てられた、東歌を中心とした27基の石碑が並ぶ。その「石碑（いしぶみ）の道」を踏みしめるごとに、脳裏に、本書を書くために現地を訪れた時、教えをいただいた方々のお顔が次々と浮かんできた。石碑は、時と所を越えても人と人との思いを繋ぐ。

研究書としては未熟だろう。解決できなかった問題はあまりにも多い。仮説としても不安定なままである。しかし、私たちの暮らしや文化の基層となる日本語確立の過程が古代国家確立の過程、日本国民形成の過程と重なり合うとの予感は、いま確信に変わりつつある。それが正しいか否か、ぜひとも多くの方のご批判をいただきたいものである。

最後になったが、本書をまとめるにあたって、奉職の場を同じくしている群馬県立女子大学の御二人の先学、中国古典学の濱口富士雄先生（学長兼教授）と上代文学・上代語の北川和秀先生（教授）には多くの御示唆をいただいた。また、写真等の借用に当っては、大韓民国国立公州博物館館員の方々、徳島県名西郡石井町教育委員会の壱岐一哉さん、地元・高崎市教育委員会の若狭徹さん、群馬県立歴史博物館館長・黒田日出男先生、同博物館学芸員の小池浩平さんに一方ならぬ便宜を図っていただいた。そして前著同様、雄山閣の羽佐田真一さんと安齋利晃さんには大変なご苦労をおかけした。ここに記して感謝の意を表したい。

二〇一四年二月四日立春　　熊倉　浩靖

参考文献（順不同）

基本史料

斎藤忠編著『古代朝鮮・日本金石文集成』一九八三年　吉川弘文館
竹内理三編『寧楽遺文　下巻』一九六二年一一月　東京堂出版
群馬県史編さん委員会編『群馬県史　資料編4　原始古代4』一九八五年三月　群馬県
栃木県史編さん委員会編『栃木県史　資料編　古代』一九七四年三月　栃木県
奈良国立文化財研究所飛鳥資料館『飛鳥・白鳳の在銘金銅仏』一九七七年三月
奈良国立文化財研究所飛鳥資料館『日本古代の墓誌』一九七七年九月
東京国立博物館編『法隆寺献納宝物銘文集成』一九九九年二月　吉川弘文館
e國寶　国立博物館所蔵国宝・重要文化財　www.emuseum.jp　考古・法隆寺献納宝物
石上神宮編『石上神宮寶物誌』復刊　一九八〇年六月　吉川弘文館
埼玉県教育委員会編『埼玉稲荷山古墳』一九八〇年一一月　埼玉県自治振興センター内　県政情報資料室
東京国立博物館編『江田船山古墳出土　国宝銀象嵌銘大刀』一九九三年八月　吉川弘文館
考古美術同人會編『考古美術資料第二輯　金石遺文』一九六三年八月
黃壽永編『考古美術資料第十五輯　續金石遺文』一九六七年四月　考古美術同人會
黃壽永編『考古美術資料第二十一輯　金石遺文第三輯』一九七二年一月　韓國美術史學會
韓国國立中央博物館（収蔵品データベース）www.museum.go.kr/

朝鮮総督府『古跡調査特別報告』第六冊　一九二七年四月
早稲田大学文化資源情報ポータル日本金石文コレクションデータベース
www.enpaku.waseda.ac.jp/db/kinsekitakuhon/
國學院デジタルミュージアム（万葉神事語辞典）http://k-amc.kokugakuin.ac.jp/DM/
韓国國立公州博物館図録
韓国國立扶余博物館図録
深津行徳「新羅石碑画像 DATA BASE」迎日冷水碑・蔚珍鳳坪碑・丹陽赤城碑
www.rikkyo.ne.jp/univ/fukatsu/top2.htm

本書執筆に当り学ばせていただいた書籍・論文の主要なもの

尾崎喜左雄『多胡碑』一九六七年　中央公論美術出版
尾崎喜左雄『上野三碑の研究』一九八〇年一月　尾崎先生著書刊行会
前沢和之『古代東国の石碑』二〇〇八年一二月　山川出版社
松田猛『上野三碑　古代史を語る東国の石碑』二〇〇九年四月　同成社
田熊信之『那須国造韋提碑文の釋解』一九七四年一月　中國・日本史文研究會
眞保昌弘『侍塚古墳と那須国造碑　下野の前方後方墳と古代石碑』二〇〇八年一月　同成社
金井塚良一『吉見の百穴　北武蔵の横穴墓と古代氏族』一九八六年五月　教育社
間壁忠彦・間壁葭子『吉備古代史の未知を解く』一九八一年七月　新人物往来社
東野治之『日本古代金石文の研究』二〇〇四年六月　岩波書店

吉林人民出版社編・王健群著『好太王碑の研究』一九八四年一二月　雄渾社
上田正昭『古代の日本と朝鮮』一九八六年五月　岩波書店
宮崎市定『謎の七支刀　五世紀の東アジアと日本』一九八三年九月　中央公論社
金元龍『武寧王陵』一九七九年八月　近藤出版社
工藤元男・李成市編『東アジア古代出土文字資料の研究』二〇〇九年　雄山閣
瀬間正之『風土記の文字世界』二〇一一年　笠間書院
朝鮮文化研究所編『韓国出土木簡の世界』二〇〇七年三月　雄山閣
平川南・沖森卓也・栄原永遠男・山中登編『文字と古代日本1　支配と文字』二〇〇四年一二月　吉川弘文館
平川南・沖森卓也・栄原永遠男・山中登編『文字と古代日本2　文字による交流』二〇〇五年三月　吉川弘文館
平川南・沖森卓也・栄原永遠男・山中登編『文字と古代日本4　神仏と文字』二〇〇五年一〇月　吉川弘文館
平川南・沖森卓也・栄原永遠男・山中登編『文字と古代日本5　文字表現の獲得』二〇〇六年二月　吉川弘文館
石川九楊『二重言語国家・日本』一九九九年五月　日本放送出版協会
小林敏雄『日本国号の歴史』二〇一〇年九月　吉川弘文館
岸俊男編『日本の古代14　ことばと文字』一九八八年　中央公論社
加藤謙吉『大和政権とフミヒト制』二〇〇二年一二月　吉川弘文館
大島正二『漢字伝来』二〇〇六年八月　岩波書店
金文京『漢文と東アジア—訓読の文化圏』二〇一〇年八月　岩波書店
外山軍治『則天武后　女性と権力』一九六六年　中央公論社
東野治之『木簡が語る日本の古代』一九八三年　岩波書店

北川和秀「上野東歌探訪」『上州文化』123～　二〇一〇年五月より継続刊行中　群馬県教育文化事業団
李成市「浦項中城里新羅碑の基礎的研究」
乾善彦「日本における新出資料の増加と既存資料の見直し―新出資料からみえてくるもの―」
李鎔賢「百済出土文字資料の用字」
瀬間正之「シンポジウム『文字文化を問い直す―新出出土資料から見る百済・新羅・倭―』を終えて」『上代文学』106号　二〇〇一年四月　上代文学会
川崎晃「古代文物二題―山田寺出土木簡と「命過」幡」『史学』6（1）一九九九年　慶應義塾大学
沢田むつ代「上代の幡の編年」『繊維と工業』VOLs.60　№４二〇〇四年　一般社団法人繊維学会
篠原啓方「慶山林堂遺跡出土古碑の内容とその歴史的背景」『東アジア文化交渉研究』第3号　関西大学文化交渉学教育研究拠点
但馬一宮出石神社（由緒略記）www.izushi-jinjya.com/
糸永佳正「『中原高句麗碑』の「高麗太王」と麗・羅関係」『歴史研究』42　二〇〇五年三月　大阪教育大学歴史学研究会
賀川光夫「考古学よりみた古代の中津平野―須恵器と百済寺、長谷寺銅造観音立像の背景―」『別府大学紀要』17　一九七六年一月　別府大学会
寺岡洋「播磨の古代寺院と造寺・知識集団4「知識」、知識集団の実態を日本・古代朝鮮にみる」『むく通信』234号　二〇〇九年

【著者略歴】

熊倉　浩靖（くまくら　ひろやす）

1953 年　群馬県高崎市に生まれる。

1971 年　京都大学理学部入学。全学連・全共闘運動に参加し中退。

京都大学在学中から上田正昭氏に師事。

1975 年　井上房一郎氏の指導のもと、高崎哲学堂設立運動に参画。

その後、シンクタンク勤務を経て、現在、群馬県立女子大学教授・群馬学センター副センター長。

著　　書『古代東国の王者―上毛野氏の研究―』、共著書多数。

連 絡 先　npo-kuma@xp.wind.jp

平成 26 年 2 月 25 日 初版発行　《検印省略》

日本語誕生の時代（にほんごたんじょうのじだい）―上野三碑（こうづけさんぴ）からのアプローチ―

著　者　熊倉浩靖

発行者　宮田哲男

発行所　株式会社 雄山閣

〒102-0071　東京都千代田区富士見２-６-９

電話 03-3262-3231㈹　FAX 03-3262-6938

http://www.yuzankaku.co.jp

E-mail　info@yuzankaku.co.jp

振替：00130-5-1685

印　刷　ティーケー出版印刷株式会社

製　本　協栄製本株式会社

Printed in Japan 2014

ISBN978-4-639-02275-6　C0021

N.D.C.213　240p　21cm